本书得到以下单位资助出版：
☆ 内蒙古财经大学
☆ 中蒙俄经贸合作与草原丝绸之路经济带
　 构建研究协同创新中心

内蒙古自治区
社会经济发展
蓝皮书

总主编／杜金柱　侯淑霞

内蒙古自治区
能源发展报告
（2016）

主　编＼吕　君　哈斯巴根
副主编＼金　良　王世文　张文娟　王　珊

THE ENERGY DEVELOPMENT REPORT
ON INNER MONGOLIA（2016）

经济管理出版社
ECONOMY & MANAGEMENT PUBLISHING HOUSE

图书在版编目(CIP)数据

内蒙古自治区能源发展报告(2016)/吕君,哈斯巴根主编.—北京:经济管理出版社,2017.1

ISBN 978 - 7 - 5096 - 4143 - 9

Ⅰ. ①内… Ⅱ. ①吕… ②哈… Ⅲ. ①能源发展—研究报告—内蒙古—2016 Ⅳ. ①F426.2

中国版本图书馆 CIP 数据核字(2015)第 302901 号

组稿编辑:王光艳
责任编辑:许　兵
责任印制:黄章平
责任校对:雨　千

出版发行:经济管理出版社
　　　　　(北京市海淀区北蜂窝 8 号中雅大厦 A 座 11 层　100038)
网　　　址:www. E - mp. com. cn
电　　　话:(010) 51915602
印　　　刷:北京九州迅驰传媒文化有限公司
经　　　销:新华书店
开　　　本:720mm × 1000mm/16
印　　　张:12
字　　　数:222 千字
版　　　次:2017 年 1 月第 1 版　　2017 年 1 月第 1 次印刷
书　　　号:ISBN 978 - 7 - 5096 - 4143 - 9
定　　　价:98.00 元

内蒙古自治区社会经济发展蓝皮书
编 委 会

总　序

2015 年，面对错综复杂的国际形势和艰巨繁重的国内改革发展稳定任务，内蒙古自治区各族人民在自治区党委、政府的正确领导下，深入学习贯彻党的十八大，十八届三中、四中、五中全会及习近平总书记系列重要讲话精神，按照"五位一体"总体布局和"四个全面"战略布局的总要求，牢固树立和贯彻落实创新、协调、绿色、开放、共享的发展理念，主动适应经济发展新常态。

《内蒙古自治区 2015 年国民经济和社会发展统计公报》显示，2015 年末全区常住人口为 2511.04 万人，比 2014 年增加 6.23 万人。人口自然增长率为 2.4‰。城镇化率达到 60.3%，比 2014 年提高 0.8 个百分点。全区实现地区生产总值 18032.8 亿元，按可比价格计算，比 2014 年增长 7.7%。全年居民消费价格总水平比 2014 年上涨 1.1%。年末全区城镇单位就业人员为 292.6 万人。年末城镇登记失业率为 3.65%。全年实现失业人员再就业人数为 6.1 万人。全年完成一般公共预算收入 1964.4 亿元，一般公共预算支出 4290.1 亿元，分别比 2014 年增长 6.5% 和 10.6%。财政收入在增收困难较大的情况下，顺利完成了全年增长目标。全年农作物总播种面积 756.8 万公顷，比 2014 年增长 2.9%。年末全区农牧业机械总动力为 3805.1 万千瓦，比 2014 年增长 4.8%；综合机械化水平达到 81.4%。全年全部工业增加值为 7939.2 亿元，比 2014 年增长 8.2%。全区规模以上工业企业实现主营业务收入 18522.7 亿元，比 2014 年下降 0.3%；实现利润 940.5 亿元，比 2014 年下降 23.8%。全年规模以上工业企业产品销售率为 96.6%，产成品库存额为 643.2 亿元，比 2014 年增长 0.7%。全年建筑业增加值为 1263.2 亿元，比 2014 年增长 6.7%。全年全社会固定资产投资总额为 13824.8 亿元，比 2014 年增长 14.5%。其中，500 万元以上项目完成固定资产投资 13651.7 亿元，比 2014 年增长 14.5%。新开工项目 12695 个，比 2014 年增长 2.4%；在建项目投资总规模 35672 亿元，比 2014 年下降 0.1%。全年社会消费品零售总额为 6107.7 亿元，比 2014 年增长 8.0%。全年海关进出口总额为 790.4

亿元，比 2014 年下降 11.6%。全年实际使用外商直接投资额 33.7 亿美元，比 2014 年下降 15.4%。全年完成货物运输总量 20.9 亿吨，比 2014 年增长 2.1%。全年完成旅客运输总量 19820 万人，比 2014 年增长 0.2%。年末全区民用汽车保有量为 400.1 万辆，比 2014 年增长 7.6%；全年邮电业务总量 (2010 年不变价) 为 400.3 亿元，比 2014 年增长 19.1%。全年实现旅游总收入 2257.1 亿元，比 2014 年增长 25.0%。接待入境旅游人数 160.8 万人次，比 2014 年下降 3.8%；旅游外汇收入 9.6 亿美元，比 2014 年下降 4.0%。国内旅游人数为 8351.8 万人次，比 2014 年增长 12.6%；国内旅游收入为 2193.8 亿元，比 2014 年增长 25.7%。年末全区金融机构人民币存款余额为 18077.6 亿元，全年新增存款 1641.3 亿元，比 2014 年增长 11.0%。全年全体居民人均可支配收入为 22310 元，比 2014 年增长 8.5%。数据显示，2015 年内蒙古自治区社会经济总体发展实现了稳中有进、稳中有好、进中有创、创中提质的良好态势，结构调整出现积极变化，改革开放不断深化，民生事业持续进步，经济社会发展迈上新台阶，实现了"十二五"圆满收官，为"十三五"经济社会发展、决胜全面建成小康社会奠定了坚实基础。

为真实反映内蒙古自治区社会经济发展全景，为内蒙古自治区社会经济发展提供更多的智力支持和决策信息服务，2013 年，由内蒙古财经大学组织校内学者编写了《内蒙古自治区社会经济发展研究报告丛书》，丛书自出版以来，受到社会各界的广泛关注，亦成为社会各界深入了解内蒙古自治区的一个重要窗口。2016 年，面对新的社会经济发展形势，内蒙古财经大学的专家学者们再接再厉，推出全新的《内蒙古自治区社会经济发展蓝皮书》，丛书的质量和数量均有较大提升，力图准确诠释 2015 年内蒙古自治区社会经济发展的诸多细节，书目包括《内蒙古自治区区域经济综合竞争力发展报告 (2016)》《内蒙古自治区文化产业发展报告 (2016)》《内蒙古自治区旅游业发展报告 (2016)》《内蒙古自治区社会保障发展报告 (2016)》《内蒙古自治区财政发展报告 (2016)》《内蒙古自治区能源发展报告 (2016)》《内蒙古自治区金融发展报告 (2016)》《内蒙古自治区投资发展报告 (2016)》《内蒙古自治区对外经济贸易发展报告 (2016)》《内蒙古自治区中小企业发展报告 (2016)》《内蒙古自治区区域经济发展报告 (2016)》《内蒙古自治区工业发展报告 (2016)》《蒙古国经济发展现状与展望 (2016)》《内蒙古自治区商标品牌发展 (2016)》《内蒙古自治区惠农惠牧政策促进农牧民增收发展报告 (2016)》《内蒙古自治区物流业发展报告 (2016)》。

一个社会的存续与发展，有其特定的社会和经济形态，同时也离不开独有的思想意识、价值观念和技术手段。秉承社会主义核心价值观、使命意识和学术的职业要求是当代中国学者应有的担当，正是基于这样的基本态度，我们编撰了本

2

套丛书，丛书崇尚学术精神，观点坚持学术视角，客观务实，兼容并畜；内容上专业深入，丰富实用；兼具科学研究性、实际应用性、参考指导性，希望能给读者以启发和帮助。

丛书的研究成果或结论属个人或研究团队观点，不代表单位或官方结论。由于研究者水平有限，特别是当前复杂的世界政治经济形势下的社会演进节奏日新月异，对社会科学研究和发展走向的预测难度可想而知，因此书中结论难免存在不足之处，恳请读者指正。

编委会

2016.8

前　言

　　《内蒙古自治区能源发展报告（2016）》共分为三章。第一章为总报告，第二章为各行业报告，第三章为专题研究报告。第一章主要分析了 2013 年内蒙古自治区能源行业运行状况（产量、消费量以及投资）、能源行业发展中存在的问题、贸易与区域合作；第二章分别就煤炭、石油天然气、电力和新能源等重点行业的运行态势进行了分析，并提出了今后的行业发展趋势和政策建议，旨在促进内蒙古自治区能源行业健康有序发展；第三章紧密围绕当今我国能源发展的热点与前沿问题，对内蒙古自治区煤炭能源可持续发展的情景研究、能源节能减排与发展方式转变、能源价格与产业结构调整等问题进行了深入解析。

　　本报告立足客观翔实的数据，从宏观层面和微观层面，运用定性和定量相结合的研究方法，紧密结合国内和国外政治、经济格局的变化，针对我国产业结构转型、发展方式转变带来的机遇和挑战，对内蒙古自治区能源领域各行业的运行特征进行了深度剖析与探讨，提出了切实可行的对策建议，力图为推动内蒙古自治区能源生产和消费革命献计献策。

目　录

第 一 章

总报告

　　能源是人类赖以生存的物质基础，是世界发展经济增长的根本驱动力。世界经济的快速发展对能源的需求大幅度增加，研究表明：从 1995 年到 2013 年，全球能源需求量将增加 54%，其中亚洲将增长 129%，我国能源需求量的增长率更高，且在以后的 20 年内，世界能源需求将继续保持这种高速的增长势头，年平均增长率约为 2.2%。根据英国石油公司预测，全世界石油已探明储量只够用 40 年；世界已探明的可采煤储量也只能用 200 年，在今后 20 年中，煤炭的消费量将增长 45% 左右，其中中国和印度所占增长比例最大，达到 82%。

　　2013 年我国能源需求仍然保持了稳步增长。中国成为全球能源消耗总量第一的国家。未来中国对能源的需求还将持续增长，同时中国建筑物寿命短会造成资源与能源的大量浪费。这种现象至少在现阶段没有任何改变。数据表明，2013 年我国 GDP 同比增长 7.7%，创下自 1999 年 GDP 同比增长 7.6% 以来 14 年的最低增速。如何控制能源总量需求并确保供应稳定已经成为主宰中国经济发展的命脉。

　　进入 21 世纪以来，内蒙古自治区经济在能源工业推动下迅猛发展，曾拿下国内各省区市"增速 8 连冠"。然而，能源工业在给内蒙古自治区带来辉煌的同时，也埋下了隐忧的产业缺乏竞争力、增长速度与质量下降、生态环境恶化……这一系列问题怎样解决？可持续发展之路何在？热爱草原的人们在急切地寻找答案。

　　至此，近年来，内蒙古自治区以整合、升级传统能源产业为支点，以建设多元、多极的现代能源产业体系为重点，以发展新能源为亮点，走出一条资源、能源型地区转变发展方式的特色之路。

第一节　2013 年中国能源行业重大事件盘点

回顾 2013 年，通过行业焦点事件来展示中国能源经济发展变化，对指导内蒙古自治区未来能源发展具有重要意义。

一、石油大事记

1. 2013 年成品油价八涨七跌较年初价格基本持平

2013 年从国内成品油价调整情况来看，国家发改委共 15 次对汽油、柴油价格进行调整，其中 8 次上涨，7 次下调，全年累计汽油共上调 5 元/吨，柴油下调 15 元/吨，另有 6 次因幅度不足 50 元/吨而落空。2013 年，国内汽油、柴油价格也基本摆脱了大起大落的局面，整体波动相对平缓，年末价格较年初价格水平基本相当。在零售方面，2013 年历次调价幅度相对较小，全年价格多保持在 7 元阶段。

2013 年是成品油定价新机制执行的第一年。3 月，国家发展改革委印发了进一步完善国内成品油价格形成机制的通知，决定缩短成品油调价周期，取消调价幅度限制，调整挂靠油种。从新机制执行的这段时间来看，新机制优势初显。调价周期缩短，与国际原油联动性更大，国内油价调整频繁，加大了业者备货风险，大大抑制了市场投机行为。

2. 中石油遭遇人事变动

2013 年 9 月 3 日，中央组织部消息称国务院国有资产监督管理委员会主任、党委副书记蒋洁敏涉嫌严重违纪，中央已经决定免去其领导职务。2013 年 8 月 26 日，中国石油天然气集团公司副总经理兼大庆油田有限责任公司总经理王永春涉嫌严重违纪，接受调查。

2013 年 8 月 27 日，国务院国有资产监督管理委员会纪委监察局称，中国石油天然气集团公司（中石油）副总经理李华林、中国石油天然气股份有限公司副总裁兼长庆油田分公司总经理冉新权、中石油股份公司总地质师兼勘探开发研究院院长王道富 3 人涉嫌严重违纪，接受调查。

对于石油业腐败的诟病早已有之，然而由于其专业化水平高，技术含量密集，且关系国家能源战略安全，因此长期以来，石油巨头们致力于内部反腐，但也屡见腐败案件。

3. 成品油定价新机制出炉将灵敏反映国际油价变化

国家发展和改革委员会 2013 年 3 月 26 日公布了完善后的国内成品油价格形成机制，成品油调价周期由 22 个工作日缩短至 10 个工作日；取消挂靠国际市场油种平均价格波动4%的调价幅度限制。据发展改革委有关负责人介绍，按照新机制要求，成品油价格每10个工作日都会调整一次，该降就降，该升就升。但当汽、柴油的涨价或降价幅度低于每吨50元，折合到每升调价金额不足5分钱，为节约社会成本，零售价格暂不做调整，纳入下次调价时累加或冲抵。

此次发改委推出的完善成品油价格形成新机制是在原来价格形成机制基础之上所做的进一步完善。完善后的成品油定价机制使国内油价能更为灵敏地反映国际油价变化，从而使成品油价格与国际油价跟涨不跟跌的情况得到大大缓解。完善后的定价机制将使市场参与者更趋理性地应对价格波动，引导消费者理性消费。

4. 原油"上海价格"渐进争取国际话语权

作为原油消费大国却没有定价权，这种尴尬在不久的将来会彻底改变。中国（上海）自由贸易试验区内最大的企业上海国际能源交易中心股份有限公司于2013年11月22日挂牌。2013年1月启动测试的原油期货国际平台技术系统，将催生影响世界的又一个"上海价格"，上海最终也将建设成为国际大宗商品定价中心。

上海国际能源交易中心的成立，有助于亚洲市场定价中心的形成。在迪拜和上海的原油市场之间，交易者将会发现更多的套利机会。费克斯说，迪拜的原油期货合约代表了中东原油生产方，上海则代表了中国的原油需求方。2013年9月，中国原油进口量达2568万吨，首次单月超过美国，成为全球最大原油进口国。

5. 中石化青岛输油管线发生爆燃事故中62人遇难

2013年11月22日凌晨3时，位于山东青岛经济技术开发区秦皇岛路与斋堂岛街交会处的中石化管道公司输油管线破裂，部分原油沿着雨水管线进入胶州湾，海面过油面积达3000平方米。上午10时30分，在油污清理过程中黄岛区沿海河路和斋堂岛路交汇处发生爆燃，同时在入海口被油污染的海面上发生爆燃。事故造成62人遇难。

这是我国石油化工史上一起罕见的特大事故。此次事故将我国石油产业在城市化进程中存在的安全管理、设备检修、产业监管以及应急预案等方面的问题全部暴露出来。有数据显示，截至2013年第三季度，我国陆上油气管道总长已达到10.6万公里，在役油气管道中约有60%服役时间超过20年，东部管网服役甚至超过30年。"11·22"青岛输油管线爆燃事故为中国油气管道运输安全敲响了警钟。

6. 中国发布第五阶段车用汽油标准

第五阶段车用汽油国家标准18日发布，并自发布之日起开始实施。与第四阶段车用汽油国家标准相比，新标准的硫、锰、烯烃含量均有所降低，有助于减少机动车排放污染物。据中国国家标准化管理委员会工业标准负责人介绍，第五阶段车用汽油国家标准是由中国全国石油产品和润滑剂标准化技术委员会组织专家经过试验验证，参考欧洲标准起草的，征求了社会各界意见。

在雾霾天气的倒逼下，大气治理压力骤增，油品升级也在不断加速。目前北京、上海以及江苏等八省市已经实施相当于国五标准的汽油，而地炼因为装置及工艺问题恐不能按时完成升级。值得注意的是，国五汽油标准提到了"三降"，即降低了硫含量、锰含量、烯烃含量的指标限值。其中，硫含量是车用汽油中最关键的环保指标。为进一步提高汽车尾气净化系统的能力，硫含量指标限值由第四阶段的 50 毫克降为 10 毫克，即每公斤硫含量不高于 10 毫克，降低了 80%。

7. 中海油成功收购尼克森，中国企业最大海外并购收官

中国海洋石油有限公司 2013 年 2 月 26 日宣布，中海油完成收购加拿大尼克森公司的交易。收购尼克森的普通股和优先股的总对价约为 151 亿美元。这是中国企业成功完成的最大一笔海外并购。中海油称，尼克森分布在加拿大西部、英国北海、墨西哥湾和尼日利亚海上等全球最主要产区的资产中包含了常规油气、油砂以及页岩气资源，是对中海油现有资产的良好补充，同时也使中海油全球化布局得以增强。

公开资料显示，尼克森分布在加拿大西部、英国北海、墨西哥湾和尼日利亚海上等全球最主要产区的资产中包含了常规油气、油砂及页岩气资源。收购尼克森，将进一步拓展其海外业务及资源储备，以实现长期、可持续的发展。

8. 中石化提前置换国四标准汽油，新增成本共同分担

按照国家相关要求，我国将从 2014 年 1 月 1 日起全面执行国四汽油标准。2013 年 8 月 28 日，中石化宣布提前启动油品质量升级。中石化表示，将从 2013 年 10 月 1 日起，提前在上海市全境、江苏省沿江 8 地市及广东省 6 地市开始置换相当于欧五标准汽油，其余省区（市）提前 3 个月开始置换国四汽油。为保证油品供应充足，中石化要求除福建炼化、海南炼化两家炼厂因装置检修推迟至 11 月 1 日前完成汽油质量升级工作外，其余中石化炼厂自 10 月 1 日后生产和出厂的汽油必须全部达到国四及以上标准。

此次油品置换完成后，我国汽油质量标准将普遍达到国四标准，与美国汽油质量标准基本相当。北京、上海，江苏省的南京、苏州、无锡、常州、镇江、扬州、南通、泰州 10 地市及广东省的广州、深圳、东莞、佛山、中山、珠海 6 地市，汽油质量标准将达到相当于欧五标准，属世界最高质量标准。

9. 中俄签署增供原油长期贸易合同

中国石油天然气集团公司 2013 年 6 月 24 日公布了俄罗斯向中国增供原油长

期贸易合同的细节。根据这一我国对外原油贸易最大的单笔合同，未来中国石油进口俄罗斯原油量将达到每年 4610 万吨，接近 2012 年我国石油消费总量的 1/10。根据俄罗斯石油公司与中国石油天然气集团公司签署的合同，未来 25 年俄罗斯每年将向中国供应逾 4000 万吨石油，该合同的总价值高达 2700 亿美元。

作为石油需求不断增长的能源消费大国，我国目前正在以俄罗斯为主要供应方打造东北方向的能源进口战略要道。协议签署后，中石油将与合作伙伴开展上下游一体化合作。参与该项目对中石油进入北极地区油气资源勘探开发，开辟北极航道具有重要意义。

10. 原油进口权放开，原油进口放宽的改革深意

作为加快我国石油行业市场化、引入多元化竞争的关键一步，取消原油进口限制一直为业内关注。由于我国对原油进口企业资质设置的门槛过高，加上"排产证明"以及"路运证"等通行证的阻碍，致使国内地方炼化企业在获取原油方面异常困难。

在第十八届三中全会前夕，国家能源局以特急形式下达了《炼油企业进口原油使用资质条件（征求意见稿）》意见函。在有关石油领域的政府文件中，以特急形式向社会下达征求意见函较为罕见。这可能意味着，在第十八届三中全会召开之际，能源领域的市场化改革部署将有新的推进。而以放宽原油进口为契机，可能将是推进石油能源领域市场化改革的一部分。长期以来，民营石油销售企业的资源供应一直是个问题，制约着占中国油品市场半壁江山的近 4 万家民营加油站的生存与发展。

在石油市场领域，既需要一定的行业集中度保证石油行业正常运转，又要避免因行业垄断产生的弊病，放与收的平衡一直是政府推进石油市场改革时不得不面对的难题。那么，在"存量"利益不做重大调整的条件下，以"增量"方式推进石油领域向市场化方向迈进，这可能是放宽原油进口政策背后更为深远的意义。从石油市场化进一步推进的演进链上看，只有放宽原油进口才能解放地炼的生产力，只有解放了地炼的生产能力，才能为 4 万家民营加油站提供资源保障，从而进一步激活民营石油企业在市场中的活力；而放宽对地炼原油进口的限制，就是启动石油领域新一轮市场化改革的重要一环。

二、天然气大事记

1. 中国加快页岩气勘探开发迫在眉睫

页岩气在非常规天然气中的异军突起已成为全球油气资源勘探开发的新亮点，并逐步向全方位的变革演进，世界主要资源国都加大了对页岩气的勘探开发力度。加快开发页岩气对中国具有战略性意义，页岩气一旦实现规模化开采，不

仅可以改变我国能源供应格局，而且将有助于提高我国能源对外谈判的话语权和影响力，同时可以拉动国内钢铁、化工、水泥、工程建设、装备制造等相关领域和行业的发展。

页岩气勘探开采技术攻关是一项具有开创性的工作，需要通过大量的新工艺、新设备推动我国油气工业的技术进步。事实上，我国油气装备制造业也亟须通过培育国内市场来不断提升自主创新能力，加速形成我国自己的专业技术服务队伍。所以，我国应抓住这次难得的历史机遇，加速取得实质性突破和进展，以尽快改变我国油气资源勘探开发格局，培育战略性新兴产业，形成拉动我国经济增长的新的有力支撑。

2. 中俄天然气东线管道签署框架协议　能源进口多元化成果

中国石油天然气集团公司 2013 年 9 月 6 日宣布，与俄罗斯天然气工业股份公司签署通过东线管道向我国供应天然气的框架协议。双方同时商定在年底签订购销合同，实现 2018 年供气的目标。这意味着谈判十余年未果的中俄天然气管道迈出坚实的一步。我国油气进口的东北战略要道上，将再添一条天然气进口大动脉。

此次我国在中亚和俄罗斯天然气合作方面均取得重大突破，意味着我国能源进口多元化战略取得重要成果。这为我国大规模加快天然气利用奠定了资源基础，有利于加快能源结构调整，促进环境优化。

3. 发改委紧急发文：煤改气不能一哄而上

面对史上最严重天然气供需矛盾，2013 年 9 月 4 日，国家发改委连发两份文件，要求在多渠道筹措资源、增加市场供应的同时，切实落实"煤改气"项目的气源和供气合同，各地发展"煤改气"、燃气热电联产等天然气利用项目不能一哄而上。"由于部分地区'煤改气'改造过于集中，有的项目实施前没有落实资源，加剧了天然气供需矛盾，影响了居民正常生活。"发改委在一份名为《关于切实落实气源和供气合同确保"煤改气"有序实施的紧急通知》的文件中指出：中国的大气"治污"还需要观念上的创新，国际上已经有很多先进的经验，中国完全可以结合自己的国情借鉴过来。虽然公众的心情是很迫切的，但是要知道"治污"需要相当长一段时间，无论从政策上还是从心态上都应该积极冷静。

4. 可燃冰丰度是鄂尔多斯 30 倍国土部：有望接棒石油

国土资源部 2013 年 12 月 18 日宣布，我国在广东沿海珠江口盆地东部海域首次钻获高纯度天然气水合物（俗称可燃冰）样品，并通过钻探获得可观控制储量。国土资源部地质勘查司负责人表示，此次发现的天然气水合物样品具有埋藏浅、厚度大、类型多、纯度高等特点。岩芯中天然气水合物含矿率平均为 45% ~ 55%，其中天然气水合物样品中甲烷含量最高达到 99%。

随着经济的快速发展，能源之争已经成为全球政治经济的焦点问题，"可燃冰"作为一种新兴的自然资源，越来越受到业界的关注。虽然中国已进入了天然气水合物调查研究的世界先进行列，但是在开采方面依旧处于关键技术的研发阶段。技术问题和开采成本成为了制约各国开采天然气水合物的瓶颈。中国有望在2030年实现天然气水合物的商业开发。

5. 发改委预警天然气缺口

2013年全国天然气供需缺口达220亿立方米。国家发改委连发两则通知，要求制定一揽子保障资源供应方案，确保民生重点需求、优先保障民用，"煤改气"等天然气利用项目不能一哄而上。

"气荒"对普通居民用气影响不大，只会对用气量较大的工业企业产生影响。而根本解决国内"气荒"仍需开拓进口气源，并进一步理顺天然气定价机制。

6. 天然气供求紧张，中石油2013年对工业企业"限气"提早

由于2013年电力生产商比往常更早开始为冬天储备，亚洲液化天然气价格急剧上涨。刚刚进入供暖季，中石油就开始针对工业用户限制用气。为保障京津地区冬季需求量，西气东输天然气所供应的部分LNG工厂以及工业用户将会受到明显限气，在2013年需求缺口较大的压力下，限气力度或甚于往年。

天然气供求关系紧张是中国在中短期内必须面临的现实。为了缓解这种形势，目前只能"开源"，即增加上游供应。因为在"煤改气"大行其道时，"节流"显然无法做到。为了增加上游供应，一方面要加快国内非常规天然气勘探开发；另一方面则要增加进口。

7. 我国首次钻获可燃冰，1立方米可生成164立方米天然气

可燃冰有望接棒石油等传统能源，中国商业开发或在2030年。作为一种高效清洁能源，"可燃冰"在中国境内的储量有多少，专家表示，通过15年的调查和预测，在南海地区预计有680亿吨油当量的"可燃冰"；除了南海外，在青海地区又发现了350亿吨标准油当量的天然气水合物，中国能源网信息负责人表示，考虑到青藏高原仍有未探明储量的资源，这一地区的"可燃冰"资源储量将会更大。

天然气水合物的调查研究工作是开发利用的基础。我国可能会在2020年前后突破天然气水合物开发的核心技术，大约再经过10年的提升，到2030年前后能够实现天然气水合物的商业开发。天然气水合物一旦投入商业开发，将对我国的能源结构产生重大影响。

8. 中石油长庆油田油气产量突破5000万吨，如期建成西部大庆

截至2013年12月22日，中石油所属长庆油田全年累计油气当量突破5000

万吨，如期完成将该油田建成"西部大庆"的目标。中石油称，截至22日，长庆油田原油产量达到2358万吨，天然气产量达到332.78亿立方米。在油气产量快速增长的同时，预计油田全年营业收入将超1500亿元，利润实现同比较快增长。据了解，长庆油田是中石油的主力油田之一，地跨陕、甘、宁、内蒙古、晋五省（区），承担着向北京市、天津市、石家庄市等十多个大中城市提供天然气供应保障的重任。

多年来，该油田实现了油气产量持续增长。2003年油气产量突破1000万吨，2007年突破2000万吨。自2007年以来，年均保持500万吨快速增长，成为我国陆上油气产量最高、上产速度最快、成长性最好的油气田。

9. 页岩气开发"三桶半油"为何占着八成资源不开发

国土资源部的官方材料显示，目前，我国页岩气技术可开采资源量为25万亿立方米，其中，油气矿业权区（即与中石油、中石化、中海油、延长石油4家油气企业油气矿业权区重叠的区域）的资源量为20万亿立方米，占80%；油气矿业权区外的页岩气可采资源约为5万亿立方米，占20%。然而，与"三桶半油"拥有的丰富资源相比，他们过去3年在页岩气上的推动力度令人失望。目前的129口探井虽然基本来自开发较早的"两桶油"及延长石油，但三年打100多口井，总投入资金大约100亿元人民币，只能说进展缓慢。

单纯依靠"三桶半油"的投资，对页岩气发展来讲是杯水车薪。中国页岩气要发展，必须引入社会资金，而且是源源不断的社会资金。必须真正放开资源，实现页岩气的市场化。以当前形势来看，未来三五年甚至更长的时间，中国页岩气开发难以形成规模，而中国的"页岩气革命"也只是个泡影。

三、石化大事记

1. 甲醇期货2013年10月18日上市挂牌基准价为3050元/吨

2013年10月28日，甲醇期货正式登陆郑州商品交易所，上市首日挂牌基准价为3050元/吨。与精对苯二甲酸（PTA）、焦炭等品种一样，甲醇期货也成为我国特有的期货产品。结合当时现货市场走势，多数业内人士认为，甲醇期货上市首日有望迎来开门红。

不同于前期上市的铅和焦炭，国内甲醇市场相对成熟，业内普遍认为甲醇期货活跃度会较高。目前我国已成为世界最大的甲醇生产国和消费国，生产商、贸易商群体广泛。与此同时，甲醇价格波动较大可能也会吸引更多投资者参与价格博弈，增加初期的市场炒作氛围。

2. 石化工业"十二五"碳排放量降低目标再提高

2013年1月，工信部与国家发改委、科技部、财政部联合印发的《工业领域应对气候变化行动方案（2012～2020 年）》要求，到 2015 年，石化、化工行业单位工业增加值二氧化碳排放量比 2010 年分别下降 18%、17%。这比此前的行业碳减排目标高出 2 个百分点以上。有关专家表示，通过强化节能工作，加大节能力度方能达到国家要求的碳减排目标。

据了解，此前石油和化工行业确定的"十二五"碳减排目标是 15%，而国家此次要求的目标提高了 2 个百分点以上。对此，全国化工节能（减排）中心专家委员会负责人表示，碳减排与节能密不可分，两者之间有着天然的联系。70%的温室气体效应是由二氧化碳导致的，而二氧化碳主要在能源的使用过程中排放。

"十一五"以来，石化行业的节能工作已经取得了显著成效，行业单位工业增加值能耗下降达 35.8%，乙烯、合成氨等重点产品的综合能耗也分别下降了11.6%、14.3%，部分产品单位能耗已经达到国际先进水平。因此，进一步大幅度节能减排对于企业、行业来说压力都不小，但是为了长远发展，为了完成国家的碳减排任务，必须进一步挖掘节能潜力，加大节能力度。

3. 我国天然橡胶市场对外依存度已超过 70%

国内橡胶行业主要经济指标继续保持小幅增长，主要橡胶产品产量增幅呈现持续向好的趋势，目前，我国年产天然橡胶达 60 万吨左右，对国际市场天然橡胶依存度持续上升，近年已超过 70%。

据海关统计，2013 年 1～11 月，我国累计进口天然橡胶 213 万吨，同比增长8.2%。目前国际市场天然橡胶供应情况已成为制约我国橡胶相关工业发展的关键性因素，对我国橡胶工业影响较大，主要表现在以下几个方面：一是价格波动导致出口"信任危机"；二是进口高关税增加了企业生产成本；三是国外高关税增加企业出口难度。

国家相关部门在降低天然橡胶进口关税的基础上，要多渠道发展橡胶资源产业，鼓励企业在国外种植橡胶或者建立橡胶厂，缓解我国天然橡胶资源不足局面。另外，国家应该完善天然橡胶国家储备机制，扩大天然橡胶储备量，建立健全国家天然橡胶资源调节机制，平抑市场价格剧烈波动。

4. 煤化工行业迎来产业拐点，产业链前端设备最受益

2013 年，煤化工或成经济发展的新引擎。在传统上，煤化工一方面对环境的损害比较大，面临较大的环保压力；另一方面，煤化工技术一直难有较大突破，在生产过程中并不稳定。因此，近年来国内煤化工的发展一直争议不断，相关的政策也摇摆不定，成为阻碍煤化工发展的瓶颈。

随着产业化试验等积极因素的增加，在技术创新的推动下，煤化工瓶颈的突破态势已逐渐明晰。煤化工方面的政策在逐渐明朗，能源发展"十二五"规划、

"十二五"国家自主创新能力重点建设、大气污染防治"国十条"、调整能源替代战略规划等政策文件先后公布，现代煤化工获得了政策上的支持与鼓励，为日后的发展打下了坚实基础。

煤化工产业具有较强的经济性，一方面，国内煤炭价格一直低迷不振，但原油价格一直在历史高位区域震荡。由此来看，煤化工产业的发展是具备显著的经济效益潜力的。另一方面，国内能源消费形势严峻，预计 2015 年天然气对外依存度超过 35%，2020 年石油对外依存度超过 60%。在现有能源消费格局下，发展煤炭利用清洁、高效的煤化工产业，是降低碳排放及大气污染最现实的选择，未来市场空间广阔。

5. 石化行业化解产能过剩对策建议上报

2013 年 12 月 19 日，中国石化联合会完成了《化解产能过剩矛盾专题研究报告》的编制工作，并已将炼油、氮肥、磷铵、氯碱、纯碱、电石、甲醇、氟硅八大行业化解产能过剩的对策建议上报国家发改委、工信部、国家能源局、国资委等相关部门，抄送地方行业主管部门及协会。

中国石化联合会负责人介绍说："这八大行业是整个石化行业中产能过剩问题比较突出的领域，虽然各行业情况各异，但我们都是以科学发展为主题，以加快转变经济发展方式为主线，按照'尊重规律、分业施策、多管齐下、标本兼治'的总原则，提出有针对性、多渠道化解产能过剩矛盾的对策建议。"

化解行业产能过剩是中国石化联合会 2013 年的重点工作之一，在年初组织各专业协会、相关研究机构、企业对各领域重点产品产能现状、拟建项目及未来市场需求等基础情况开展了专项调查之后，中国石化联合会从 5 月开始在河南、陕西、山东、辽宁、宁夏、内蒙古、江苏、浙江等地对炼油等八大行业进行了实地把脉会诊，并与国家相关部门、行业管理部门及行业龙头企业的相关负责人多次进行交流探讨，历时半年才形成了最终上报的对策建议。

6. 2013 年全国水泥行业 800 亿元利润

2013 年全国水泥产量突破 24 亿吨，进入下半年以来，由于各地政府加大环境治理和节能减排力度，多地水泥企业限产保价，部分省市水泥市场需求旺盛，自 9 月起全国水泥市场平均价格持续上扬，到 12 月底完美收官。

盘点 2013 年的水泥行情，从年初利润的大幅下滑，水泥市场遭遇近 5 年来的最低价格水平，到下半年的起步回暖，再到第四季度的强力反弹，期间犹如坐过山车，经历了大起大落。随着 2013 年第三季度的经济企稳回升，水泥行业表现不俗。

多年来，水泥价格长期低位运行，行业处于微利边缘，究其根本原因：一是由于产能过剩导致市场竞争恶化，大家纷纷争抢有限的市场份额，打价格战是不可避免的；二是由于行业集中度低，企业数量众多，竞争越发激烈，造成企业价格影响力弱，易产生恶性竞争。要改变中国水泥价格长期低位运行的状况，就必须改变产能过剩问题，改善供求关系，提高行业集中度，创造良好的市场竞争环境。

7. 中石化乙烯项目落户青岛引起市民集体抗议

2013 年 11 月 26 日，中国石化青岛炼油化工有限责任公司（以下简称青岛炼化）有关负责人表示，百万吨级乙烯项目将落户于青岛。2013 年 4 月 8 日，青岛炼化发布"百万吨级乙烯项目环境影响评价公示信息及征求公众意见和建议"的公告。消息一出，引来各界关注。"乙烯项目"再次处于舆论的风口浪尖，更将一向低调的青岛炼化推向幕前。随着青岛"11·22"爆炸事故的发生，人们再次审视了这一备受争议的项目。

我国大部分乙烯装置都以石脑油为原料，成本高、收率低、来源有限，已成为我国乙烯工业发展的瓶颈。而规划中青岛炼化百万吨级乙烯项目可以通过深化利用青岛炼化副产品液化石油气及干气中乙烷资源，优化整合青岛液化天然气（LNG）项目乙烷。丙烷资源及中国石化周边企业液化气资源，为本项目提供了充足的轻质原料。

8. 草甘膦环保核查如期展开，龙头企业受益

2013 年 5 月，环保部发布《关于开展草甘膦（双甘膦）生产企业环保核查工作的通知》（以下简称《通知》），宣布将按照"企业自查—省级环保部门核查初审—环境保护部复核"的顺序开展草甘膦（双甘膦）生产企业环保核查工作，并发布符合环保要求的草甘膦（双甘膦）生产企业名单公告，该核查行动将从 2013 年开始，并持续至 2015 年底（每年一次）。

长期而言，作为农药最大宗的品种，草甘膦行业的环保核查若能顺利、有效推进，并进一步常态化、规范化，则对于构建草甘膦乃至整个农药行业良性发展的长效机制意义重大，并将促进整个行业资源的优化配置。

9. 日韩 PX 扩产涨价，中国失定价权

2013 年 1 月 8 日，由韩国现代（Oilbank）和日本科斯莫石油公司联合投资建设的 HC 石化对二甲苯（以下简称 PX），项目在韩国大山投产，这一项目的新增 PX 及相关产能总计约 80 万吨。其制成品目前主要销往中国。此外，韩国 6 个石化企业决定投资将目前 PX 的产能由 649 万吨扩大至 1051 万吨，其中韩国 SKI-NNOVATION 公司的 PX 产能将由目前的 76 万吨扩大为 278 万吨。

中国 PX 产能建设相对滞后。统计数据显示，中国 PX 及其相关制成品的对外依存度不降反升，从 2010 年的 37.33% 上升至 2012 年的 45.57%。2010 ~ 2012 年，PX 新增产能 310 万吨/年，仅能满足约 55% 的增量需求。

10. 煤制烯烃"巨无霸"项目签署工程总承包（以下简称 EPC）合同

2013 年 12 月 30 日，中国石油和化学工业联合会科技部负责人接受记者采访时表示，中石化作为石油化工领军企业，在烯烃下游产品生产技术及市场方面具有独特优势，本次 EPC 总承包合同的签署，标志着煤制烯烃产业领域增加了一支重要力量。从产业角度来看，有利于实现烯烃原料路线的多元化。

据了解，中天合创项目采用中石化炼化工程与中国石油化工股份有限公司合作开发的甲醇制烯烃（SMTO）技术，该技术目前已经实现产业化应用。

在肯定煤制烯烃对我国烯烃工业发展具有较大促进作用的同时，也有必要提醒企业和投资者切莫一哄而上！煤制烯烃项目资金、技术和装备高度密集，且不说中石化发展煤制烯烃具有下游产品生产技术、资金、市场和渠道、人才等诸多方面的优势，即使企业在生产等方面各指标都过关，也还要面对煤价、甲醇与烯烃价格等市场变数。

四、电力大事记

1. 国家发展改革委出台完善措施提升阶梯电价制度

国家发展改革委 2013 年 12 月 25 日发布公告称，国家发展改革委出台了《关于完善居民阶梯电价制度的通知》（以下简称《通知》），对相关制度规定进行了补充和完善。目的是更好地发挥价格杠杆引导居民电力消费的作用，进一步提升阶梯电价制度实施效果。

《通知》要求，各地要结合老城区和棚户区改造，加大居民用电"一户一表"改造力度，在 2017 年底前完成全国 95% 以上存量居民合表用户改造，做到抄表到户。新建居民小区供电设施要按照"一户一表"的标准进行建设，由电网企业统一负责运行维护，执行阶梯电价制度。

居民阶梯电价制度自 2012 年 7 月实施以来，对引导居民节约用电、合理用电发挥了积极作用，较好地体现了"保基本"的改革理念，促进了社会公平。自 2013 年以来，电改屡有新动作，深层次改革正在酝酿中，大用户直购电和水电价格机制改革或将成为突破口。

2. 电解铝企业实行阶梯电价，市场手段去产能将加快

国家发改委出台了《关于电解铝企业用电实行阶梯电价政策的通知》（以下简称《通知》），决定自 2014 年 1 月 1 日起对电解铝企业用电实行阶梯电价政策。未来更多行业将引入差别价格政策，以市场手段去产能有望提速。

《通知》明确指出，根据电解铝企业上年用电实际水平，分档确定电价。铝液电解交流电耗不高于每吨 13700 千瓦时的，执行正常的电价；高于每吨 13700 千瓦时但不高于 13800 千瓦时的，电价每千瓦时加价 0.02 元；高于每吨 13800

千瓦时的,电价每千瓦时加价0.08元。据悉,电价在电解铝成本中占比最大,约占总成本的40%左右。差别电价将有效迫使超过能源消耗限额标准和环保不达标的铝冶炼产能退出市场。

此举会影响一大批电解铝企业,因为这一政策的减免条件相当高。它还符合将经济增长主要动力从固定资产投资转向消费和服务、治理长期的空气污染问题以及削减工业产能过剩的政策。

3. 发改委通知下调部分地区发电企业上网电价

国家发改委发布通知,决定在保持销售电价水平不变的情况下适当调整电价水平。其中,降低北京市、上海市等27个省市燃煤发电企业上网电价,适当降低跨省、跨区域送电价格标准,同时,提高环保电价及上海市、江苏省等省市天然气发电上网电价。

通知要求,除四川省、云南省不变外,降低北京市、上海市、江苏省、浙江省等27个省(区、市)燃煤发电企业脱硫标杆上网电价,其中,上海市、江苏省、浙江省下调幅度最大,为2.5分/千瓦时(含税),其次是广西壮族自治区,为2.2分/千瓦时(含税),黑龙江省下调的幅度最小,为0.6分/千瓦时(含税),其余省市大部分下调幅度在1~2分/千瓦时(含税)。

在煤炭市场供大于求格局下,煤企与电企的博弈中煤企本就处于下风,煤价在冬储拉动下刚有所回暖,上网电价下调,火电企业利益受损,很有可能将这部分损失转移到上游煤企,压制煤价的上涨,导致一些煤炭中间商退市。然而,上网电价和终端电价的调节没有必然关系,此次调整的是上网电价,是电网购买发电企业的电力和电量价格,而终端销售电价并未调整,也没有出现终端电价调整信号,因此对居民生活影响不大。

4. 6200亿元建特高压智能电网

特高压(UHV)智能电网对内地电力发展是必需的,未来五年国家电网将投入6200亿元人民币,建设20条特高压线路,以将西南的水电和西北的风电传输至中国东部。发展特高压电网不仅是技术革新,还可实现远距离运输,解决中国可再生能源的大规模开发和利用,且能改善当前中东部面临的严峻环境压力。

内地特高压电网已完成一条特高压交流线路和两条特高压直流线路,共达4633公里,在建的有两条交流线路和两条直流线路,达6412公里。

所谓特高压电网,是指交流1000千伏、直流正负800千伏及以上电压等级的输电网络,它的最大特点是可以长距离、大容量、低损耗输送电力。内地76%的煤炭资源在北部和西北部,80%的水能资源在西南部,而70%以上的能源需求在中东部,普通电网的传输距离只有500公里左右,无法满足传输要求。

5. 2~3年解决弃风限电问题

在2013年北京国际风能大会上,"争取在2~3年内基本解决困扰风电产业健康发展的弃风限电难题"被提出，并积极推动电力系统的改革，争取出台实施可再生能源电力配额制，实现风电优先上网全额收购。

一系列迹象预示着风电制造业正从过去沉寂的泥潭中焕发生机，优势企业订单攀升，支撑其"恢复元气"变得可期。但从长期来看，毛利率偏低、去产能化进程缓慢等因素，对行业整体再次步入发展快轨形成制约。

6. 能源局电监会整合将带来哪些新变化

国家能源局和电监会将进行整合，重新组建国家能源局。现国家能源局、电监会的职责将进行整合，然后仍由国家发展和改革委员会管理。新机构的主要职责是，拟定并组织实施能源发展战略、规划和政策，研究提出能源体制改革建议，负责能源监督管理等。

扩大监管领域是重组之后能源局应该认真思考的一大问题，只有电监会是不够的，石油、天然气都有天然垄断性质，监管难度较大，重组能源局之后，政监合一，可以将能源监管扩大到多个领域。

五、环保大事记

1. 半壁江山图，尽罩霾雾中——我国严重雾霾天气

中国气象局的数据显示，2013 年以来，全国平均雾霾天数为 52 年来之最，安徽省、湖南省、湖北省、浙江省、江苏省等 13 地均创下"历史纪录"。自我国有 PM2.5 记录以来，2013 年的雾霾天气为何格外严重？环保部有关负责人就我国大范围雾霾天气的主要原因做过分析：一是不利气象条件造成污染物持续累积。受近地面静稳天气控制，大气扩散条件非常差。二是静稳天气条件下，机动车尾气和北方冬季燃煤采暖对空气质量恶化影响较大。

2013 福布斯环球五大环境能源事件中国雾霾居榜首

2013 年的北京，总是笼罩在雾霾的厚重面纱之下，羞于以真面目示人。2013 年 1 月，北京的空气污染指数一度达到 755 这一令人咋舌的水平，比世界卫生组织界定的"危险"标准高出一倍还多。北京在 2013 年出现的雾霾天数超过了以往 50 年来的任何一年，中国的污染问题不会很快在人们的记忆中消失。

空气中的这些污染物，很大程度上是来自燃煤火电厂和汽车尾气，这已经引起中国领导人的重视。2013 年 8 月，中国政府宣布了一项环保计划，一方面要减少新建燃煤电厂数量；另一方面投入 2750 亿美元用于改善空气质量。

未来一段时期我国治霾任务仍然艰巨。根据国务院发布的《大气污染防治行动计划》，大气污染防治行动计划共需投入 17500 亿元。这个行动计划制定的具体指标是，到 2017 年，全国地级及以上城市可吸入颗粒物浓度比 2012 年下降 10% 以上。

2. 碳交易试点全面启动，配套设施待完善

碳交易各地方案各具特色。广东省有望第一个试点拍卖配额；北京市首先发布了场外交易细则；上海市率先出台碳排放核算指南，采用"历史排放法"和"基准线法"测算配额。深圳市首家明确允许个人投资者参与碳交易。

据有关机构预计，如果全面展开 7 个碳交易试点，2014 年中国每年对碳减排量的需求量在 7 亿吨左右，有望成为全球第二大碳排放交易市场。但目前企业参与交易的积极性不高，相关法规的制定也不到位。根据规划，国家计划在 2015 年前建立全国碳交易市场。2013 年，第二批 7 个碳交易试点省市启动。目前三个城市已正式上线碳排放权交易，广东省和天津市碳交易试点将于 2013 年底前上线，湖北省、重庆市将在 2014 年启动碳排放交易市场。

2013 年中国"炒碳"时代来临，它意味着环境资源可以像商品一样买卖。中国的碳排放交易目前采用的方法是，政府将碳排放量达到一定规模的企业纳入碳排放配额管理，并在一定的规则下向其分配年度碳排放配额。

3. 发改委向产能过剩动刀

长期以来，依靠行政手段控制产能过剩并没有起到很好的效果，一些地方过剩产能死灰复燃，发改委此次出台用价格手段调节产能过剩，被市场认为是调控思路的转变，而首先瞄准产能过剩的大户——电解铝行业，则具有十分重要的示范意义。发改委表示，下一步将会同有关部门根据宏观调控和产业调整的需要，适时在其他行业推广阶梯电价，推进产业转型升级。

4. 华沙气候大会争执中落幕，发展中国家角力欧美

华沙气候大会 2013 年 11 月 23 日晚落下帷幕。在 20 余小时的"加时赛"中，欧盟借主场之利，联手美国试图将"共同但有区别的责任"原则从新协议中"踢出"，此举遭到印度、中国等发展中国家的强烈抵制。大会数度停滞，两大阵营在"飞机起飞前"才勉强达成妥协。

经历近 18 小时的延时，华沙气候变化大会在 23 日夜间终于打破僵局，达成三项主要共识。本次气候大会主要有三个成果：一是德班增强行动平台基本体现"共同但有区别的原则"；二是发达国家再次承认应出资支持发展中国家应对气候变化；三是就损失损害补偿机制问题达成初步协议，同意开启有关谈判。然而，三个议题的实质性争议都没有解决。

5. 生态环境恶化倒逼资源型城市转型

成也资源，败也资源。一些城市因矿而兴，却也因矿竭而城衰。云南省昆明

市东川区，就是一个典型案例，被研究者称为"东川现象"。这座城市早在 1958 年就建成地级市，曾因铜矿而闻名、富有，被冠以"天南铜都"称号，却也是新中国历史上第一座因资源枯竭而被撤市降级为区的矿产衰退型城市。"过去，我们更多关注资源枯竭城市。《全国资源型城市可持续发展规划（2013～2020年）》（以下简称《规划》）中新的分类，对资源型城市进行了全周期的规划，在其产业成长的各个时期，有针对性地、分类型地指导发展方向和重点。""所有资源型城市都应当未雨绸缪，及早地培育接续替代产业，而不是等到资源衰退以后再来抢救。"

这是我国首次制定关于资源型城市的国家级规划，也是新一届政府以国务院文件发布的第一个专项规划。2010 年，国务院振兴东北地区等老工业基地领导小组明确要求国家发改委、国土部、财政部等部委编制《规划》；李克强总理也对编制《规划》提出了明确要求。《规划》编制历时两年多，不仅首次在全国确定了 262 个资源型城市，而且将它们按照资源保障能力和可持续发展能力，分为成长型、成熟型、衰退型和再生型四类。

六、煤炭大事记

1. 煤价一路走跌

从煤炭市场价格来看，"煤飞色舞"的"黄金十年"从 2012 年就彻底结束了。自 2012 年下半年以来，煤炭价格飞流直下，特别是环渤海动力煤指数自 2012 年 11 月以来一路向下、"跌跌不休"；进口煤凭借价格优势"大兵压境"，2013 年前 11 个月的进口量达到 2.92 亿吨，同比增加 15.1%，超过 2012 年全年 2.89 亿吨的进口量，突破 3 亿吨已无任何悬念，大幅挤占了国内煤炭企业的市场空间。有专家称，华南地区的电厂有三分之一甚至一半的发电煤都是在用进口煤。

一年来，煤炭行业可谓进入多事之秋：内忧外患，四面楚歌。曾经大手大脚、花钱如流水的煤炭企业开始过起"苦日子"。

2. 山西省紧急出台 20 条措施应对煤炭市场下行

为了应对市场持续下行，按照中央宏观调控政策要求，山西省政府研究制定了《进一步促进全省煤炭经济转变发展方式实现可持续增长的措施》，包括 20 条具体措施。

为了减轻企业负担，从 2013 年 8 月 1 日至 12 月 31 日，山西省将暂停收取部分提取资金、减收交易服务费。相关部门将依法依规清理涉煤收费，取缔乱收费、乱摊派，进一步规范企业承担的社会责任。山西省继续推进煤电联营、煤电一体化，鼓励煤炭企业与电力、冶金、焦化等重点用户签订长期合同，建立长期稳定的战略合作关系。山西省将加强市场质量监管，严格限制高硫、高灰、低发热量煤炭进入市场。山西省还将加快推进现代煤炭清洁高效、就地转化项目，加快推进现代化矿井建设，进一步完善现代企业制度，提升企业经营管理水平。

从 2012 年下半年开始，煤炭行业全国煤炭需求一路走低，价格连续下滑，煤炭大量积存，煤炭企业步履维艰。为改变这种局面，实现煤炭经济的企稳回升，山西省政府出台了进一步促进全省煤炭经济转变发展方式，实现可持续增长措施，这些措施共有 20 条，含金量高，力度大。

3. 2015 年底前将再关闭小煤矿 2000 处以上

国家安监总局召开煤矿安全生产电视电话会议。煤矿安监总局将启动"全国 50 个重点县煤矿安全攻坚战"工作，会议介绍，全国有 26 个产煤省、226 个产煤市、772 个产煤县。安监总局对于 2008 年到 2012 年 5 年间 772 个产煤县的煤矿伤亡事故统计分析之后，确定贵州省六盘水等 12 个省 31 个市的 50 个区县为全国煤矿安全重点监察区县，其中湖南省 10 个，云南省、四川省各 8 个，贵州省有 6 个，重庆市、黑龙江省各有 5 个，吉林省、河南省各有 2 个。另外，河北省、广西壮族自治区、陕西省、甘肃省各有 1 个县。

2013 年国务院印发了国务院办公厅关于进一步加强煤矿安全生产工作的意见，安监总局这次针对意见对这 50 个县进行重点整顿。一方面，加快小煤矿的关闭退出，安监总局正式宣布启动 50 个重点县的煤矿安全攻坚战，要求到 2015 年底，这 50 个重点县的煤矿，重特大死亡人数要比前 5 年下降 50% 以上；另一方面，对工作划定了时间界线，必须要在 2 年之内完成国务院意见中提出的 7 条硬性规定，也就是既定目标。

全国仍然有年产 9 万吨以下的煤矿 7501 处，占煤矿总数的 57%，但是这些小煤矿的产能只占全国煤炭总产量的 12%，发生事故的起数和死亡人数竟占到 70% 左右，百万吨死亡率是大中型煤矿的 4 倍。根据国务院意见的要求，到 2015 年底前，国家将会再关闭 2000 处以上的小煤矿。

4. 煤电市场化成定局，订货会魅力不再

2013 年煤炭交易大会在中国（太原）煤炭交易中心举行。尽管参会多年的煤电行业人士仍习惯于"煤炭产运需衔接会"这一充满计划经济色彩的会议名称。但大会呈现出的种种迹象表明，煤炭价格已真正走向市场化，煤电博弈背后充斥着更多的市场色彩。

"合同订货量一般参照去年的基数调整，关键在于定价和运力保障方面。"煤炭运销协会一位专家表示。过去数年，煤炭供应偏紧，每年煤炭产运需衔接会在定价方面存在"指导价"。如今煤炭供应相对宽松，煤炭企业从卖方转为买方市场，定价机制也走向了市场化。

盘点 2013 年煤炭市场，市场化程度提高是绕不开的话题。继 2012 年 12 月

20 日国务院办公厅下发《关于深化电煤市场化改革的指导意见》、取消电煤价格双轨制之后，2013 年煤炭行业的市场化程度进一步提升。

5. 中国（太原）煤炭交易中心启动公路煤炭上线交易

2013 年 5 月 23 日，中国（太原）煤炭交易中心正式启动了公路煤炭上线交易，加上此前已经"上线"的铁路运煤，产煤大省山西煤炭全部告别传统交易，今后所有煤炭交易都必须通过中国（太原）煤炭交易中心进行"网签"。

2012 年 9 月，山西省铁路运煤率先"试上线"交易，上线交易后运行良好。2012 年底，中国（太原）煤炭交易中心成功举办"煤炭交易大会"，实现交易平台网签年度煤炭合同 7.88 亿吨，加上山西省各重点矿山和山西煤销集团已签订年度公路煤炭销售合同 1.88 亿吨，这都为山西省公路煤炭上线交易奠定了基础。

此次公路煤炭将实现四个"上线"，即公路煤炭交易合同网上签订、票据上线、调度上线、货款结算上线。据预测，山西省公路煤炭上线交易后，交易量将大幅提高，全年公路煤炭交易量将超过 3 亿吨。

"上线交易"是目前我国煤炭行业出现的一种新兴市场模式。它建立在现代网络信息技术基础上，利用数字签名技术打造电子交易平台，为煤炭产运需企业提供安全、及时、便捷的场内和场外交易、交收、结算和信息服务，并实时发布煤炭供求信息和价格信息。

6. 郑州商品交易所动力煤期货 26 日上市

根据郑商所公告，2013 年 9 月 26 日首批挂牌上市的动力煤期货合约为 TC312、TC401、TC402、TC403、TC404、TC405、TC406、TC407、TC408、TC409，各合约挂牌基准价均为 520 元/吨。上市当日涨跌停板幅度为合约挂牌基准价的 ±8%，交易保证金为 5%。交易手续费收取标准为 8 元/手，当日开平仓手续费减半收取。

根据上述标准计算，上市首日，动力煤期货合约的涨停价为 561.6 元/吨，跌停价为 478.4 元/吨。投资者交易一手动力煤期货合约将需要至少 5200 元，如果再加上期货公司追加的保证金以及手续费，将需要近 5500 元。

煤炭是中国重要的基础能源和原料，在国民经济中具有重要的战略地位。动力煤是对通过燃烧来利用其热量的煤炭统称，主要用于发电和取暖。从现货体量来说，动力煤期货将是目前国内商品期货市场最大的品种，将为未来铁矿石、原油等大宗资源型商品期货的上市做出有益探索。2012 年，中国动力煤产量及表观消费量分别为 27.4 亿吨和 29.3 亿吨，在煤炭中的比重分别为 75.1% 和 74.6%。

7. 国务院办公厅关于促进煤炭行业平稳运行的意见

中国煤炭工业协会 2013 年 11 月 27 日通过官方网站正式公布国务院办公厅

《关于促进煤炭行业平稳运行的意见》，就切实减轻煤炭企业税费负担、煤炭资源税、煤炭进出口政策进行明确规定，要求真正做到给煤炭企业减负，减少低质煤进口。

虽然煤炭市场回暖氛围日渐浓厚，但煤炭企业赋税严重、工业转型升级滞后、上下游价格仍未理顺等多重因素依旧是煤炭企业顺利运营的制约因素。《关于促进煤炭行业平稳运行的意见》从多个层面对国内煤炭行业健康发展予以支持，有利于巩固日趋企稳的煤炭市场，为煤炭行业长久健康发展提供保障。

七、新能源大事记

1. 欧盟决定对产自中国的光伏产品征收反倾销税

欧盟委员会贸易委员德古赫特周二宣布，将从 2013 年 6 月 6 日至 8 月 6 日对产自中国的光伏产品征收 11.8% 的临时反倾销税，此后该税率将升至 47.6%。

欧盟官员称，欧盟把对中国光伏产品征收全额进口关税的时间推迟两个月，以便给中国制造企业留出时间与欧洲当局协商和解方案，这有望使数十年来最大的一桩不公平贸易争端得到化解。

这一低水准的关税仅维持两个月，至 2013 年 8 月初，如果中国不对欧盟对其低于成本在欧洲销售太阳能板的指控做出回应，此后关税将升至 47.6%。

欧盟是中国光伏产品的最大出口地，数据显示，2011 年中国有近 358 亿美元的光伏产品出口，其中 70% 以上是输送到欧洲市场，2012 年欧洲市场占我国光伏产品出口份额的一半以上，而超过 220 亿欧元的涉案值也使此次光伏双反案成为史上最大的贸易争端。因此，欧盟市场对于中国光伏企业的重要性不言而喻。

2. 中欧光伏贸易谈判达成"友好"解决方案

欧盟委员会贸易委员德古赫特 27 日宣布，经过谈判，中国与欧盟就光伏贸易争端已达成"友好"解决方案。德古赫特说，经过数周紧张的谈判，欧盟很高兴取得一份令人满意的有关中国输欧光伏产品的价格协议。这对中欧双方来说都是"友好"的结果。"我相信新的价格有助于稳定欧盟太阳能板市场，我将很快向欧委会上交提案，等待批准。"德古赫特说，相关谈判结果的细节届时将公布。

中欧光伏产品贸易争端是中欧贸易史上涉案金额最大的贸易摩擦案件，是当前中欧经贸关系中的重要议题之一。2013 年 6 月初，欧委会宣布，欧盟从 2013 年 6 月 6 日起对产自中国的光伏产品征收 11.8% 的临时反倾销税，如果中欧双方未能在 2013 年 8 月 6 日前达成妥协方案，届时反倾销税率将升至 47.6%。此次谈判结果对于中欧双方意义重大。

3. 以"国八条"为代表的扶持政策密集出台

2013 年 7 月 15 日，国务院发布《关于促进光伏产业健康发展的若干意见》，旨在促进我国光伏行业的发展，对装机目标、行业相关规范都有具体指导，这也被业内称为"国八条"。而除此之外，国家发展改革委、财政部、工信部、国家能源局等部委及电网企业也在 2013 年相继出台了电价、补贴、监管、服务等多项细化政策，以保障光伏产业未来的健康发展。

2013 年是光伏扶持政策密集发布的一年，在国内市场大幕开启之后，更多的扶持政策将加快光伏行业走向复苏。

4. 国家能源局印发《加强风电产业监测和评价体系建设的通知》

2013 年 5 月 23 日，国家能源局印发《加强风电产业监测和评价体系建设的通知》，要求加强风电产业信息监测和评价工作，建立健全全国风电产业信息监测体系，要求水电水利规划设计总院负责各省（区、市）和各开发企业的风电建设、并网运行、发展规划和年度实施方案完成情况的统计和分析，汇总形成风电建设统计信息，按季度上报国家能源局；按年度综合评价产业发展形势、面临问题和产业政策执行情况，形成评估报告上报国家能源局；于每年初提交上一年度风电开发建设总体情况的分析评价报告，经国家能源局审核后对社会公开发布。

这是风电行业进入下一轮发展期的政策信号，国家针对风电发展存在困难的调查很早就展开了，2013 年上半年国家能源局更是将解决光伏、风电行业发展问题列入当前 10 项重点工作范围。风电发展过程中遇到的并网难、补贴不到位等问题，与光伏行业面临的困难几乎是相同的，政策扶持力度应该与现有的光伏扶持政策保持一致。

5. 尚德破产重整走向重组之路

2013 年 3 月 20 日，江苏省无锡市中级人民法院裁定，对无锡市尚德太阳能电力有限公司实施破产重整。此后，围绕如何重组和哪家企业接手等问题各方协商许久。最终，顺风光电的出现让这个持续大半年的事件有了结局。

尚德是中国光伏产业发展的一个标签和缩影。在承受了无序发展所带来的阵痛之后，业界也当反思，为何红极一时的尚德会落得如此窘境。以此为鉴，方能确保不再出现第二个尚德。

6. 我国自主三代核电 ACP1000 通过国家核行业评审

2013 年 4 月，由中核集团自主研发、具备完整自主知识产权的先进压水堆核电站 ACP1000 的初步设计，在北京通过了中国核能行业协会、国家核安全局、国家能源局、国防科工局、中国机械工业联合会、环保部核与辐射安全中心等单位近 40 名行业专家的鉴定。专家们认为 ACP1000 的技术和安全指标达到了国际同等水平，并具备独立出口条件。

ACP1000 采用了能动和非能动相结合的安全设计理念，设置了完善的严重事故预防和缓解措施。采用 177 盒先进燃料组件的反应堆堆芯、双层安全壳、电厂单堆布置、60 年设计寿命，可利用率大于 90%。

提高自主化能力一直是我国核电发展的目标，而全球核电从二代向三代转型，为我国高起点发展提供了机遇。要从图纸变成现实不仅要证明其先进，而且还要可行、可靠。

7. 辽宁省红沿河核电站 1 号机组投入商运在运核电组增至 17 台

2013 年 6 月 7 日，辽宁红沿河核电站 1 号机组正式投入商业运营。这是我国第五个核电基地、中广核第三个核电基地、东北第一个核电站投入商业运行，标志着"中国工程"在核电领域又取得重大突破，具备了在高寒地区建设核电站的能力。伴随红沿河核电站 1 号机组的商业运行，中国大陆在运核电机组数量增加到 17 台，总装机容量 1477 万千瓦。

我国核电发展已经从"福岛核事故"后的低谷中走出来了，其中一个标志就是 2013 年沿海地区的核电项目相继投运。

8. 新能源汽车首批推广应用城市公布

2013 年 11 月 18 日，财政部、工信部等四部委发布通知，28 个城市或区域为第一批新能源汽车推广应用城市。京津沪渝四大直辖市，广东省城市群、福建省城市群、河北省城市群等均在名单之中。

新能源汽车进入新一轮推广应用阶段，试点范围进一步扩大，一些饱受雾霾天气影响的城市成功入围，成为其破解环保问题的重要手段。

9. 新修订《国家核应急预案》向社会公布

2013 年 7 月 3 日，新修订的《国家核应急预案》（以下简称《预案》）向社会公布，和 2005 版《预案》相比，新版《预案》很重要一个亮点在于，明确了我国核应急工作的组织管理体系，强调实行国家、省、核设施运行单位和上级主管单位三级核应急管理体制。同时，新版《预案》还要求，核事故发生后要第一时间向社会发布准确、权威消息。

目前，我国在建核电机组数量位居世界第一，核电事业已经进入体系化、规模化的快速发展阶段。新版《预案》将建立让老百姓放心的核应急工作体系。

10. 世界第三大水电站机组投产

世界第三大、中国第二大水电站溪洛渡水电站的 7 号机组已正式投产。这是溪洛渡电站正式投产发电的第 10 台机组，标志着该水电站机组投产过半。

金沙江溪洛渡水电站位于四川省雷波县和云南省永善县接壤的金沙江峡谷段，是一座以发电为主，兼有拦沙、防洪和改善下游航运等综合效益的大型水电站，于 2005 年底开工，2007 年实现截流。电站总装机 1386 万千瓦，仅次于三峡电站和伊泰普电站。

第二节 2013 年内蒙古自治区能源运行形势

内蒙古自治区是中国西部重要的能源基地和工业基地，一直以来内蒙古自治区丰富的能源储量是中国能源供应安全的重要保障，同时也造成了内蒙古自治区主要依靠能源产业发展的经济结构和与之相配套的能源工业和重工业的快速发展，这种单一的经济结构发展模式在带动经济快速发展的同时，造成了能源消费量大、经济结构发展不均衡和生态环境污染较大的发展局面。长此以往，将会对经济、社会、环境的可持续发展带来不利影响。因此，了解内蒙古自治区能源产出、消费以及投资状况，对于协调好内蒙古自治区经济发展与能源消费的关系问题意义重大且任务迫切。

一、能源产量

1. 能源生产总量

能源生产总量指在一定时期内，全区一次能源生产量的总和，是观察全区能源生产水平、规模、构成和发展速度的总量指标。一次能源生产量包括原煤、原油、天然气、水电、核能及其他动力能（如风能、地热能等）发电量，不包括低热值燃料生产量、生物质能、太阳能等的利用和由一次能源加工转换而成的二次能源产量。

从图 1 - 1 可知，2013 年，内蒙古自治区能源生产总量为 62261.61 万吨标准煤，能源生产总量从 1990 年（2821.61 万吨标准煤）至 2000 年（4701.23 万吨标准煤）增长缓慢，2000～2013 年其增长较快，翻了 13 倍。从能源生产结构看（见图 1 - 2），煤炭所占比例最高，为 91.58%，其他依次为天然气、其他能源、石油。下面分别分析不同能源产量。

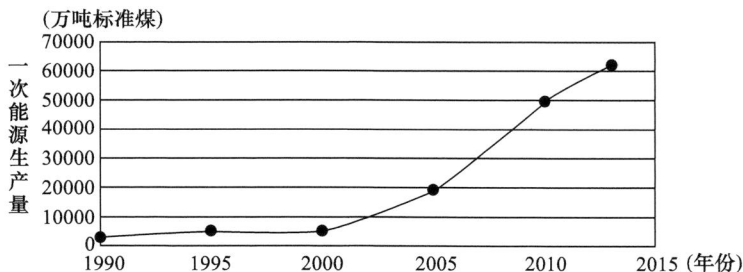

图 1 - 1 1990～2013 年内蒙古自治区能源生产总量

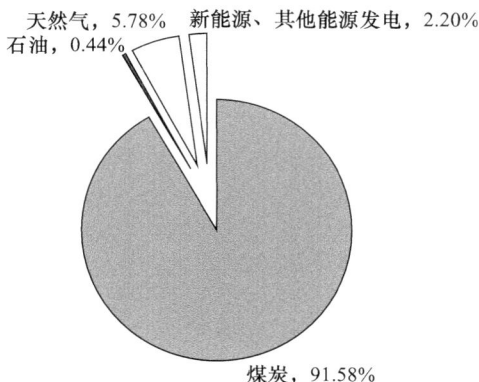

天然气, 5.78%　新能源、其他能源发电, 2.20%
石油, 0.44%

煤炭, 91.58%

图 1 – 2　2013 年内蒙古自治区能源生产结构

2. 能源消费弹性系数

能源生产弹性系数是研究能源生产增长速度与国民经济增长速度之间关系的指标。计算分式为：

能源生产弹性系数 = 能源生产总量年平均增长速度/国民经济年平均增长速度

国民经济年平均增长速度，可根据不同的目的或需要，用地区收入总值、地区生产总值等指标来计算，本书是采用国内生产总值指标计算的。

电力生产弹性系数是研究电力生产增长速度与国民经济增长速度之间关系的指标。一般来说，电力的发展应当快于国民经济的发展，也就是说，电力应超前发展。计算公式为：

电力生产弹性系数 = 电力生产量年平均增长速度/国民经济年平均增长速度

从图 1 – 3 可以看出，2004～2013 年，内蒙古自治区能源生产弹性系数总体呈下降趋势。期间内蒙古自治区能源生产弹性系数大于 1 的，说明这一时期，内蒙古自治区能源生产的增长速度持续大于经济增长速度，主要是因为受西部开发政策的鼓励和第二产业在经济结构中的崛起，导致了内蒙古自治区经济的增长在这一时期内主要靠能源生产增长的驱动；在 2005 年、2006 年和 2012 年三年，能源生产弹性系数均小于 1，说明能源生产增长速度小于经济增长速度，能源生产对经济增长的拉动作用开始减小；而 2013 年，能源生产弹性系数小于 0，其主要是经济负增长引起的。电力生产弹性系数跟能源生产弹性系数变化比较，高于总体能源生产弹性系数，2011～2013 年其回落较快，2013 年电力生产弹性系数为 0.6，是其最低水平。

3. 各行业产量

（1）煤炭产量。2013 年，全国重点产煤省区、重点产煤地（市）县（以

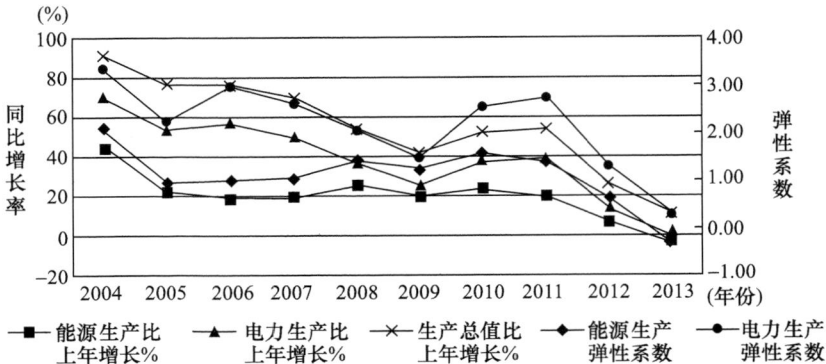

图1-3　内蒙古自治区能源生产同比增长率及弹性系数（2004~2013年）

2013年煤炭产量排序）前100位名单中，内蒙古自治区以10.3亿吨位列全国十大重点产煤省份首位，鄂尔多斯市以6.3亿吨位列全国重点产煤地（市）首位，准格尔旗以2.79亿吨位列全国重点产煤县（市）首位。

内蒙古自治区7盟市进入全国重点产煤地（市）前50位：鄂尔多斯市（第1位）、锡林郭勒盟（第4位）、呼伦贝尔市（第8位）位列前10位；通辽市、乌海市、赤峰市、包头市位列其中。

内蒙古自治区19个旗区进入全国重点产煤县（市）前100位：准格尔旗（第1位）、伊金霍洛旗（第3位）、东胜区（第5位）、西乌珠穆沁旗（第8位）、达拉特旗（第9位）位列前10位；锡林浩特市、陈巴尔虎旗、霍林郭勒市、元宝山区、鄂温克旗、鄂托克旗、东乌珠穆沁旗、海勃湾区、扎鲁特旗、满洲里市、阿拉善左旗、土默特右旗、海南区、石拐区位列其中。

据统计，2011年初至2013年底，内蒙古自治区新增煤炭资源储量450亿吨。

（2）新能源。近年来，内蒙古自治区电力公司在生产运行方面完善标准，健全制度，加大技术创新力度，使生产技术管理水平持续提升，新能源并网消纳能力随之逐年增强。2013年，内蒙古自治区加快电网结构调整，高度重视风电、太阳能发电装机和并网建设，全年风电、太阳能和生物质等新能源发电量达到229.44亿千瓦时，同比增加25.59%；新能源上网电量224.94亿千瓦时，同比增加25.49%，均创历史新高。

2013年内蒙古自治区新能源发电量的提升，相当于较2012年多节约标准煤111万多吨，减少排放二氧化碳246吨、二氧化硫2792吨、氮氧化物5420吨。

（3）电网。电力装机。截至2013年12月底，内蒙古全区6000千瓦及以上发电厂装机容量8446.05万千瓦，同比增长7.9%。其中，火电6375.36万千瓦，同比增长 6.09%；风电 1848.86 万千瓦，同比增长 9.24%；水电 108 万千瓦，与 2012 年持平；太阳能 113.6 万千瓦，同比增长 545.45%。此前有业内人士指出，由于内蒙古自治区富余电力无法外送，已造成超三成火电闲置，风电弃风率高达 35%~40%。

（4）发电量。截至 2013 年 12 月底，内蒙古自治区全区 6000 千瓦及以上电厂完成发电量 3620.12 亿千瓦时，同比增长 8.34%。其中，水电 35.72 亿千瓦时，同比增长 23.39%；火电 3210.28 亿千瓦时，同比增长 6.07%；风力发电量 368.37 亿千瓦时，同比增长 29.55%；太阳能发电量 5.67 亿千瓦时，同比增长 298.04%。

（5）全社会用电量。截至 2013 年 12 月底，内蒙古全区全社会用电量完成 2181.90 亿千瓦时，同比增长 8.19%。其中，第一产业用电量 34.10 亿千瓦时，同比增加 3.62%；第二产业用电量 1938.50 亿千瓦时，同比增长 8.01%；第三产业用电量 97.55 亿千瓦时，同比增长 11.43%；城乡居民生活用电量 111.76 亿千瓦时，同比增长 10.08%。工业用电量 1927.48 亿千瓦时，同比增长 8.05%。

（6）石油。2013 年内蒙古自治区石油生产量为 192.68 万吨，同比减少 2.6%。

二、能源销量

能源消费投入是刺激经济增长的主要贡献因素。在经济增长的同时，通常会伴随着不同产业间经济力量的变化与调整，同时各产业内部的结构也会发生一定的变化与调整。目前，内蒙古自治区产业的格局正处于"二、三、一"的发展模式阶段，由于第二产业的发展，常常需要消耗大量的能源，经济发展就不可避免地会受到资源的稀缺性与不可再生性的约束。因此，必须认真处理好产业的发展与自然资源之间合理利用的问题。

高速增长的内蒙古自治区经济，带来了能源消费投入的大量增长。然而，内蒙古自治区的能源消费结构，长期以燃煤为主，煤炭的大量开采和使用，使生态环境遭到了破坏，并日渐恶化。由于环境容量的有限性，又不可避免地对经济和能源产业的发展产生不利的制约性影响。

1. 能源消费总量

能源消费总量指一定时期内全区物质生产部门、非物质生产部门和生活消费的各种能源的总和，是观察能源消费水平、构成和增长速度的总量指标。能源消费总量包括原煤和原油及其制品、天然气、电力，不包括低热值燃料、生物质能和太阳能等的利用。能源消费总量分为终端能源消费量、能源加工转换损失量和能源损失量三部分。

（1）终端能源消费量。指一定时期内全区生产和生活消费的各种能源在扣除了用于加工转换二次能源消费量和损失量以后的数量。

（2）能源加工转换损失量。指一定时期内全区投入加工转换的各种能源数量之和与产出各种能源产品之和的差额，是观察能源在加工转换过程中损失量变化的指标。

（3）能源损失量。指一定时期内能源在输送、分配、储存过程中发生的损失和由客观原因造成的各种损失量，不包括各种气体能源放空、放散量。

从图1-4可以看出，1990～2013年，内蒙古自治区能源消费总量呈不断增长上升趋势。在2000年之前，能源消费总量增长趋势比较平稳，年均增长大约保持在6.9%。但是，自2000年以后，能源消费量出现了明显的快速增长，从2000年的3937.54万吨标准煤快速增长到2011年的21148.52万吨标准煤，其间增长幅度高达四倍，年均增长达到36.42%，并且，将来还有持续快速增长的趋势。

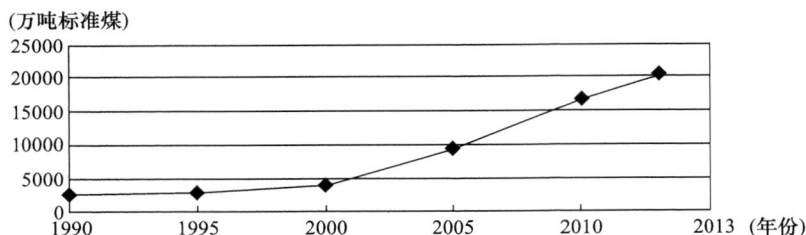

图1-4 1990～2013年内蒙古自治区能源消费总量

内蒙古自治区不同行业能源消费量情况如图1-5所示，内蒙古自治区工业能源消费一直是能源消费的"大户"，其他依次为生活能源消费，交通运输、仓储及邮电通信业，批发、零售业和住宿餐饮业，农、林、牧、渔业，建筑业和其他能源消费。

1990年工业能源消费占能源消费总量的56.47%，2005年达到71.76%，2010年和2013年随着节能政策的颁布与实施，工业能源消费占能源消费总量的比重有下降趋势，2010年为68.38%，2013年为68.76%。工业能源消费的主要地位一直没有改观。生活能源消费量居第二位，占能源消费总量的10%左右，交通运输、仓储及邮电通信业占到7.9%，批发、零售业和住宿餐饮业占4.7%左右，建筑业和其他能源消费所占比例较小。

2013年，内蒙古自治区煤炭产量为10.3亿吨，销量为10.7亿吨，同比增长12%，产销基本平衡。其中销往区外6.6亿吨，占总销量的61.8%；区内销售为

(万吨标准煤)

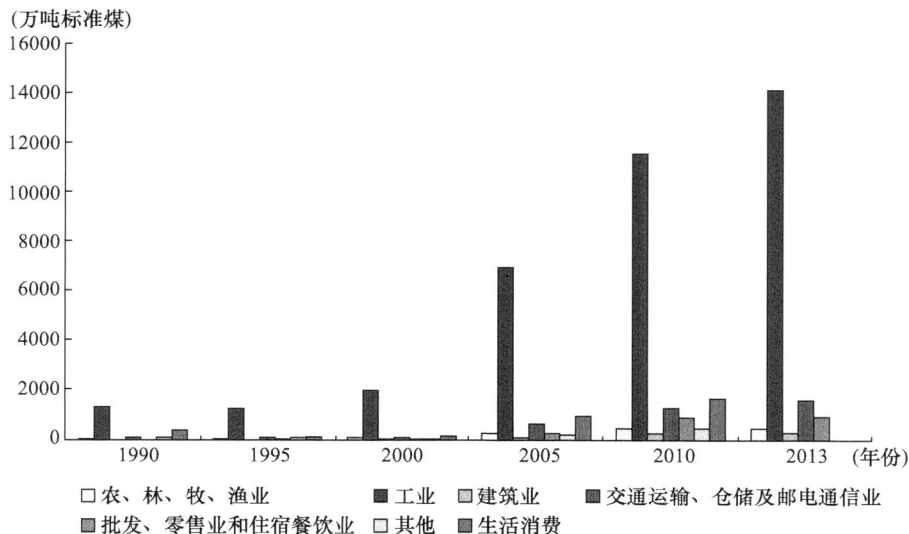

图 1 - 5　内蒙古自治区不同行业能源消费量情况

4 亿吨，占总销量的 38.2%。在区外销量中，通过铁路外运 4.1 亿吨，占外运总量的 62.2%；公路外运 2.5 亿吨，占外运总量的 37.8%。

2. 消费结构与消耗强度

能源消费结构反映了生产和生活活动中，各种能源的使用数量和利用比例，与各经济部门的用能方式关系较大，与人们的生活习惯也有密切关系，同时也受到地区的资源禀赋、能源的可获取技术水平等因素的影响。

从图 1 - 6 可以看出，2013 年内蒙古自治区能源消费结构以煤炭消费为主，一直以来，煤炭的主体地位基本没有明显变化。石油消费其次（7.74%），石油消费比重逐年下降。天然气、风能、太阳能、电等新能源消费比重为 4.63%，能源消费结构中煤炭独大现象突出。

近年来，中国和内蒙古自治区的能源结构均长期存在过度依赖煤炭的问题，在内蒙古自治区能源生产和消费结构中，煤炭占到 87.63%，高于全国平均水平 18%。今后，内蒙古自治区应该减少经济增长对煤炭的依赖，迅速发展具有地域优势的风能和太阳能，进一步带动新能源产业在技术和规模上的不断发展。

能源消耗强度是指一个国家和地区能源的综合利用效率情况，用于计量其能源利用过程中，所发挥的经济效用等。能源消耗强度常用单位 GDP 能耗计算，单位常用"吨标准煤/万元"表示。

天然气，2.46%　新能源、其他能源发电，2.17%

石油，7.74%

煤炭，87.63%

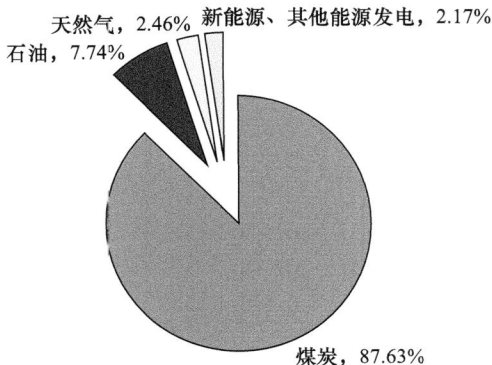

图1-6　2013年内蒙古自治区能源消费结构

从图1-7可以看出，内蒙古自治区能源消耗强度基本保持了较高速度的持续下降，从1985年的13.95吨标准煤/万元，到2013年下降至1.27吨标准煤/万元，下降了90%左右。其总的发展趋势可以划分为两个典型的阶段：第一阶段为1985年到2000年的快速下降时期。在此期间，能源消耗强度下降较快，为84%左右，年均下降幅度为5.7%。第二阶段为2000年到2013年的平缓下降时期，这一时期的能源消耗强度下降了45%左右，年均下降幅度为3.4%。

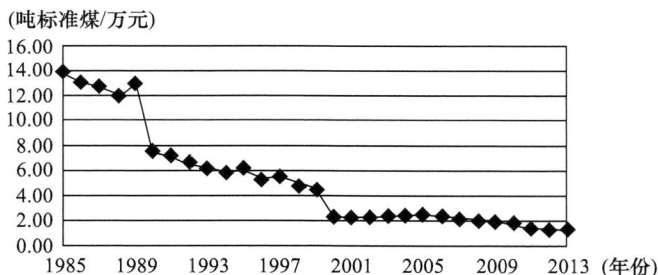

(吨标准煤/万元)

```
16.00
14.00
12.00
10.00
 8.00
 6.00
 4.00
 2.00
 0.00
     1985  1989  1993  1997  2001  2005  2009  2013 (年份)
```

图1-7　内蒙古自治区单位GDP能耗

这说明，在国家能源可持续发展政策的指导下，为了实现我国"十一五"、"十二五"时期提出的能源消耗强度下降20%和16%的目标。近年来，内蒙古自治区的能源消耗强度保持持续下降，但是能源消耗强度仍然大于1，而且高于北京市、上海市、广东省等经济发达地区的水平，2013年，内蒙古自治区能源消耗强度为1.27吨标准煤/万元，而同一时期北京市的能源消耗强度为0.43吨标准煤/万元，上海市为0.53吨标准煤/万元，广东省为0.54吨标准煤/万元。可见，内蒙古自治区能源消耗强度的降低，能源利用效率的提高还有很大的提升空间，做好节能降耗工作，促进低碳经济还有很多工作要做。还没有达到第三产业大力发展、科学技术先进、管理水平高、能源消耗强度比较合理的阶段。

从图1-8可以看出，内蒙古自治区12盟市能源消耗强度对比来看，鄂尔多斯市最低，为0.917吨标准煤/万元，其次通辽市为0.961吨标准煤/万元，这两个市都在1吨标准煤/万元以下，其他都在1吨标准煤/万元以上，依次为呼伦贝尔市（1.05吨标准煤/万元）、赤峰市（1.07吨标准煤/万元）、呼和浩特市（1.103吨标准煤/万元）、兴安盟（1.142吨标准煤/万元）、锡林郭勒盟（1.257吨标准煤/万元）、包头市（1.395吨标准煤/万元）、阿拉善盟（1.472吨标准煤/万元）、乌兰察布市（1.514吨标准煤/万元）、巴彦淖尔市（1.539吨标准煤/万元）、乌海市（3.179吨标准煤/万元）等，乌海市明显高于其他盟市，其节能降耗任务艰巨。

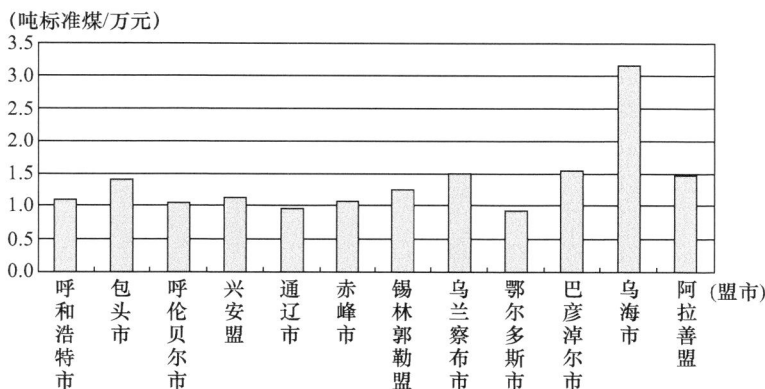

图1-8　内蒙古自治区12盟市单位GDP能耗比较（2013年）

三、能源投资

1. 总投资情况

2013年，国家累计审批内蒙古自治区重大能源项目30项，总投资达3314亿元，比"十一五"期间五年国家审批内蒙古自治区能源项目总投资（77项总投资2156亿元）还要高53.7%，是2012年国家审批内蒙古自治区能源项目总投资（32项总投资1140亿元）的近3倍。

（1）核准项目情况。国家核准内蒙古自治区重大能源项目12项，总投资415亿元。其中，红庆河等9个煤矿项目，建设总规模7020万吨/年，总投资

329 亿元；魏家峁等 3 个电厂项目（含风电），建设总规模 190 万千瓦，总投资 86 亿元。

（2）同意开展前期工作项目情况。国家同意内蒙古自治区开展前期工作重大能源项目 15 项，总投资 2385 亿元。其中，新蒙能源等 4 个煤制气项目，建设总规模 280 亿立方米，总投资 1549 亿元；伊泰煤制油项目，建设规模 200 万吨，总投资 375 亿元；蒙西煤制天然气外输管道项目，年输气量 300 亿立方米，总投资 200 亿元；巴彦浩特热电厂，建设规模 60 万千瓦，总投资 28 亿元；白音华四号矿二期等 7 个煤矿项目，建设总规模 3900 万吨/年，总投资 185 亿元；新奥集团乌兰察布无井式地下气化采煤工业化示范工程一期项目，年产液化天然气 2 亿立方米，总投资 48 亿元。

（3）其他项目情况。国家同意二连浩特新能源微电网示范项目开展可行性研究，总投资 240 亿元；国家同意内蒙古自治区新增风电、光伏并网装机总容量 294 万千瓦，总投资 274 亿元。

2. 分行业投资情况

（1）电力。2013 年，内蒙古自治区电力公司全年安排大中型电网建设项目 209 项，投产 92 项，完成固定资产投资 118.34 亿元，继 2012 年之后，再次突破百亿元历史最高点。完成 500 千伏旗下营—察右中旗—汗海、包头西、集宁东和 220 千伏盛乐云计算产业园区，以及包头电网改造等重点输变电工程建设项目。电力外送通道国家第一期内蒙古自治区建设四条特高压，分别是锡盟—山东、锡盟—江苏、蒙西—山东、蒙西—天津，这四条特高压外送能力为 3100 万千瓦，配套电力装机 4200 万千瓦，其中包括 600 万千瓦的风电装机，总投资约在 2673 亿元人民币，特高压同时启动，其规模是全国最大。

（2）石油天然气。2013 年内蒙古自治区油气投资股份有限公司成立，拟五年内建 2 条天然气管道、3 条清洁油管道，总投资额 753 亿元，2017 年投产。内蒙古自治区油气投资股份有限公司初始注册资本为 15 亿元，其中内蒙古自治区交通投资有限责任公司认缴 6 亿元，占股 40%，中国天伦燃气控股有限公司认缴 5 亿元，占股 33.33%，内蒙古自治区明华能源集团有限公司认缴 4 亿元，占股 26.67%。天伦集团总资产逾 100 亿元，内蒙古自治区交通投资有限责任公司注册资本 109 亿元，是比较国有大型一档（正厅级）规格管理的大型国有独资企业，其主要职责是代表自治区负责铁路、民航、港口等重大交通基础设施项目的投资、融资和经营管理；内蒙古自治区明华能源集团有限公司总资产达 110 亿元，经营收入 113 亿元，位列内蒙古自治区民营企业百强第 7 位。

（3）石油和化学工业。2013 年内蒙古自治区石油和化学工业取得了显著成就。煤制油、煤制甲醇、电石产量居全国之首。全行业总资产达 2681.8 亿元，比 2012 年增长 9.3%；主营业务收入 2431.23 亿元，增长 23.8%；利润总额 179.38 亿元，增长 5.8%。全区煤制油产量 104 万吨，煤制甲醇产量 560 万吨，电石产量 720 万吨，均居全国第一。

第三节　内蒙古自治区能源行业发展主要问题

一、新能源行业发展中存在三大难题

第一，定位不清。产业园区和产业基地有很大的区别，产业园区更加注重园区内部的协调效应，而产业基地则主要通过规模经济带动产业发展，二者在定位方面有很大区别。国内各地方政府在建设新能源产业园区时往往将产业基地、示范区、新能源产业园等概念混为一谈，极大地制约了新能源产业园的稳健发展。

第二，重点不明。新能源行业包括诸多细分行业，各子行业之间既有联系又有区别，地方政府唯有因地制宜、充分发挥当地比较优势，建立符合当地经济发展要求和资源禀赋的产业园区，才能从真正意义上带动当地经济的快速发展。光伏、风电、生物质能等各行业不应同步发展、共同发展，而应有所侧重，至于建设生产制造产业园或利用基地则主要取决于当地的资源构成。

第三，经济效益和社会效益缺乏协调。新能源以清洁高效著称，但生产过程中还会存在污染等现象，如多晶硅产业就是典型的高耗能、高污染行业，一旦废弃物处理不当就会给当地环境造成重大的不良影响。再如，风电建设迅猛发展的同时，却伴随着弃风窝电并网难，甚至产能过剩的巨大争议。数据显示，目前，风电设备的有效利用率只有 67%，相当于每小时有 2194.5 万千瓦的风电被浪费，消纳和送出成为制约可再生能源大规模开发的一大瓶颈，风电厂发了电却无法进入终端用户，大部分风机在夜间低谷期弃风停运。社会效益和经济效益如何协调应当成为地方政府重点考量的难题，环保部门、发改委等诸多机构都应各司其职、通力合作，确保新能源产业创造经济效益的同时也有很好的社会效益。

二、煤炭工业面临的问题

水困境：近年来，在煤炭资源富集的内蒙古自治区，煤化工项目渐呈"遍地开花"之势，从东部区的呼伦贝尔市、赤峰市、通辽市、锡林郭勒盟到西部区的鄂尔多斯市、包头市、乌海市，煤化工项目接连上马。

煤化工是高耗水产业，而内蒙古自治区是水资源非常贫乏的地区之一。煤化工高速发展带来的水资源危机不能被"忽视"。资料显示，煤化工企业生产过程耗水量巨大，通常转化 1 吨煤需水约 10~15 吨，是石油化工项目用水量的 3~

5 倍。中国的煤化工项目广泛集中在煤炭资源丰富的中西部地区，但这些地区恰恰水资源短缺。

2011 年，内蒙古自治区神华乌海能源西来峰煤化工分公司的煤气合成 30 万吨甲醇项目一度处于停产状态，原因就是缺水。当地的一些煤化工项目已开始计划从乌海市境内的黄河中抽水。

内蒙古自治区发展煤化工最大的问题在于水资源，鄂尔多斯市每生产 1 吨甲醇要耗 17 吨水，每生产 1 吨二甲醚要耗 14 吨水，每生产 1 吨合成氨要耗 18 吨水，每生产 1 吨煤制油要耗 12 吨水。而当地的人均水资源量仅为 2178 立方米，低于全国平均水平。在鄂尔多斯市，煤化工产业建设区域均集中在鄂尔多斯高原东部，该地年降水量不足 400 毫米，年蒸发量却超过 2500 毫米。

在原煤产业发展遭遇瓶颈的现实困境下，鄂尔多斯市煤化工更是加快了脚步，而项目用水大多数取自黄河水。中科院地理所研究报告显示，"十二五"全国 15 个煤化工示范项目到 2015 年的总需水量每年可达 11 亿立方米。如果加上采煤、火电，"十二五"末中国煤炭基地的建设将消耗水资源约 100 亿立方米，相当于 1/4 条黄河正常年份可供水量，可能给黄河等西北命脉河流带来沉重负担。

三、能源安全、环境污染和气候变暖问题

当前，能源安全、环境污染和气候变暖问题，越来越受到国际社会的普遍关注，积极推进能源革命，大力发展新能源和可再生能源，已成为世界各国寻求可持续发展途径和培育新的经济增长点的重大战略选择。我国改革开放以来，在实现经济快速增长的同时，也付出了很高的资源和环境的代价。

气候峰会对外公布，中国作为全球最大的碳排放国，2013 年碳排放量占全球总量的 27.7%，超过美国和欧盟的总和，人均碳排放比全球平均水平高 45%，中国政府面临空前的挑战和压力。当前全国范围频发雾霾天气，面对严峻的环境污染形势，国务院 2013 年 9 月发布了《大气污染防治行动计划》，明确将发展可再生能源替代更多的化石能源作为改善环境的重要举措之一。

每年的 3 月 23 日是"世界气象日"，内蒙古自治区多地围绕"天气、气候和水为未来增添动力"主题，通过丰富多彩的活动倡导市民呵护家园，低碳生活，提升城市宜居质量。

据内蒙古自治区气象局最新研究结果表明，最近 50 年，内蒙古自治区气候变暖现象明显，气温上升约 2℃。研究表明，内蒙古自治区四季增温时间响应不同，春季最早、夏季最晚，冬季增温幅度最大，说明内蒙古地区气候变暖主要贡献为冬季的增温。降水量呈不明显的波动式变化趋势，冬季、春季降水呈略增加

趋势，夏季、秋季呈减少趋势；全年及四季日照时数呈显著减少趋势，以夏季减少最为明显，冬季次之，春季、秋季略有减少。

专家称，内蒙古自治区可缩短供暖10天左右。内蒙古自治区气象局科技减灾处负责人接受记者采访时表示，根据对内蒙古地区供暖气象条件的分析研究表明，近50年来内蒙古地区供暖条件显现出供暖初日推后、终日提前、供暖期明显缩短、供暖强度减弱、供暖期内平均最低气温明显升高和供暖期内温度多变等特点。"研究表明，自治区可缩短供暖时间为10天左右，由于供暖费是按照供暖时间计算的，缩短供暖时间可以实现为老百姓省钱、为国家节省能源的多重效益。"

在全球变暖的大背景下，内蒙古地区采暖期气温的显著升高，使内蒙古地区采暖起止日期和采暖期能耗需求随之发生变化。经过对气象条件与供暖相互关系的分析，建立了内蒙古自治区12个盟市采暖初日、终日、供热量、供热强度等预报模型。根据呼和浩特市热力公司部分采暖期能源消耗数据，在气象节能技术指导下科学供暖后，单位面积可节约标准煤量1.2千克/平方米。

为此，加强社会宣传，把供暖节能减排工作提升到减缓气候变化的层面上，根据气象信息科学的调控和管理供暖工作，实现气象与供热信息的交流共享。

第四节　内蒙古自治区能源贸易与区域能源合作

一、进出口情况

2013年内蒙古自治区能源出口量为140.58万吨标准煤，进口量为1340.63万吨标准煤（见图1-9）。其主要以煤炭为主，其他的较少量（电力出口7.7亿千瓦时）。

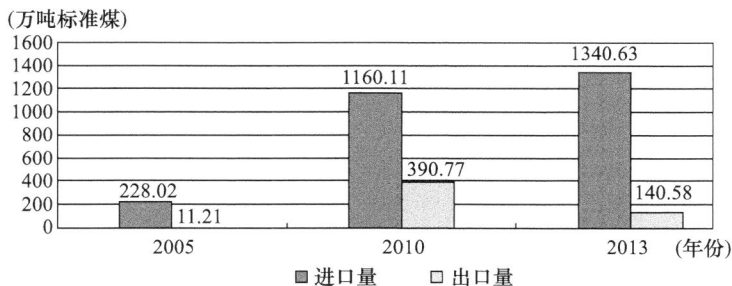

图1-9　内蒙古自治区能源进出口情况

2013 年煤炭出口 244.4 万吨，进口 1808.1 万吨（比 2012 年减少 18.2%）。其中，内蒙古自治区以边境小额贸易方式进口煤炭 1476 万吨，比 2012 年同期减少 26.5%；私营企业为进口绝对主力，国有企业进口大幅减少；蒙古国为第一大进口国；炼焦煤为主要进口品种，烟煤和褐煤进口降幅明显。内蒙古自治区甘其毛都口岸是内蒙古自治区第一大原煤进口公路口岸，突破 1000 万吨，策克口岸排在内蒙古自治区第二位。2013 年末，额济纳旗策克口岸进口蒙古国原煤 1000 万吨，同比增长 18%，实现进出口贸易总额 6.52 亿美元，同比增长 63%。

2013 年，额济纳旗以提高口岸通关过货能力为抓手，加大对庆华—马克商贸公司、浩通能源公司、太豪国际物流公司等商贸物流，煤炭深加工龙头骨干企业的培植，壮大口岸商贸物流企业队伍，使口岸商贸物流企业由 2003 年的一家增加到目前的 25 家，并先后进行了口岸的水、电、路、信、排污等基础设施建设，实施了查验设施建设、扩建煤炭运输通道、维修和维护运煤公路等工程，进一步加快了口岸基础设施建设步伐，使策克口岸外贸进口保持了强劲的增长势头。

二、区域能源合作

1. 同东北三省合作

2013 年东北四省区合作行政首长联席会议 8 月 17 日在鄂尔多斯市召开。辽宁省、吉林省、黑龙江省和内蒙古自治区共同签署了 3 项重要合作协议，进一步推动区域合作。2012 年，东北三省在内蒙古自治区实施合作项目 701 个，其中新建项目 48 个，到位资金 616 亿元，同比增长 50%。

能源通道合作，同东北三省区将重点推进朝阳—赤峰天然气管道，乌兰浩特—长春—吉林、海拉尔—齐齐哈尔—哈尔滨煤制气管道，锦州—朝阳—赤峰、四平—通辽成品油管道等项目。同时将加快推进电力通道建设，共同推进呼伦贝尔—辽宁 ±660 千伏电力外送通道建设。

合作主要内容：共同促进沿边开发开放，推进对俄对蒙对朝经贸合作，加快向北开放"桥头堡"和沿边开放经济带建设；优化沿边开放空间布局，加快培育面向周边国家合作开放的重点区域；加强口岸与物流方面的合作；坚持"引进来"与"走出去"相结合，进一步深化与邻国在能源、资源领域的合作，逐步拓展经贸合作的广度和深度，尤其是积极推进境内外经贸合作区建设；努力打造区域内对外高端会展品牌；加强辽宁省、吉林省、黑龙江省和内蒙古自治区四省区市场流通体系建设合作；加强辽宁省、吉林省、黑龙江省和内蒙古自治区四省区经济技术交流合作等。

2. 与江苏省能源合作

2013 年 10 月 22 日，江苏省和内蒙古自治区两省区政府相关领导在南京共商能源合作发展，签署了《能源战略合作协议》。

《能源战略合作协议》明确，双方加快内蒙古自治区送电江苏省的工作，近期重点推进内蒙古自治区锡盟至江苏省特高压输电通道建设，二期实施后送电总规模约达1500万千瓦。及时启动一批煤电一体化合作项目的前期工作，利用特高压输电通道安排风电等可再生能源的配送容量。

苏蒙双方抓住国家能源局开展跨区域输电电网实施方案研究的有利时机，共同促进锡盟送电江苏项目尽早获得核准。加强项目建设协调，及时启动一批能源项目前期工作，并纳入两省区规划。加强资源项目管控，支持两省区企业参与投资建设有关能源项目，以深化能源合作为平台，进一步拓展产业合作，促进江苏省产业向内蒙古自治区转移。

3. 与山西省合作煤炭项目

2013年5月中旬，晋蒙地区知识产权促进煤化工产业发展工程项目通过了国家知识产权局2012年区域知识产权促进工程项目专家组综合评议，这标志着内蒙古自治区与山西省该项目合作正式启动。

晋蒙两省区煤炭储量丰富，相似的资源禀赋和产业结构奠定了两省区合作的基础。本项目在现有晋蒙两省区传统煤化工产业的基础上，立足于煤炭能源综合开发、产业链延伸和综合利用，进行优势技术群、产业链的知识产权推进工作，进一步促进未来5~10年晋蒙两省区的煤化工产业发展和煤化工产业结构合理布局。

4. 同黑龙江省合作

2013年9月23日，发改委印发了《黑龙江和内蒙古东北部地区沿边开发开放规划》（以下简称《规划》）。电力能源作为地区经济支撑和重要基础设施，《规划》进行了详细的介绍。

（1）重要对外投资合作电力项目。特罗伊茨克660兆瓦机组建设、中俄边界跨境国际输电线路、联合循环热电联供电站、乌苏里斯克热电站被列为重要对外投资合作电力项目。坚持"走出去"和"引进来"相结合，加大境外投资力度，积极利用外资，提高投资合作的规模和水平。推动建立对外电力、能源矿产、基础设施投资合作联盟，推进重要对外投资合作项目建设。

（2）加强能源基础设施建设。在能源、资源开发方面，将建设大庆百年油田和海拉尔盆地油气田，加快油页岩和天然气资源的勘探开发。推进现有煤矿资源整合和产业升级改造，有序建设大中型现代化煤矿。优化电源点布局，合理开发呼玛河、牡丹江、海浪河、毕拉河水能资源，建设荒沟抽水蓄能电站和龙虎山、红山、东升、余庆、大杨木、五道库、毕拉河水电站。充分发挥资源优势，科学推进风、光、生物质能源开发，优先发展风、光等分布式电源，就近消纳可再生能源，在区域东部和西部有序发展风电，在齐齐哈尔、大庆、哈尔滨、牡丹江、呼伦贝尔根据资源状况和电力需求发展光伏发电，在粮食主产区、林区鼓励发展生物质能发电。在大型城市鼓励发展大容量热电联产机组，中小型城市适时布局背压式热电联产机组。推动与俄罗斯合作开发界江水力资源。

在电网建设方面，将加强北电南送骨干电网建设和区域坚强智能电网建设，建设 500 千伏主网架，优化 220 千伏网架结构，改造提升配电网。鼓励企业参与俄罗斯国家电力建设和电网改造。

（3）加强环境污染整治。在大气污染防治方面，主要是在热力行业推广脱硫技术和低氮燃烧技术，在电力行业推广低氮燃烧技术、脱硫和脱硝技术，在冶金行业实施烧结烟气脱硫工程，在水泥行业实施低氮燃烧和脱硝示范工程。全面推进高效除尘。在农村发展生物质能源，加快沼气工程建设，推广秸秆综合利用。

在固体废弃物综合处理方面，将按照减量化、再利用、资源化的原则，加强建筑垃圾、煤矸石、粉煤灰等大宗固体废弃物综合处理和利用。建立健全城镇垃圾收运系统，在哈尔滨市、伊春市、佳木斯市、鸡西市、肇东市建设垃圾发电厂。

将根据国家产业政策，利用境内外优势资源和市场，优先布局和发展资源加工重大项目。制定促进风力、太阳能发电行业发展的上网电价，开展大用户直供电试点。根据资源环境承载能力和区域节能减排目标，合理确定区域能源消费、污染物排放控制总量和碳排放控制比例。

第五节　内蒙古自治区能源改革和发展的政策建议

回顾 2013 年，从内蒙古自治区能源发展状况来看，煤炭及风电占据我国能源之首，然而行业面对的问题也较突出，须进行改革。

一、煤炭行业

1. 以煤为基础、多元化发展

为进一步促进内蒙古自治区煤炭工业由数量扩张型向质量效益型转变，加大调结构、转方式、促转型力度，内蒙古自治区将支持重点煤炭企业"以煤为基、多元发展"，延伸产业链。鼓励重点煤炭企业建设煤化工、低热值煤发电等煤炭转化项目和煤炭分质利用、煤机制造、煤炭物流项目。在重点煤炭企业相关项目建设审批以及土地等相关要素供给上，应予以优先保障。

鼓励重点煤炭企业兼并重组其他煤炭企业，支持重点煤炭企业联合、兼并、重组其他煤矿，逐步提高煤炭开发生产集中度。按照相关规定优先配置煤炭资源，保障重点煤炭企业持续发展的资源供给。原煤产量超过 5000 万吨的重点煤炭企业，在同等条件下优先享受自治区各类优惠政策。

鼓励银行等金融机构创新金融产品，改进金融服务，拓宽重点煤炭企业融资渠道。支持重点煤炭企业通过上市、新三版挂牌以及发行短期融资券、中期票据等多渠道筹集发展资金，鼓励非公有制重点煤炭企业参与国有企业改革。此外，还鼓励重点煤炭企业控股、参股自治区煤炭外运通道的建设，优先建设矿区铁路专用线和集运站台项目。

2. "一煤独大"型产业革命

"一煤独大"，曾经是内蒙古自治区产业发展的明显特征。如今，煤炭产业也成为内蒙古自治区转变经济发展方式的重中之重。习近平总书记考察内蒙古自治区时强调要走出简单挖煤卖煤、挖土卖土的传统发展方式。这为内蒙古自治区煤炭转方式、调结构进一步明确了方向。作为国家高水平新型煤化工试验示范基地，内蒙古自治区将致力于提高煤炭就地加工转化水平，依靠技术创新实现能源生产和使用方式的产业革命。

2012 年，受多种因素影响，全国煤炭价格、利润开始下跌。与煤价最高的 2011 年相比，2013 年全区煤炭行业收入减少 1100 亿元，煤炭企业亏损面达 23.8%。如何发挥优势、做好煤炭转化这篇文章，成为一道难题，摆在了内蒙古自治区的面前。

煤制油、煤制烯烃、煤制二甲醚、煤制甲烷气、煤制乙二醇等新型煤化工五大示范工程的全国首套装置均在内蒙古自治区建设，以清洁能源为主导的煤化工发展走在了全国前列。这些试验示范项目的成功，为内蒙古自治区乃至全国煤化工的规模化发展奠定了坚实的基础。

经过创新升级，内蒙古自治区传统煤化工产业链不断延长，产业融合速度持续加快，产品附加值日益提升，资源、能源优化高效利用的循环经济理念得到充分体现。

根据规划，预计 2019 年前，内蒙古自治区将有 336 亿立方米煤制气、592 万吨煤制油、500 多万吨烯烃等陆续投产，由此将消化并减少原煤运输量近 2 亿吨。加上电力用煤，全区原煤就地转化率将达到一半以上，还可直接提供约 15 万个就业岗位，带动约 4000 亿元 GDP 增长。届时，内蒙古自治区煤炭产业必将迎来发展的又一个黄金期。

3. 依托重点煤炭企业促转型，数量向质量转变

内蒙古自治区放开煤炭企业兼并重组，支持其通过兼并重组等多种方式，积极参与电力、化工、有色、建材等上下游产业整合的一体化发展进程。内蒙古自

治区将依托重点煤炭企业，强化建设鄂尔多斯、锡林郭勒、呼伦贝尔三个清洁煤炭生产基地，乌海—棋盘井、阿拉善两个特种煤生产基地以及策克、甘其毛都等进口煤基地。到 2020 年，实现重点煤炭企业原煤产量占全区总产量 80% 左右，在重点煤炭企业中形成 2~3 户亿吨级、6~7 户 5000 万吨级原煤生产企业。同时，内蒙古自治区还鼓励重点煤炭企业建设煤化工、低热值煤发电等煤炭转化项目和煤炭分质利用、煤机制造、煤炭物流项目，并在相关项目建设审批以及土地等相关要素供给上予以优先保障。

二、风电行业

1. "弃风"供暖开拓风电消纳新途径

解决电网低谷时段风电机组"弃风"问题，曾经是风电企业的大难题。内蒙古自治区积极开拓风电消纳新途径，实施风电供热示范项目。截至 2013 年底，风电供热面积达 160 万平方米，供暖期消纳风电 2.5 亿千瓦时。预计今后 3 年风电供热消纳电量将达 30 亿千瓦时以上。内蒙古自治区积极组织风电供热项目，增加地区用电负荷，解决风电在供热期电网低谷段上网困难。

苏尼特右旗已建成了 3 个风电供热项目。苏尼特右旗广源小区的 4 幢廉租房共 10000 平方米，全部采用弃风供暖。供热面积 3000 平方米的苏尼特右旗森林公安局办公楼，两个供热期全部采用风电弃风供热装置，相关负责人介绍："以前，一个供暖期购用标准煤 180 多吨，费用为 23 万元，采用风电弃风供热装置后，供热期费用最多 21 万元，而且还干净、卫生，温度能适时调节。"

截至 2013 年底，全区风电装机容量 1848.86 万千瓦，同比增长 9.24%，占全国风电装机容量的 24.5%，位居全国第一位。全区风电平均利用小时同比增加 257 小时。

2. 内蒙古自治区特高压风电

国家"十二五"规划纲要提出将建设五大国家综合能源基地，其中两个在内蒙古自治区，主要发展风电和煤电。《内蒙古自治区能源发展"十二五"规划》提出采用特高压输电技术，推进鄂尔多斯盆地、锡林郭勒盟能源基地向华北、华中、华东地区输电通道建设。按照规划，内蒙古自治区"十二五"末电力外送 6000 万千瓦，2020 年超过 1 亿千瓦。

我国是一个一次能源和电力负荷分布不均衡的国家，内蒙古自治区风能资源十分丰富，风能资源总储量达到 13.8 亿千瓦，技术可开发量达 3.8 亿千瓦，占全国的 50% 以上。然而在风电建设迅猛发展的同时，却伴随着弃风窝电并网难，甚至产能过剩的巨大争议。数据显示，目前，风电设备的有效利用率只有 67%，相当于每小时有 2194.5 万千瓦的风电被浪费，消纳和送出成为制约可再生能源大规模开发的一大瓶颈，风电厂发了电却无法进入终端用户，大部分风机在夜间低谷期弃风停运。因此，如此规模的电力要外送，必须要依托更高电压等级，更大规模、远距离输送的特高压电网来实现。

在电力行业，特高压是一种超高电压的大容量远距离输电技术，指交流1000千伏及以上和直流±800千伏以上的电压等级，具有远距离、大容量、低损耗和节约土地资源等特点。1000千伏特高压交流输电线路输电功率约为500千伏线路的4~5倍，±800千伏直流特高压输电能力是±500千伏线路的两倍多。目前，±1000千伏晋东南至荆门特高压试验示范线路是世界上首条投入商业运营的特高压线路，已实现连续安全运行1年多的时间，累计向华中地区输送电量100多亿千瓦时，有效缓解了华中地区用电紧张状况。"十二五"规划明确提出要打造"三纵三横"的特高压骨干网架，国家相继出台多项政策鼓励和支持相关产业可持续性发展，其中"两纵一横"都是以内蒙古自治区作为始发地，正是看到了特高压规划这个潜在的巨量需求，内蒙古自治区的风电场才敢开足马力大干快上。

通过特高压跨区联网，不仅能为风电等清洁能源找到出路，而且还能获得不菲的经济效益和环境效益，成为内蒙古自治区风电的摇钱树。据专家测算，到2020年，如果按照输送1亿千瓦的风电能力计算，仅此一项每年就可减少煤炭消耗6400万吨标准煤，加快农牧区劳动力向第二产业、第三产业转移，促进脱贫致富，也为我国经济社会发展提供更清洁、更高效、更经济的能源支撑。

第六节 内蒙古自治区能源输出基地建设及发展战略

中国能源发展战略对内蒙古自治区能源发展具有一定的指导意义，作为能源大区，内蒙古自治区针对中国能源战略加强，今后重点能源基础建设是必不可少的任务。

一、中国能源发展战略

中国未来40年能源转型期分为三个阶段，需要完成六大战略。

2050年前的40年，是我国能源体系的转型期。能源体系的转型是指，从现在比较粗放、低效、污染、欠安全的能源体系，逐步转型为节约、高效、洁净、多元、安全的现代化能源体系，能源的结构、"颜色"、质量都将发生革命性的变革。2050年后，我国将拥有一个中国特色的能源新体系，进入比较自由的绿色、低碳能源发展阶段。只要坚持科学发展，我国未来的能源是可持续发展的，这是一个重要的战略判断。

2030 年前的 20 年，是上述转型期中的攻坚期（困难期）。其间，要花大力气形成节能提效机制、实现新型能源（包括核能、可再生能源等）的突破、实现化石能源的安全环保生产和清洁利用、控制污染气体和温室气体排放。还要解决石油安全供应和替代、优化发展电力系统、使农村能源形态显著进步等一系列重大能源发展问题。

2020 年前的 10 年，特别是"十二五"，是上述攻坚任务能否完成的关键期，是全面转向科学发展轨道的关键期。经济转型应实现重大调整，能源消费增长速度和结构将有显著成效，从以粗放的供给满足增长过快需求的模式，尽快转变为以科学的供给保障合理需求的能源供需新模式，以能源发展模式的转变支撑科学发展，推动发展方式的转变。

中国的科学、绿色、低碳能源战略可概括如下：加快调控转型，强化节能优先，实行总量控制，保障合理需求，优化多元结构，实现绿色低碳，科技创新引领，系统经济高效。它由以下六个子战略构成：

1. 强化"节能优先、总量控制"战略

这里的控制目标，充分考虑了挖掘国内能源的科学产能潜力、可持续发展能力和合理的能源进口。其中，将 2020 年的总能耗控制在 40 亿吨标准煤左右，是一个十分困难又十分有意义的战略指标。在此期间，大力调整产业结构，控制高能耗产业，转变经济增长内容，把 GDP 年增长控制在 7%～8% 较为合理，并有利于发展的质量、效率和环境友好。实现 2020 年的能耗总量控制目标，是转变发展方式实际成效的标志，将有力推动结构调整，也是实现我国应对气候变化承诺的关键。

2. 煤炭的科学开发和洁净、高效利用及战略地位调整

根据科学产能的要求，合理的煤炭安全产能应该控制在 30 亿吨以内。煤的洁净化利用，不仅是一个战略方向，而且要成为可定量衡量和检查的指标。

3. 确保石油、天然气的战略地位，把天然气作为能源结构调整的重点之一

确保石油在今后几十年的安全供应和保持能源支柱之一的稳定战略地位。石油国产每年 2 亿吨（或近 2 亿吨）可继续保持几十年，但我国石油储采比较低，对外依存度将进一步走高。石油的战略方针：大力节约，加强勘探，规模替代，积极进口（消费和战略储备）。

天然气（含煤层气、页岩气和天然气水合物等非常规天然气）属较洁净的化石能源，我国潜在资源较丰富，应该也可能大力发展，应把它放到能源结构调整的重点地位上来，增大其在我国能源中的比重。2030 年可达到国内产天然气 3000 亿立方米，加上进口可达 4000 亿～5000 亿立方米，将占到一次能源的 10% 以上，使其成为我国能源发展战略中的一个亮点和能源结构中的绿色支柱之一。

4. 积极、加快、有序发展水电

大力发展非水可再生能源，使可再生能源的战略地位逐步提升，成为我国的绿色能源支柱之一。

水电是 2030 年前可再生能源发展的第一重点。资源清晰、技术成熟，在国家政策上，应促进其积极、加快、有序发展。2020 年、2030 年和 2050 年分别可望达到装机 3 亿千瓦、4 亿千瓦和 4.5 亿~5 亿千瓦。

因地制宜，大力发展非水可再生能源。我国太阳能资源丰富，可利用的发电资源约 20 亿千瓦；风能资源大于 10 亿千瓦，陆上大于海上；生物质能资源约 3 亿吨标准煤，并有培育的潜力。尽早使风能、太阳能、生物质能等成为绿色能源支柱。2020 年前应重在核心能力的创新、技术经济瓶颈的突破，重点提高风电经济效益、降低太阳能光伏和光热发电成本、实现间歇性能源并网和利用纤维素液体燃料技术等，扎实打好基础，做好示范，逐步产业化、规模化。大力推广已有基础的太阳能热利用、生物沼气，积极发展海洋能、地热能。高度重视垃圾的分类资源化利用。实现我国农村的能源形态现代化。非水可再生能源在 2020 年、2030 年和 2050 年的总贡献有可能分别达到 2 亿吨标准煤、4 亿吨标准煤和 8 亿吨标准煤左右。

可再生能源（水和非水）的战略地位将由目前的补充能源逐步上升为替代能源乃至主导能源之一。

5. 积极发展核电是我国能源的长期重大战略选择，核电可以成为我国能源的一个绿色支柱

经过国产和进口并举努力，铀资源不构成对我国核能发展的根本制约，核电的安全性和洁净性可以保证。核能按照压水堆—快堆—聚变堆"三部曲"的基本路线，可实现长期可持续发展。需要高度重视从核资源—核燃料循环—核电站—后处理—核废物全产业链的配套协调发展。在目前以压水堆为主的发展阶段，应充分发挥已成熟的二代改进型的作用，发展沿海和内陆电站，同时积极试验和掌握三代技术，并推动中国快堆技术加快发展。2020 年，核电可望达到建成 7000 万千瓦，使核能和可再生能源的总和占到总能源的 15% 以上。2030 年核电将达到 2 亿千瓦，2050 年达到 4 亿千瓦以上。2050 年，核能将可以提供 15% 以上的一次能源。之后，核电将继续发展，成为我国未来的主要能源之一。

6. 发展中国特色的高效安全（智能）电力系统，适应新能源的分布式等用电方式和储能技术

在我国的能源结构中，电力所占的比重将逐渐增加，而在电力结构中，非火电的比例将逐步增加，而煤电在电力中的比重将逐步下降，2050 年可降至 35% 左右。

电力发展面临需求不确定性增大、电源多元化、输配电运行条件日趋复杂等情况。建议政府主管部门牵头，多方参与，分析不同方案，通过科学论证，特别是安全性、经济性论证，做好中国电力发展的规划和电网架构的规划；利用信息技术与电网技术的结合，建设信息化、自动化、互动化的智能电网，以提高电网的效率、安全性，也使电网有效接纳新能源的目标得以实现；做好"风、光、储、输、用"示范工程；重视风电和光电的非上网和分布式用电方式；多种技术并举发展储能技术。

科学、绿色、低碳能源战略是经济—环境双赢的战略，也是应对气候变化国家战略的重要组成部分。实施科学、绿色、低碳能源战略，严格控制大气污染物排放总量，推行温室气体排放强度和排放总量控制。与能源相关的二氧化硫和氮氧化物的排放量，将在目前的基础上逐步下降，并将在 2030 年前显著解决能源大气污染和生态破坏问题。以二氧化碳为主的温室气体排放强度将逐步降低，首先在"十二五"期间使碳排放强度再降 20%，绿色、低碳能源战略将确保我国已做出的主动承诺（2020 年碳排放强度比 2005 年下降 40% ~45%）的兑现，并力争使我国二氧化碳排放总量在 2030 年前后达到峰值（估计峰值约 90 亿吨/年），然后逐步下降，在 2050 年显著回落到更低水平。这首先是我国可持续发展的内在需求，也会在国际舞台上为我国争得战略主动权。

在中央财经领导小组第六次会议上，习近平总书记发表了重要讲话，提出了 5 点要求，即推动能源消费革命，抑制不合理能源消费；推动能源供给革命，建立多元化供应体系；推动能源技术革命，带动产业升级；推动能源体制革命，打通能源发展快车道；全方位加强国际合作，实现开放条件下能源安全。

二、内蒙古自治区着力建设国家能源革命的"示范区"

1. 以电力体制改革、能源价格体制改革和排放权交易为抓手，推进能源消费革命

（1）电力体制改革。根据国家进一步深化电力体制改革的总体要求，发挥内蒙古自治区能源资源优势，在能源资源密集、用电负荷集中的新建工业园区率先构建电力自营示范园区，提高能源利用效率和企业竞争优势、加快产业转移聚集和升级调整步伐：一是在国务院振兴东北意见中明确的中电投集团霍林河循环经济微电网示范工程基础上，扩大微电网工程示范范围；二是在国家发改委已批复的鄂尔多斯市综合改革试点基础上，规范棋盘井园区微网运行。

（2）能源价格体制改革。按照国家推动能源体制革命的总要求，结合自治区能源资源特性，理顺供需和价格传导机制，有效提高外送清洁能源的市场竞争力，切实降低区内优势产业的生产成本。进一步扩大电力多边交易、大用户直供电范

围，带动负荷增长和煤炭转化增值，增加发电企业利用小时，实现多方共赢。

（3）碳核查和交易。根据国家政策规定，在能源产业率先启动碳资产核查工作，积极推进碳资产交易，避免碳资产流失，实现能源产业减排增效。组建清洁能源发展基金，保障能源产业可持续发展。

2. 以能源开发权改革和水、煤炭资源配置权改革为抓手，推进能源供给革命，实现控煤、增电、添油、加气的目标

在总结内蒙古自治区风电开发权有偿出让实践经验基础上，逐步推进能源项目开发权市场化改革工程。在统一规划前提下，选择具备建设条件、收益较好的项目，由自治区政府指定有关部门或委托有关企业开展项目的前期工作，经评审后通过招投标方式拍卖能源项目开发权，企业通过公平、公正、公开竞争获取开发权。在试点基础上逐步在全区全行业范围推进。由此发挥政府在规划、结构调整、社会公益等方面的调控作用，实现市场、企业的主体作用和能源的商品属性，完成控煤、增电、添油、加气的目标。

（1）控煤。将煤炭产能控制在 10 亿吨左右。严控增量，不再新增非转化煤炭产量；煤炭产业要实现以需定产、上大压小、转产结合；以质定用、分质开发、阶梯利用。

（2）增电。到 2017 年，火电装机达 1.2 亿千瓦，风电装机达 4800 万千瓦，光伏发电装机达 400 万千瓦；到 2020 年，电力总装机达 2 亿千瓦，增加外送通道、循环产业配套电源，增加电网支撑调峰电源，增加就近消纳分布式光伏、风电建设，打造全国最大的火电、风电、光伏发电基地。

（3）添油。到 2017 年，包括煤基多联产项目芳烃类产品及油品，生产能力达到 2000 万吨，2020 年煤制油总规模发展到 3000 万吨，打造全国最大的煤制油生产基地。

（4）加气。到 2017 年，包括煤基多联产项目中的天然气，煤制气生产能力达到 400 亿立方米，2020 年煤制气总规模发展到 600 亿立方米，打造全国最大的煤制气基地。

三、内蒙古自治区重点建设国家能源的"丝绸之路"

其一，着力建设电力、油气、铁路等能源立体运输通道。到 2017 年底，建成蒙西至华中、鄂尔多斯和锡林郭勒至曹妃甸、白音花至锦州等亿吨大能力货运出区下海通道，铁路运输瓶颈基本消除；临策、巴珠等口岸铁路主骨架基本形成，并与其他相关通道一起构成较为完善的面向俄蒙的口岸经济运输体系。全区新增铁路运营里程 5000 公里，铁路运营总里程达到 1.6 万公里，货运能力达到 10 亿吨以上，建成全国运营里程最长、货运能力最大的省区。

其二，到 2017 年建成外输油管道 3 条（含中俄原油管道），总长度 2968 公里，输油能力 3000 万吨以上。新增外输气管道 4 条，总长度 4670 公里，输气能力 980 亿立方米。到 2017 年，建成包括赤峰至河北 500 千伏和赤峰、通辽至华东 ±800 千伏在内 6 条电力外送通道，总长度约 5500 公里，新增外送电能力 5000 万千瓦，加现有的 10 条 ±500 千伏外送通道，总外送能力达 8000 万千瓦以上。建成通往蒙古、俄罗斯和我国西北、华北、华东、华中、东北的"能源丝绸之路"。

四、内蒙古自治区大力推进建设国家能源保障的"安全岛"

大力推进能源产业集约化、现代化发展，全力打造两大清洁煤炭生产基地、三大煤电基地、两大风电基地和两大煤炭深加工基地的"九大基地"，为国家和自治区能源安全和发展提供坚实保障。

1. 蒙西清洁煤炭生产基地

建设神东、准格尔亿吨级矿区 2 处，新街、上海庙、准格尔中部等千万吨级矿区 9 处。到 2017 年，千万吨级以上产能占总产能的 70% 以上。

2. 蒙东清洁煤炭生产基地

在锡林郭勒盟建设胜利亿吨级矿区 1 处，五间房、白音华、巴音宝力格、霍林河等千万吨级矿区 13 处。到 2017 年，千万吨级以上产能占总产能的 80% 以上。在呼伦贝尔盟建设宝日希勒、牙克石、伊敏等千万吨级矿区 8 处，到 2017 年，千万吨级以上产能占总产能的 90% 以上。

3. 锡林郭勒煤电基地

依托胜利、五间房、白音华等大型煤田，围绕锡盟至山东、江苏外送电通道，建设煤电一体化坑口、路口电站。到 2017 年，新增外送火电 1700 万千瓦以上。

4. 鄂尔多斯煤电基地

依托准格尔、东胜、上海庙等大型煤田，重点建设准格尔东胜煤电基地和上海庙煤电基地。围绕鄂尔多斯至天津、湖北、山东等外送电通道，建设煤电一体化坑口、路口电站。到 2017 年，新增外送电力 1400 万千瓦；到 2020 年，新增电力装机 2200 万千瓦。

5. 呼伦贝尔煤电基地

依托伊敏、宝日希勒等大型煤田，围绕呼伦贝尔至山东、东北外送电通道，建设煤电一体化坑口电站。到 2020 年，新增外送电力达到 800 万千瓦。

6. 蒙西煤制燃料基地

以鄂尔多斯市为中心，重点在水资源条件好的沿黄工业园区建设煤制气、煤制油等煤炭清洁高效综合利用示范项目。到 2017 年，蒙西基地煤制天然气建设规模达到 360 亿立方米，煤制油建设规模到 540 万吨，甲醇制汽油建设规模达到 400 万吨；到 2020 年，油品建设规模达到 2000 万吨。

7. 蒙东褐煤加工转化基地

重点在煤水组合条件好的呼伦贝尔市、兴安盟等地区工业园区建设"煤化电热一体化"项目和褐煤综合利用多联产项目。到 2017 年，蒙东基地煤制天然气建设规模达到 160 亿立方米。到 2020 年，煤制天然气建设规模达 280 亿立方米、油品建设规模达到 1000 万吨。

8. 蒙西风电、光伏基地

2017 年、2020 年风电并网装机规模分别达到 2000 万千瓦、3800 万千瓦，光伏发电并网装机规模分别达到 318 万千瓦、458 万千瓦。重点在阿拉善盟、包头市、巴彦淖尔市、乌兰察布市北部等地建设 2～3 个千万千瓦级大型风电项目。围绕蒙西、锡盟电力外送通道，通过"风火打捆"方式实现外送风电 1000 万千瓦。

9. 蒙东风电、光伏基地

2017 年、2020 年并网装机规模分别达到 1000 万千瓦、2000 万千瓦，光伏发电并网装机规模分别达到 82 万千瓦、142 万千瓦。重点在赤峰市、通辽市、兴安盟西部地区建设 1～2 个千万千瓦级大型风电项目，通过"风火打捆"方式外送。

第 二 章

各行业报告

  2013 年，国际石油持续下跌趋势和中国空气污染日趋严重之时，国际上也对中国目前的煤炭能源结构提出转型升级要求。在这种大环境下，改变煤炭能源结构、调整石化能源布局、加快清洁能源发展的转型，并利用这个良好的时间差，做好新能源的技术开发和推广工作。在石油跌价之时，加快煤炭能源结构的转型，鼓励更多的分布式新能源发展，加大天然气能源站、光伏电站、风力电站等新能源建设，以便在未来石油价格再一次高涨之时，充分发挥能源补充作用。在上述的局势下，内蒙古自治区煤炭、石油、天然气、电力、新能源等能源重点行业发展出现了新的局面。本章重点从运行现状进行分析，并在此基础上展望了各个行业的发展前景。

第一节　内蒙古自治区煤炭行业发展分析

一、全球经济变化对煤炭市场的影响

1. 国内外经济增长与能源发展总体状况

2010年之后全球经济增长放缓。2011年经济增速为3%，略低于2012年，远低于过去十年平均水平3.7%，这十年包括了经济危机前后的繁荣与萧条年份。经合组织与非经合组织的经济状况均显疲软，但两者间经济"增长差距"自危机以来有所缩小。在过去十年里，虽然经合组织的经济增长为18%，但其能源消费保持平稳。通过数据分析发现，欧盟当前28个成员国2012年的累计经济增长为54%，但能源消费却降至1988年的水平；在非经合组织，较为强劲的经济增长和工业化使能源消费在危机之前、期间和过后保持持续增长。在爆发危机前的十年，经合组织与非经合组织各自的经济与能源增长之间的关系非常类似。在危机爆发后，可能是在大规模、改善能源强度的财政刺激影响下，经合组织的能源强度改善更快。2013年打破了这种模式。虽然经济增长疲软，但全球一次能源消费加速增长，从1.8%增至2.3%，仅略低于十年平均水平2.5%。作为能源需求增长高出平均水平的全球唯一区域，北美推动了经合组织需求的加速增长，北美能源需求的增速甚至超过了国内生产总值的增长。非经合组织的增速放缓主要体现在亚洲，其能源消费增长在过去12年中第二次出现低于4%的水平，而经济增长稳定保持在5.2%。北美和亚太地区的鲜明对照反映出世界最大的能源消费国——中国和美国的不同发展轨迹。中美两国的能源消费增长之和占全球增长的70%以上（72.52%）。2013年，中国的能源消费增长从7.0%降至4.7%，因而远低于其十年趋势水平（年均8.6%）——尽管中国的经济增长仍高达7.7%。中国的能源消费增长放缓主要体现在煤炭领域，但也包括石油消费。美国的一次能源消费增长2.9%，继2012年下滑2.8%后出现反弹。这种增长在很大程度上源自天气因素；但除天气之外，美国工业部门的能源消费出现根本性的增长迹象，特别是对石油产品的需求反弹。

即使只看全球燃料需求总量，上述效应也显而易见。中国造成了煤炭需求增长的相对疲软，而美国推动了石油需求保持较为强劲的增长。总而言之，中美之间截然不同的表现使非经合组织与经合组织的能源消费增长之间的"能源缺口"大幅缩小，达到2000年以来的最低水平。

2. 国内外煤炭市场发展现状

煤炭是大宗能源商品，在全球能源消费结构中有着重要地位，但价格低廉、

体积庞大，且运输成本较高，使得国际煤炭市场具有很强的地域性。

（1）国际煤炭市场定价情况。从市场发展情况来看，由于国际煤炭贸易存在着商品标的难以标准化、运输、库存等一系列问题，国际煤炭市场定价机制难以有效形成，也没有建立起全球具有绝对权威性和实际有效的价格体系。其中，反映的仅是买卖双方的谈判结果，有很强的主观性，并不能客观反映市场的真实情况。现货市场则存在着区域性限制和产品品质难以标准化的缺陷，因此其交易价格相对参考价值有限。欧美等交易所推出的煤炭期货市场的成交情况也不尽如人意，在全球范围内流动性较差，交易不够活跃，且各交易所的交易标的不同，上述煤炭期货仅能代表区域性的贸易情况，并不能对全球范围的煤炭供求及相关情况进行反馈。

（2）煤炭价格指数。目前，对全球煤炭贸易价格形成最具影响力的是煤炭价格指数。国际主要的煤炭价格指数包括全球性能源信息机构发布的阿格斯指数、普氏煤炭价格指数、GCM价格指数、TFS指数，以及地区性能源信息机构发布的BJ指数、NA指数等。

煤炭价格指数的数据来源主要包括三个方面：官方统计的数据、对煤炭买卖双方的交易记录统计，以及通过电子交易平台即时采集的成交数据。煤炭价格指数主要应用于三个方面：一是供现货交易进行实物交割的参考标的，如BJ指数。二是供场外交易参考标的，如普氏的远期价格指数。三是作为期货标的的参考价格。

（3）国际煤炭期货市场。全球煤炭期货市场的发展与国际原油期货市场相去甚远，发展历史也较短。国际煤炭期货推出较晚的原因如下：

第一，从世界主要工业化国家（OECD）的能源消费结构可以看出，其主要能源消费构成为石油和天然气，两者占OECD国家能源消费近70%的份额，而相比之下，煤炭消费份额不足20%。IEA2012年统计数据显示，2011年国际煤炭贸易量为10亿吨，其中主要进口国家为中国、日本、韩国和印度，均为亚太地区国家，四国净进口量合计为5.82亿吨。欧美地区贸易量则要少很多。对于欧美国家而言，煤炭期货受重视度较小。

第二，煤炭属于大宗散装货物，种类与等级繁多，对于动力煤这样的大类而言，质量等级划分存在一定的模糊性，而各地区煤炭贸易价差受海运费等因素影响难以确定，缺乏统一权威的定价标准，期货基准标的难以确定。

第三，由于煤炭的自身物理特性，其长期保存具有很大的风险，主要为热值下降较多，且温度过高也存在自燃风险。这些因素给期货品种的设计带来一定困难，延误了煤炭期货的发展。

进入21世纪，随着全球主要经济体对能源需求的大幅提升，以及国际原油价格的大幅剧烈波动，煤炭的成本和储量优势开始凸显，并在能源使用中逐渐得到重视。煤炭价格与国际原油价格走势呈现一定的正相关性。因此欧美等地交易所开始推出相关的煤炭期货合约，以期降低价格波动风险。

由于受地域性等因素的制约，目前真正有影响力的是纽约商品交易所（NYMEX）和伦敦洲际交易所（ICE）两家交易所上市的煤炭期货合约。

（4）美国NYMEX的CAPP合约。2001年7月，NYMEX正式推出中部阿巴拉契（CAPP）煤炭期货合约，考虑到煤炭的规格、品质等存在较大的区别，NYMEX对合约标的物做了严格的规定，包括热值、水分、挥发分、硬度等，同时考虑到交割存在运输问题，NYMEX指定具体交割地点。该合约可24小时通过芝加哥商品交易所（CME）的场外交易结算系统（Clearport）进行电子盘交易，场外交易也通过Clearport的结算系统结算。

CAPP在上市初期，交易极不活跃。近几年，虽然交易情况出现好转，但仍较其他能源期货相去甚远。根据CME网站公布的数据，10月4日当日总持仓量为5880手，按照每手合约对应1550吨煤计算，持仓规模为900万吨。从CAPP合约的成交和持仓情况来看，该合约仅能反映美国煤炭市场的供求关系，很难有效为其他市场提供价格发现和规避风险功能。

（5）ICE的欧洲煤炭期货。由于欧洲国家较多，且各国生产消费情况差别较大，欧洲的煤炭期货并没有采用与美国CAPP相似的实物交割方式，而是以较有国际影响力的煤炭价格指数作为结算参考标的，进行现金结算。

2006年7月，ICE欧洲期货分部引入针对欧洲市场的两种煤炭期货合约，均以现金结算。这两个合约分别是以荷兰鹿特丹到港价为标的物，按照煤炭价格指数报告（Argus/McClosky）煤炭价格指数API2指数为现金结算标准的期货合约；以南非理查德港离岸价为标的物，以API4指数为现金结算标准的期货合约。

2008年12月，ICE又和Global Coal电子交易平台合作，推出针对亚太市场的，以澳大利亚纽卡斯尔港离岸价为标的物，根据GCM公司的NEWC指数为现金结算标准的期货合约。

由于现金交割可以有效避免实物交割的不便与风险，且降低了交易成本，从而促进了煤炭期货交易量扩大。ICE上市的煤炭期货合约活跃度明显高于CAPP合约。根据2013年的成交和持仓情况，9月ICE 3个煤炭期货合约及相关期权合约总成交量近150万手，近1.5亿吨，当月持仓量为163万手。

（6）国际煤炭场外交易市场。国际煤炭场外交易也有着相当规模的活跃度，包括隔月合约、远期合约、价差合约等。其中，欧洲地区主要的场外交易是动力煤互换合约，主要参与者是煤炭生产贸易商、燃煤电厂等，主要以价差互换位置，在固定价格和浮动价格之间进行互换。CME 2010年推出煤炭互换和期权合约，这些合约均可以在CME的ClearPort进行交易和结算。

目前，国际煤炭市场已经形成了以长协合同为主，现货交易和期货交易为辅助的多层次场内和场外交易格局，但是由于受现货贸易的地域局限性等因素制约，全球尚未形成权威的定价体系。从欧美各国交易所推出的煤炭期货合约的运行情况来看，流动性和活跃度均较差。虽然 ICE 推出的以现金结算的煤炭期货得到了市场的广泛认同，随后 CME 也相继推出以现金结算的煤炭期货，期货市场参与者可以利用其有效进行价格风险规避，保障预期收益，但是由于欧美地区煤炭贸易量和产销量较小，上述期货合约仅能反映该区域的供需关系和价格发现情况，对于全球煤炭定价体系的形成影响有限。

（7）我国煤炭进口量创新高。海关数据显示，2011 年全年中国煤炭进口 3.27 亿吨，出口 751 万吨，净进口量达 3.2 亿吨，比 2012 年增加 4000 万吨，再次刷新中国煤炭进口量的新高。卓创资讯煤炭行业分析师刘冬娜表示，2013 年中国煤炭进口依存度为 8.13%，较 2012 年 7.11% 的进口依存度上升明显。

造成中国进口依存度持续上升的原因，首先是 2013 年国外煤价大幅下降，内外贸煤价价差明显，进口煤即使加上海运、铁路运费，相比国内煤炭仍有价格优势，从而为进口煤提供了重要的量价支撑；其次是需求因素，中国南方沿海地区企业较多，对煤炭需求一直有增无减，成为进口煤使用的主力。

（8）我国的煤炭市场体系。1993 年以前，国内煤炭价格由煤炭部和国家计委管理，采取统配价。1993 年以后，煤炭市场出现两种定价机制（"双轨制"），一是国家对重点合同的指导性定价意见，该价格一般较煤炭市场实际价格低 100 元/吨以上；二是纯粹的市场价格，完全市场化。同时，铁道部每年下达年度跨省区煤炭铁路运力配置。2012 年 12 月，国务院发布《关于深化电煤市场化改革的指导意见》，规定从 2013 年起，取消重点合同，取消电煤价格双轨制，实现电煤价格并轨，由煤炭企业和电力企业自主衔接签订合同，自主协商确定价格。该项政策的出台意味着煤炭贸易行业将全面市场化。

1）国内的煤炭价格指数。目前我国煤炭贸易定价主要参考环渤海动力煤指数结算。该指数通过采集环渤海地区主要动力煤贸易物流港口秦皇岛港、天津港、曹妃甸港、京唐港、国投京唐港和黄骅港的 4500 千卡、5000 千卡、5500 千卡和 5800 千卡的港口动力煤离岸平仓价格，经过加权计算，反映出港口地区贸易的价格水平及变化。作为我国动力煤最主要的中转地，环渤海动力煤指数对动力煤贸易定价起着至关重要的作用，国内煤炭生产企业和下游消费企业均参考环渤海动力煤价格指数进行结算。

除了以中转地为主的环渤海动力煤价格指数以外，2013 年 5 月 23 日发布的太原煤炭交易价格指数则是以产地煤炭价格为主要构成，该指数目前主要反映了山西省内煤炭市场价格变化，对进一步完善我国煤炭价格指数体系有着深远的意义。

2）现货电子盘交易市场。国务院《关于促进煤炭工业健康发展的若干意见》指出，"加快建立以全国煤炭交易中心为主，以区域市场为补充，以网络技术为平台，有利于政府宏观调控，市场主体自由交易的现代化煤炭交易体系"。国内各主要煤炭产地、消费区域和中转地区据此纷纷建立起区域性的现货电子盘交易市场。据统计，截至 2012 年底，全国共建立煤炭交易中心 21 家，遍布国内主要的煤炭生产贸易区域。

上述现货交易平台的建立，使煤炭行业产供销能够有效地结合，通过交易平台，整合了市场信息，帮助企业提高了销售和采购效率，同时也节省了物流和交易成本等。完善的现货交易市场进一步推动了国内煤炭市场体系的构建，但是各地方区域现货市场仍有待进一步发展。

3）动力煤期货上市有利于增强国际定价权。我国作为全球最大的煤炭生产和消费国，2012 年共进口煤炭 3.2 亿吨，一举超过日本成为全球第一大煤炭净进口国。从目前国内煤炭市场的进口量可以看出，我国对国际煤炭市场价格影响非常大。据了解，很多对华出口贸易商报价均参照环渤海价格指数，但报价略低于国内港口价格。

国内动力煤期货上市以后，市场参与热情较高，从上市前 3 天的成交和持仓情况来看，均好于国外相关的煤炭期货品种。市场的充分参与进一步完善了期货市场的价格发现功能。因此，期现结合将使我国建立起完善的价格体系，加之在国际煤炭市场的地位，我国在国际煤炭市场上更容易建立国际定价权。

3. 当前经济形势下煤炭资源的发展状况

煤炭作为一种重要的化石能源，对于发展中经济体而言，这种工业化燃料通常是经济健康的合理指标；对于经合组织，煤炭市场的特点更多表现为在发电部门与其他燃料进行竞争，并受到政治和价格因素的影响，2013 年也不例外。总体而言，煤炭市场发展放缓。消费增长 3.0%，仍然低于其长期的平均水平；产量增长是 2002 年以来最疲软的一年，2013 年只有 0.8% 的增长；在库存化和低需求的综合作用下，各区域的价格均出现下跌，而供应商之间竞争加剧则缩小了区域价差，如图 2-1 所示。

中国的煤炭在国家能源结构中的比重达到 67%。2013 年，中国的煤炭消费增长 4%，不足其过去十年平均水平的一半（8.3%）。关停煤炭密集型工厂及鼓励发展煤炭替代燃料等力求减轻当地污染的新政策可能发挥了一定作用，但这些措施的规模受到有限的天然气供应的制约，图 2-2 所示为 2009~2013 年中国能源需求变化。在中国，服务业在国内生产总值中的比重在 2012 年首次超过工业。因此，工业生产增长放缓是一个驱动因素。煤炭的生产和贸易状况也体现出上述模式。中国的煤炭生产增长放缓至 1.2%，为 2000 年以来的最小增幅。在过去的

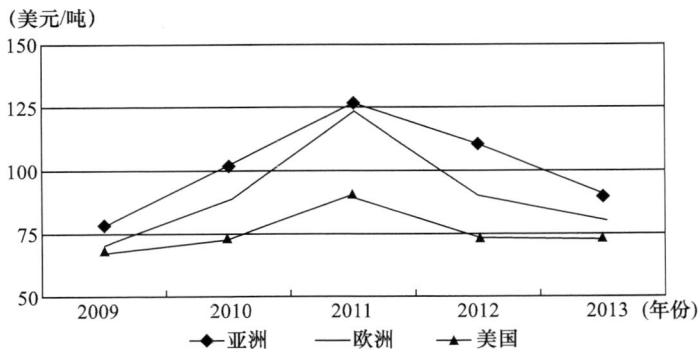

图 2 - 1　2009～2013 年国际煤炭资源价格

数据来源：《世界能源统计年鉴》（2014）。

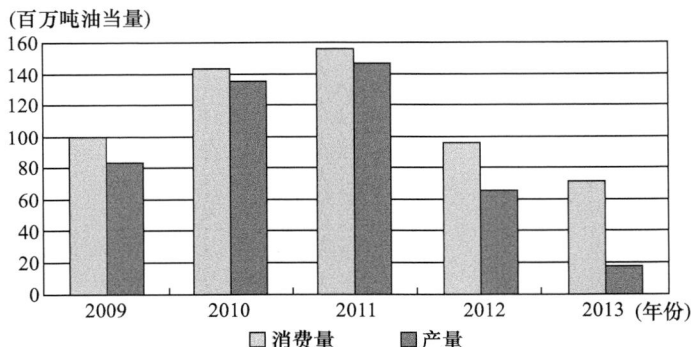

图 2 - 2　2009～2013 年中国能源需求变化

数据来源：《世界能源统计年鉴》（2014）。

15 年，中国首次没有实现世界煤炭生产的最大增长，被印度尼西亚取而代之。中国在 2012 年成为世界最大的煤炭净进口国，价格较低的外国煤炭在 2011 年进一步进入中国市场。海上运输贸易增长放缓，动力煤从 2012 年的 14.5% 降至 4.3%，但是，在价格下跌和运输成本上涨的环境下，生产商迅速进行调整。容易进入太平洋市场的供应商产量增长最大，如印度尼西亚增长了 9.4%、澳大利亚增长了 7.3%，而美国负增长为 3.1%，哥伦比亚负增长为 3.7%，由于欧洲需求下滑及全球价差而出现下降。

二、内蒙古自治区煤炭资源的发展形势分析

1. 内蒙古自治区煤炭产业发展年际变化

（1）煤炭资源的产量变化。内蒙古自治区煤炭产量 2009～2012 年呈稳定增长的态势，从图 2-3 中可以看出，到 2012 年产量增长开始放缓，2013 年产量有所下降，其原因是，近年来由于煤炭行业整合，关停了很多中小煤炭企业，使得产量受到了一定的影响。再者，由于受到我国经济低迷、各行业对煤炭需求疲软的影响，自 2012 年以来煤炭资源价格下跌，部分煤炭企业减缓了对煤炭的生产，转向了对其他产业的投资。

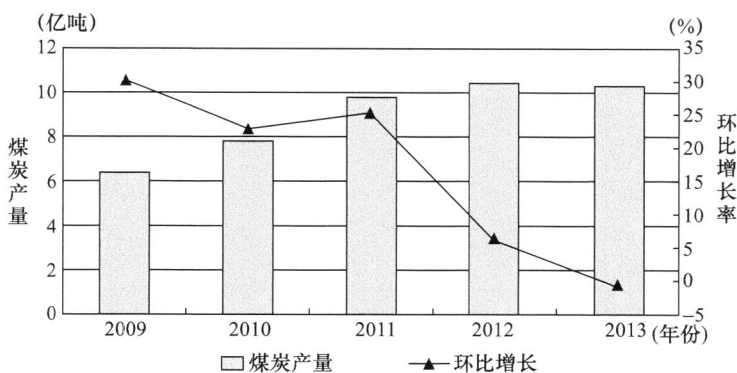

图 2-3　2009～2013 年内蒙古自治区煤炭资源产量及环比增长

（2）煤炭消费需求的变化。表 2-1 列出了自 2000～2013 年内蒙古自治区各行业对煤炭资源的消费情况。从总量上看，煤炭资源消费总体在缓慢增加，各年度同比上一年的增长率却呈现出了明显下降的趋势，如图 2-4 所示，2011 年比 2010 年同比增加了 28.44%，但 2012 年比 2011 年同比仅增长了 5.58%，2013 年总体消费增长率又有所下降。其主要原因是在全球金融危机及国内经济放缓和结构调整的影响下，造成了内需不振，外需疲软，煤炭供过于求，造成产能过剩的情况。在各行业的煤炭消费中，工业和电力的消费占了很大的比例，平均占到了 65% 以上。其中工业对煤炭资源的消费比例从 2010 年开始迅速下降，到 2012 年下降到了历史最低，电力消费也从 2012 年开始有所下降。因此总的来说，内蒙古自治区对煤炭资源总体消费情况从 2011～2013 年呈现出了下降的趋势。

表2-1 内蒙古自治区煤炭资源消费情况

单位：万吨

部门 \ 年份		2000	2005	2010	2011	2012	2013
终端消费	工业	1420.45	2887.73	2684.29	3832.62	2943.17	3925.36
	占比（%）	24.75	20.69	9.94	11.05	8.04	10.24
	其他	424.61	1584.31	3649.18	3817.79	4368.41	4692.00
	占比（%）	7.40	11.35	13.51	11.01	11.93	12.24
中间消费	发电	2566.34	6277.23	13953.22	19186.31	20261.65	19990.31
	占比（%）	44.71	44.99	51.67	55.32	55.33	52.17
中间消费	供热	366.26	808.20	1816.96	1784.33	2252.21	2252.99
	占比（%）	6.38	5.79	6.73	5.14	6.15	5.88
	炼焦	126.06	1590.07	3009.79	3662.76	3831.50	4395.82
	占比（%）	2.20	11.40	11.15	10.56	10.46	11.47
	制气	—	1.96	7.12	7.28	8.72	7.24
	占比（%）	—	0.01	0.03	0.02	0.02	0.02
	消费总量	5739.52	13953.78	27004.04	34683.51	36620.48	38320.85
	同比增加	—	—	—	28.44	5.58	4.64

注：终端消费中的其他包括：农、林、牧、渔业，建筑业，交通运输、仓储及邮电通信业，批发、零售业和住宿餐饮业，生活消费等。

数据来源：《内蒙古统计年鉴》。

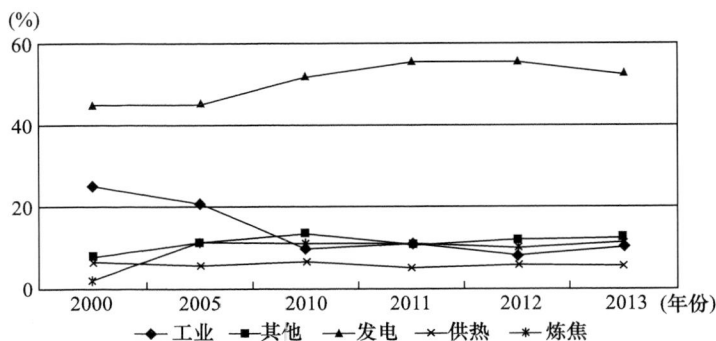

图2-4 各行业煤炭消费占年度总消费的比例

（3）煤炭行业的供需情况变化。表2-2给出了内蒙古自治区近10年来煤炭行业的供需情况，从煤炭的生产量来看，自2005年以来，对煤炭的生产速度明显加快，到 2013 年生产量开始下落，煤炭产能增幅回落，其主要原因在于煤炭市场不景气，而使其处于推迟投产或闲置状态。煤炭的进口同样在 2013 年开始减少，煤炭的出口从 2011 年就开始减少，到 2013 年又有所回升，是因为受到国际金融危机的影响，在国际方面，对煤炭的需求自 2010 年以来开始萎缩，经过几年的经济调整，其对煤炭的需求在 2013 年开始回暖。但在国内方面由于受到新兴经济体经济不景气的影响，对煤炭的需求量明显下降，因此对煤炭的进口量逐渐减少。就其对煤炭需求的平衡状况来看，内蒙古自治区受到全国煤炭供需的影响，自 2003 年起，煤炭的供应由过剩转为紧张，使得 2005 年煤炭价格快速上涨，在利益的趋势下，各大煤炭企业及相关企业纷纷在自治区抢占煤炭资源，加大资金投入，迅速集聚了巨大的煤炭产能。2010 年以后，由于受到全球金融危机的影响，我国对煤炭的需求量不断下降，但是，受短期利益的驱使，煤炭行业仍在盲目扩张生产，造成产能过剩，从而导致煤炭价格的下降。

表 2 - 2　近 10 年来煤炭的供需状况

单位：万吨

年份 项目	2000	2005	2010	2011	2012	2013
生产量	7247. 29	25607. 69	78664. 66	97961. 00	104190. 90	103469. 42
进口量		248. 80	1638. 66	2070. 00	2211. 34	1808. 04
出口量	197. 59		589. 79	304. 00	182. 70	244. 40
供应量	5817. 19	13706. 67	27016. 94	34687. 11	36621. 48	38320. 84
消费	5739. 52	13953. 78	27004. 04	34683. 51	36620. 48	38320. 85
供需差	77. 67	- 247. 11	12. 9	3. 6	1. 0	- 0. 01

数据来源：《内蒙古统计年鉴》。

（4）煤炭行业的价格变动情况。

1）价格变动情况。

据内蒙古自治区经济委员会和自治区价格监测中心的数据显示，2009 年自治区煤炭主产地动力煤坑口价格保持稳定。据了解，2009 年 7 月内蒙古自治区煤炭主产地动力煤坑口平均价格为 235.63 元/吨，价格与 6 月持平，比 2008 年同期下降 6.25%。2011～2013 年上半年，内蒙古自治区煤炭价格走势分为两个阶段：①上升期。2011 年 1 月至 2012 年 3 月，煤炭价格波动上涨至 2008 年以来的最高值。2012 年 3 月，全区主产地动力煤坑口平均结算价格为 323.46 元/吨，比 2011 年 1 月上涨 9.78%。②下降期。2012 年 4 月至 2013 年 6 月，在需求增量下降、供应不断扩张、进口量快速增加的宽松供求关系作用下，煤炭价格开始下行。2013 年 6 月，全区主产地动力煤坑口平均结算价格为 244.63 元/吨，价格跌落至 2009 年底水平。比 2012 年 3 月最高值下降 24.38%，比 2011 年 1 月下降 16.98%。

2）煤炭价格下降带来的影响。

其一，对煤炭企业的影响。煤炭价格下降对煤炭生产企业的直接影响是利润下降甚至亏损、库存增加。对于大型煤矿，由于固定资产占资产比重高，停产时固定资产折旧等经营性成本很高，因此只要企业生产成本在边际成本上，企业就会继续生产。但对于小型企业，煤炭价格下降后只能直接停产。截至 2013 年 4 月，鄂尔多斯市停产煤矿 65 座，占全市煤矿数量的 21%，重点煤炭企业资产负债率约为 50%。据相关调查显示，全区大型煤炭生产企业 2011 年全部盈利，2012 年除乌海市神华能源集团公司因历史遗留问题亏损外，其余煤炭企业全部盈利，但利润均大幅下降。从 2013 年开始，煤炭企业陆续出现亏损。

其二，对运输业的影响。由于煤炭销售大幅下降，相关运输行业也出现市场低迷、价格下降现象。从 2012 年下半年到 2013 年 5 月，通辽市煤炭外运价格持续下滑，到港下水煤运价从 0.31 元/吨·公里下降至 0.21 元/吨·公里。

其三，对当地经济及税收影响。受煤炭价格销售量价齐跌、煤企销售收入大幅下降影响，主要产煤盟市经济增速趋缓、税收大幅下降。其中，锡林郭勒盟 2013 年 1~4 月原煤产值同比下降 18.2%，对规模以上工业产值增长下拉 6.3 个百分点；鄂尔多斯市税收大幅下降，2013 年 1~5 月，鄂尔多斯市完成税收318.5 亿元，同比下降 15.8%。

3）价格下降的原因。2012 年以来，煤炭价格下降的主要原因是供应相对过剩。统计数据表明，"十一五"以来煤炭行业投资年均增长 27%，累计投资 1.74万亿元，新增产能 18.5 亿吨（年均增加 3.1 亿吨），而同期煤炭产量仅增加 11.7 亿吨（年均增加 2 亿吨），消费量仅增加 11.1 亿吨（年均增加 1.9 亿吨）。2009~2011 年，煤炭新增产能 11.2 亿吨（年均增加 3.7 亿吨），同期产量仅增加 7.2 亿吨（年均增加 2.4 亿吨），消费仅增加 6.1 亿吨（年均增加 2 亿吨），供应增速超过需求增速导致市场供大于求，价格大幅下降。

煤炭销售量下降主要由于经济增势放缓，煤炭下游行业——电力、钢材、化工等行业不景气，导致煤炭直接需求不足，进口煤总量的快速增长也对国内煤炭市场份额产生挤压效应，内需不足和进口煤炭的冲击导致煤炭销量大幅下滑。

2. 内蒙古自治区煤炭产业 2013 年 1~12 月发展情况

（1）内蒙古自治区煤炭 2013 年 1~12 月产量。图 2-5 显示了 2013 年 1~12月内蒙古自治区所调度原煤产量，2013 年 12 月，自治区煤炭产量达 9088.2 万吨，同比减少 1778.8 万吨，同比下降 16.37%，环比下降 19.79%。2013 年累计生产原煤 99437.8 万吨，同比减少 6756 万吨，下降 6.4%。其中，国有重点煤矿 12 月原煤产量 5016.56 万吨，同比减少 416.44 万吨，同比下降 7.67%，环比下降 43.3%。2013 年累计原煤产量 70995.28 万吨，同比增加 17899 万吨，上升 33.7%。

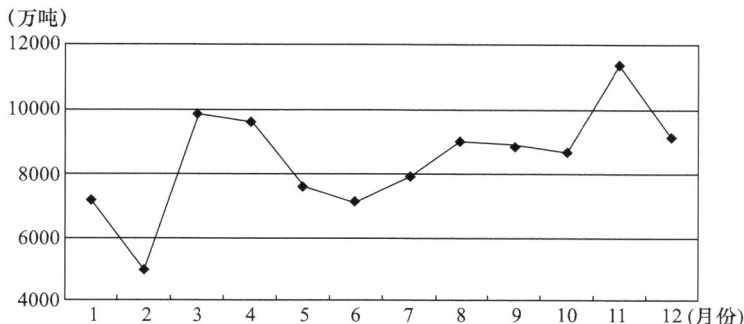

图 2-5 2013 年 1~12 月内蒙古自治区原煤产量（调度数）

国有地方煤矿 2013 年 12 月原煤产量达 319.2 万吨，同比减少 550.8 万吨，同比下降 63.31%，环比下降 47.84%。2013 年累计原煤产量 6896.86 万吨，同比减少 1599 万吨，下降 18.8%。

乡镇煤矿 12 月原煤产量达 3752.64 万吨，同比减少 811.36 万吨，同比下降 17.78%，环比上升 100.45%。2013 年累计原煤产量 21545.86 万吨，同比减少 23056 万吨，下降 51.7%。

（2）自治区煤炭 2013 年 1~12 月价格。图 2-6 列出了内蒙古自治区主要类型煤炭在 2013 年 1~12 月价格的变化，图 2-6 中显示，煤炭的价格呈现出了几个阶段，1~3 月同年价格比较平稳，4~9 月价格下降明显，10~12 月价格有所回升。具体分析如下（以 1 月、4 月、7 月、10 月、12 月为例）：

1）2013 年 1 月，内蒙古自治区主要煤种价格保持稳定，焦煤价格小幅上涨。

西部地区主要煤种价格：高热值动力煤坑口价 290 元/吨，环比持平、同比下降 80 元/吨；低热值动力煤坑口价 120 元/吨，环比持平、同比下降 60 元/吨。焦煤坑口平均价 580 元/吨，环比上涨 20 元/吨、同比下降 25 元/吨。无烟原煤坑口平均价 615 元/吨，环比持平、同比下降 50 元/吨。乌海地区二级冶金焦出厂平均价格 1325 元/吨，环比持平、同比下降 100 元/吨；洗精煤平均价 860 元/吨，环比持平、同比下降 200 元/吨。东部地区主要煤种价格：东部地区市场粉煤平均价格 185 元/吨，环比持平、同比下降 15 元/吨。

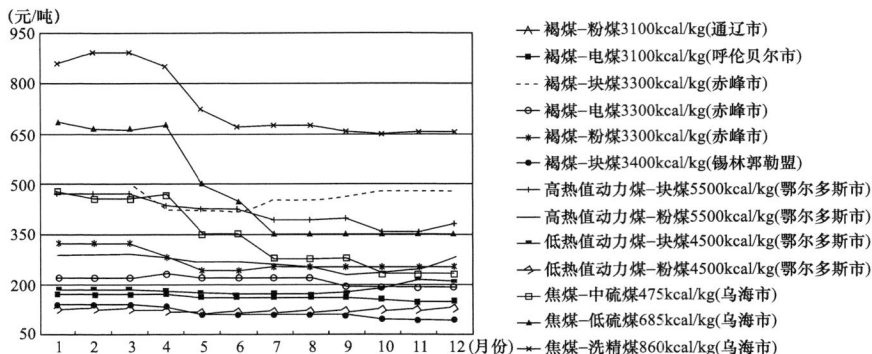

图例：
- 褐煤-粉煤3100kcal/kg(通辽市)
- 褐煤-电煤3100kcal/kg(呼伦贝尔市)
- 褐煤-块煤3300kcal/kg(赤峰市)
- 褐煤-电煤3300kcal/kg(赤峰市)
- 褐煤-粉煤3300kcal/kg(赤峰市)
- 褐煤-块煤3400kcal/kg(锡林郭勒盟)
- 高热值动力煤-块煤5500kcal/kg(鄂尔多斯市)
- 高热值动力煤-粉煤5500kcal/kg(鄂尔多斯市)
- 低热值动力煤-块煤4500kcal/kg(鄂尔多斯市)
- 低热值动力煤-粉煤4500kcal/kg(鄂尔多斯市)
- 焦煤-中硫煤475kcal/kg(乌海市)
- 焦煤-低硫煤685kcal/kg(乌海市)
- 焦煤-洗精煤860kcal/kg(乌海市)

图 2 - 6 2013 年 1～12 月内蒙古自治区主要类型煤炭价格变化

2）2013 年 4 月，内蒙古自治区主要煤种价格小幅下滑，进口蒙古国焦煤落地交易价格下降。

西部地区主要煤种价格：4 月，高热值动力煤坑口价 280 元/吨，环比下降 20 元/吨、同比下降 100 元/吨；低热值动力煤坑口价 120 元/吨，环比下降 10 元/吨、同比下降 30 元/吨。焦煤坑口平均价 570 元/吨，环比持平、同比下降 15 元/吨。无烟原煤坑口平均价 630 元/吨，环比、同比均持平。乌海地区二级冶金焦出厂平均价格 1285 元/吨，环比持平、同比下降 180 元/吨；洗精煤平均价 850 元/吨，环比下降 10 元/吨、同比下降 120 元/吨。东部地区市场粉煤平均价格 185 元/吨，环比同比均持平。

3）2013 年 7 月。西部地区主要煤种价格：高热值动力煤坑口平均价格 250 元/吨，环比下降 10 元/吨、同比下降 60 元/吨；低热值动力煤坑口平均价格 115 元/吨，环比持平、同比下降 35 元/吨。焦煤坑口平均价格 300 元/吨，环比下降 50 元/吨、同比下降 250 元/吨。无烟原煤坑口平均价格 750 元/吨，环比持平、同比增长 200 元/吨。乌海地区二级冶金焦出厂平均价格 950 元/吨，环比下降 50 元/吨、同比下降 550 元/吨；洗精煤平均价 675 元/吨，环比持平、同比下降 190 元/吨。东部地区主要煤种价格：东部地区市场粉煤平均价格 165 元/吨，环比持平、同比下降 30 元/吨。

4）2013 年 10 月。西部区原煤平均销售价格 260 元/吨，环比上涨 8 元/吨，同比下降 40 元/吨；东部区原煤平均销售价格 133 元/吨，环比持平、同比下降 20 元/吨。

分煤种价格：高热值动力煤平均价格 240 元/吨，环比上涨 10 元/吨、同比下降 65 元/吨；低热值动力煤平均价格 120 元/吨，环比持平、同比下降 20 元/吨。焦煤平均价格 330 元/吨，环比持平、同比下降 265 元/吨。无烟原煤平均价格 550 元/吨，环比、同比均持平。乌海地区二级冶金焦出厂平均价格 980 元/吨，环比持平、同比下降 220 元/吨；洗精煤平均价格 655 元/吨，环比持平、同比下降 155 元/吨。褐煤平均价格 100 元/吨，环比持平、同比下降 10 元/吨。

5）2013 年 12 月。分煤种价格：西部区高热值动力煤平均价格 280 元/吨，环比上涨 35 元/吨、同比下降 5 元/吨；低热值动力煤平均价格 125 元/吨，环比持平、同比上涨 5 元/吨。焦煤平均价格 330 元/吨，环比持平、同比下降 230 元/吨。无烟原煤平均价格 550 元/吨，环比持平、同比下降 65 元/吨。乌海地区二级冶金焦出厂平均价格 980 元/吨，环比持平、同比下降 300 元/吨；洗精煤平均价格 655 元/吨，环比持平、同比下降 205 元/吨。褐煤平均价格 100 元/吨，环比持平、同比下降 10 元/吨。

三、内蒙古自治区煤炭开采业运行分析

（一）内蒙古自治区煤炭开采和洗选业基本状况

内蒙古自治区煤炭开采和洗选业工业生产总值及利润总额 2009～2011 年发展态势较好，两者均保持较高的增速，行业资产总额投资也稳定增长，自治区地区煤炭行业销售收入和资产总额占全国煤炭行业的比例在 10% 左右，其利润总额占全国同行比例将近 20%，行业成本控制和盈利能力较强，资产负债率较低。但是 2011～2013 年，煤炭行业的工业生产总值增长缓慢，利润总额在 2012 年及 2013 年均出现了负增长，资产负债率明显上升，行业盈利能力下降，这一阶段，对自治区各煤炭行业来说是比较艰难的一个阶段，对未来的发展前景来说面临着新的挑战。

从图 2-7 可以看出，2010 年内蒙古自治区煤炭开采和洗选业行业私有企业（规模以上工业企业）工业生产总值比 2009 年同比增长 64.78%，2011 年同比增长了 46.18%，增长态势较好，但是 2012 年同比增长率下降到 4.38%，2013 年仅有 0.53%。因此，2012 年及 2013 年煤炭工业生产总值增长额呈下降的趋势。国有企业（国有及国有控股工业企业）的工业生产总值的增长率同样也呈不断下降的趋势，但与私有企业相比其下降趋势要缓慢，因为国有企业得到国家的扶持，应对经济风险的能力要强一些。

从图 2-8 可以看出，2010 年内蒙古自治区煤炭开采和洗选业行业私有企业（规模以上工业企业）利润总额同比增长 16.68%，2011 年同比增长了 38.39%，增长态势较好，但是 2012 年同比增长率呈现了负增长，2012 年、2013 年负增长率分别是 2.21%、18.67%。因此，从 2012 年开始多数私有企业开始亏本经营。国有企业（国有及国有控股工业企业）的利润总额的增长率同样也呈不断下降的趋势，但与私有企业相比其下降趋势要缓慢，2013 年多数国有企业利润总额

快速下降。从总体来看，内蒙古自治区煤炭开采和洗选业行业从 2012 年开始各企业发展态势较差。

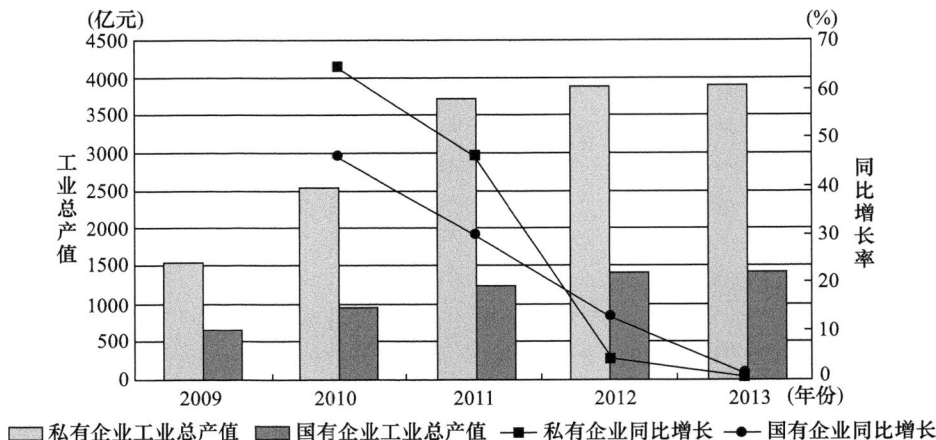

图 2 - 7　内蒙古自治区煤炭开采和洗选业工业生产总值发展趋势

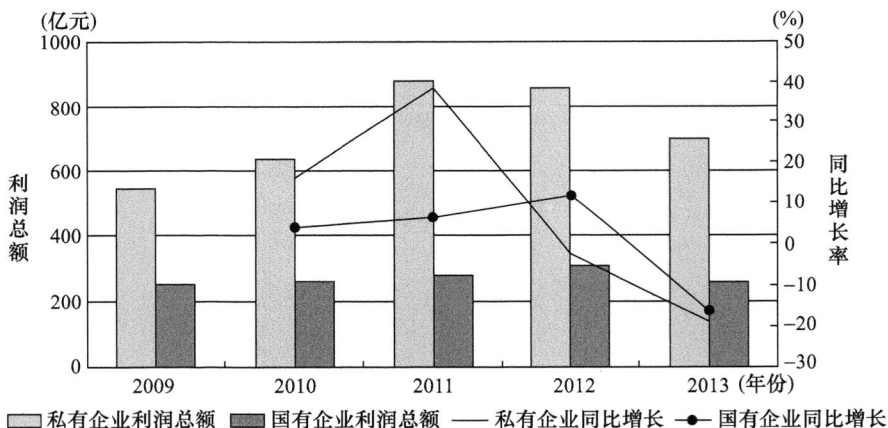

图 2 - 8　内蒙古自治区煤炭开采和洗选行业利润总额发展趋势

（二）内蒙古自治区煤炭开采和洗选业行业效益状况分析

1. 2010～2013 年内蒙古自治区煤炭开采和洗选业行业盈利能力分析

从图 2 - 9 可以看出，各行业总产值的贡献率呈现出了"倒 V 型"的发展趋势，也就是说，不论是国家各类煤炭行业还是内蒙古自治区的煤炭行业，其盈利能力都呈现出了先上升后下降的趋势，其拐点是在 2011 年，从 2011 年之后所有的煤炭行业运行缓慢，煤炭经济低迷。内蒙古自治区各企业煤炭行业的总资产贡献率在各年度均高于全国平均水平，说明内蒙古自治区煤炭行业发展比较成熟，虽然受到国际及国内多方面因素的影响，企业盈利额出现下降，但是其抗风险能力要强于其他省市的煤炭行业。

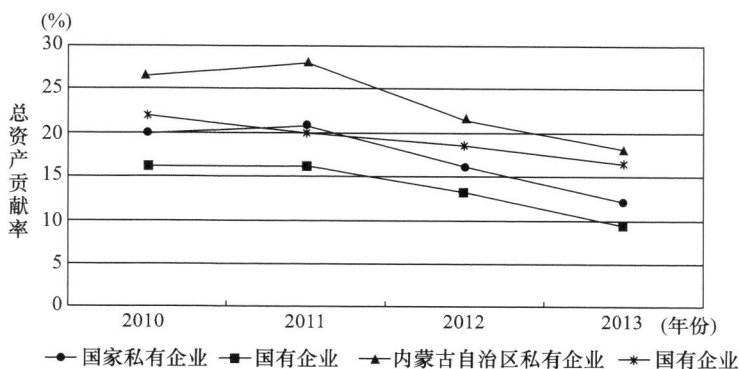

图 2 - 9 内蒙古自治区煤炭开采和洗选行业盈利能力指标对比分析

2. 2010~2013 年内蒙古自治区煤炭开采和洗选业营运能力分析

由图 2 - 10 可以看出，内蒙古自治区煤炭开采和洗选行业流动资产周转率在各年度均低于全国平均水平，其中，内蒙古自治区国有企业流动资产周转次数各年度最低，从各年度的发展状况来看，内蒙古自治区煤炭开采和洗选行业的各企业在 2013 年有所提高，其原因可能在于，企业为了改善经营方式，及时回笼资金从而提高了其周转次数。但是从总体情况来看，内蒙古自治区煤炭开采和洗选业营运能力一般。

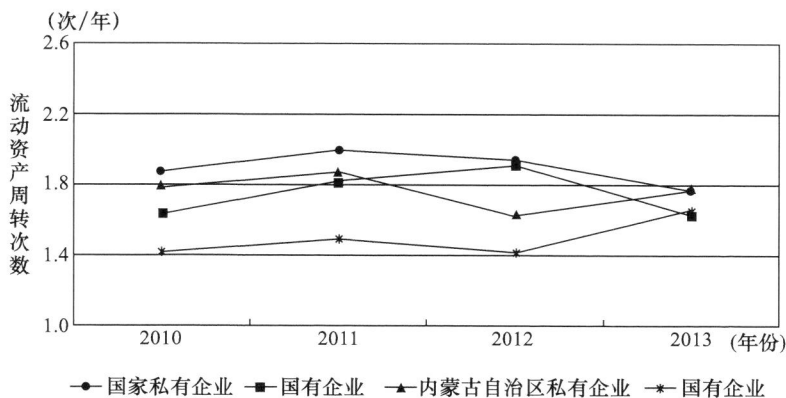

图 2 - 10 内蒙古自治区煤炭开采和洗选业行业营运能力指标对比分析

3. 2010～2013 年内蒙古自治区煤炭开采和洗选业行业偿债能力分析

由图 2－11 可以看出，内蒙古自治区煤炭开采和洗选行业资产负债率各年度均低于全国平均水平，从各年度的煤炭企业资产负债情况来看呈现出了逐年递增的趋势，因此，无论是在国家层面还是在内蒙古自治区，近两年煤炭企业运行状况均比较差。

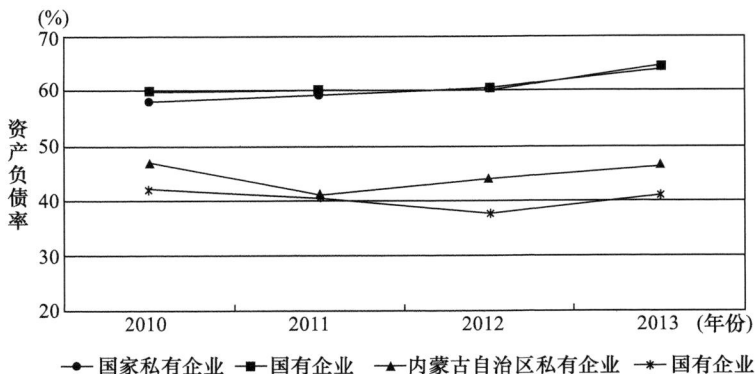

图 2－11　内蒙古自治区煤炭开采和洗选业行业偿债能力指标对比分析

4. 2010～2013 年内蒙古自治区煤炭开采和洗选业行业发展能力分析

由图 2－12 可以看出，内蒙古自治区煤炭开采和洗选行业工业成本效益均高于全国平均水平，从各年度的煤炭企业成本效益情况来看呈现出了逐年递增的趋势，其中内蒙古自治区私有企业的成本效益下降趋势较为明显。说明近两年煤炭行业中特别是私有企业发展能力较差。

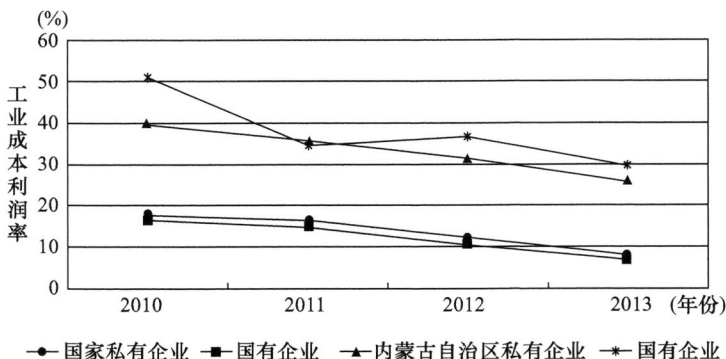

图 2－12　内蒙古自治区煤炭开采和洗选业行业发展能力指标对比分析

5. 内蒙古自治区煤炭开采安全生产情况

2013 年，内蒙古自治区煤矿企业共发生死亡事故 22 起，死亡 29 人，同比死亡人数减少 4 人，未发生重特大事故；百万吨死亡率 0.029，同比下降 6.5%，实现了死亡人数和百万吨死亡率双下降，继续保持全国领先水平。

6. 内蒙古煤炭行业重点企业分析（以内蒙古伊泰集团有限公司为例）

（1）公司介绍。内蒙古伊泰集团有限公司是以煤炭生产、经营为主业，以铁路运输、煤制油为产业延伸的大型现代化企业。公司为中国企业 500 强（第 248 位）、全国煤炭企业百强（第 20 位）、铁道部确定的百家运输大客户和内蒙古自治区煤炭 50 强之首，被内蒙古自治区人民政府确定为到 2010 年煤炭产销超过 5000 万吨的重点企业，被国务院列为全国规划建设的 13 个大型煤炭基地骨干企业之一。截至 2013 年 12 月 31 日，本公司共拥有 22 家子公司，其中全资子公司 9 家，控股子公司 13 家；另有 5 家联营公司，8 家参股公司。

公司现有总资产 305 亿元，下属内蒙古伊泰煤炭股份有限公司、伊泰准东铁路有限责任公司、呼准铁路有限责任公司、伊泰煤制油有限责任公司、中科合成油技术有限公司、伊泰药业有限责任公司等直接和间接控股公司 22 家。伊泰煤炭股份有限公司为煤炭行业首家 B 股上市公司。"伊泰"商标为煤炭行业第一枚"中国驰名商标"。

伊泰集团现有大中型煤矿 14 座。所生产经营的煤炭具有低灰、特低磷、特低硫、中高发热量等特点，是天然的"环保型"优质动力煤。公司现已建成全长 72.6 公里准东电气化铁路（运输能力 3100 万吨/年）、124 公里呼准铁路和 122 公里曹羊公路（复线）、26.8 公里的酸刺沟煤矿铁路专用线；正在建设全长 65.5 公里的准东铁路二期工程。公司在秦皇岛、天津、京唐等港口设有货场和转运站，在北京市、天津市、上海市、广州市、秦皇岛市等设有销售机构，形成了产、运、销完整的体系。

（2）公司经营状况。从表 2-3 可以看出，内蒙古伊泰集团有限公司经营状况基本稳定，营业收入在 2013 年之前逐渐增加，2013 年有所下降，净利润从 2012 年开始下降，2013 年下降到五年来的最低水平。因此，内蒙古伊泰集团有限公司 2013 年受市场煤炭价格下降的影响，减少了灭火煤的产量，原煤产量和煤炭销量有所下降，铁路运输、煤化工业务均发展良好，较好地完成了年初制定的各项生产经营指标。报告期内，公司累计生产商品煤 4589 万吨，累计销售煤炭 6346 万吨。准东铁路累计发运煤炭 4448.03 万吨；呼准铁路累计发运煤炭 2925.41 万吨。煤制油公司累计生产煤化工品共计 18.16 万吨，实现了长周期稳定运行。报告期内，公司实现营业收入 251 亿元，同比减少 23%；实现归属于母公司的净利润 34.45 亿元。

表 2-3　内蒙古伊泰集团有限公司近五年财务状况

单位：亿元

财务项目 \ 年份	2009	2010	2011	2012	2013
营业收入	157.07	232.56	278.84	324.63	250.64
营业总成本	105.51	143.18	181.41	243.11	204.49
营业成本	82.68	116.5	148.17	202.38	159.03
销售费用	11.28	12.49	11.9	11.75	14.08
管理费用	6.68	9.55	11.22	16.5	16.39
财务费用	2.16	1.31	2.37	4.34	8.17
其他营业成本净额	2.7	3.34	7.74	8.13	6.82
营业利润	51.59	89.42	97.67	83.84	46.48
利润总额	51.34	88.4	98.97	87.18	46.34
所得税	8.6	15.2	16.29	13.99	7.09
净利润	42.74	73.21	82.67	73.19	39.24
归属于母公司所有者的利润	40.72	68.47	77.2	66.22	34.45
流动资产	60.56	72.12	78.25	111.72	103.22
非流动资产	189.23	218.19	256.2	301.95	351.62
流动负债	52.32	45.74	55.83	103.95	45.36
非流动负债	74.7	71.18	64.94	90.34	159.34
所有者权益	122.78	173.39	213.68	219.39	250.14

（3）公司 SWOT 分析。

1）优势。公司作为内蒙古最大的地方煤炭企业，经过多年的发展，公司规模、发展质量和效益得到明显提高，产业结构优化，物质基础增强，显著提高了公司的整体竞争力。公司与众多电力、冶金用户建立了稳定的长期友好、互惠双赢的战略合作关系，具有较高的品牌效益。同时，公司拥有丰富的煤炭储备、优越的开采条件、先进的开采技术及持续的内外部资源整合机会，为公司不断提升煤炭资源储量和生产规模提供了有力的支持，使公司在同行业中具有竞争优势，有利于公司把握煤炭行业转型发展时期的重要机遇，推动自身快速发展。公司煤炭产品地质赋存条件优越，具有中高发热值、中低含灰量、极低含硫量、极低含磷量、低含水量元素等特点，是典型的优质动力煤，这些特征在商业上极具吸引力，具有相当的市场竞争优势。公司煤炭开采条件优越，位于低成本采矿的地质条件及煤质的地区，地表条件稳定、地质结构简单、煤层埋藏深度较浅且倾斜角度较小、煤层相对较厚及瓦斯浓度低，这些特点均大幅降低了本公司采矿作业的难度及安全风险，并降低了煤炭生产成本。公司拥有持续的内外部资源整合机会及资源转化配置政策，公司的煤炭储量及产量也将大大提高。

2）劣势。

政策风险。鉴于煤炭在我国资源禀赋及能源消费结构中的主导地位，煤炭一直是我国能源规划的重中之重，受国家政策影响较为明显。随着国家推动节能减排、加强生态文明建设，资源环境约束增强，能源发展产生环保、生态问题的风险在逐步加大，煤炭开采、煤化工项目的准入门槛、节能环保、安全生产等要求将更加严格。针对上述风险，公司及时跟踪了解国家对煤炭行业的调控政策和对矿产资源管理的政策变化，不断提高企业管理水平、加快产业升级、加强研究创新和节能环保，在安全生产和节能环保等方面全面达到或超过政策要求。

宏观经济波动风险。本公司所属煤炭行业及其下游行业均为国民经济基础行业，与宏观经济联系紧密，非常容易受到宏观经济波动影响。我国宏观经济进入中速增长期，煤炭行业也步入稳定发展阶段。宏观经济状况的变化会对本公司的生产经营产生一定的影响，进而影响本公司的经营业绩。

行业竞争风险。目前国内煤炭市场呈现总量宽松、结构性过剩态势。未来行业产能将进一步释放，但需求增长缓慢，煤炭供需关系难有较大改观，而煤炭市场化程度的大幅提高，将逐步加剧煤炭行业竞争风险。针对日益加剧的行业竞争，公司将通过强化成本管理，继续保持行业领先地位，同时通过提高煤炭产品质量和品牌知名度，多渠道拓展市场，提高客户服务水平，调整产品结构及销售结构，不断提高市场竞争实力。

安全风险。煤炭生产为地下开采作业，虽然公司目前机械化程度及安全管理水平较高，但随着矿井服务年限的延长、开采及掘进的延深，给安全管理带来了考验，同时本公司的经营业务由煤炭行业向煤化工行业延伸，使得安全生产的风险加大。

3）机会。公司的发展既拥有良好的机遇，也面临严峻的挑战。煤炭行业加快转变发展方式、调整产业结构的宏观要求及运输行业的改革有助于推动产业升级，有利于在运输和物流领域打造新的利润增长点。同时，煤炭企业兼并重组、淘汰落后产能，集团化、规模化发展的大趋势将会为公司带来新的并购和投资机会。公司所在地鄂尔多斯市是煤炭资源最为富集的地区，是国家能源布局中煤炭行业发展规划的重点区域。面对煤炭行业未来的发展趋势和发展要求，公司拥有难得的历史机遇，在煤炭行业产业融合、一体化经营的竞争格局中已取得领先优势。

4）威胁。受近年来煤炭行业大规模投资、产能建设超前，未来煤炭产能将进一步释放；世界经济低迷、全球煤炭产能过剩、煤炭进口持续增长；我国宏观经济调整、国内煤炭需求增幅回落；我国能源结构逐步优化、非化石能源比重不断提升；国家推动节能减排、加强生态文明建设、控制煤炭消费总量等因素的影响，2014 年，煤炭市场供需总量宽松、结构性过剩的态势还难以改变，全社会库存维持高位，企业经营仍将面临较大的困难和风险，行业经济运行或将有小幅回升，但仍面临着很多不稳定、不确定因素，经济运行的压力依然存在，国内煤炭行业竞争将逐渐加剧。由于煤炭供需宽松，煤炭价格走低，煤炭生产企业利润大幅降低，企业经营困难增加。因此，2014 年煤炭行业的竞争格局主要表现为成本的竞争和规模的竞争。煤炭行业竞争首先将是成本的竞争，成本控制成为决定煤炭企业生存和发展的最重要因素。煤炭产能控制压力将推动煤炭行业监管机构和生产企业加快煤炭资源整合的进程，而随着煤炭资源整合的加深，未来大型煤炭企业的市场份额将进一步提高，规模大的公司更能够在竞争中占据优势，因此煤炭行业的竞争也将是规模的竞争。

（4）公司未来发展战略。基于"十二五"期间煤炭工业的发展方向和总体走势，以及公司未来五年的发展目标，公司有以下发展战略：

第一，以国家加快煤炭资源整合、淘汰落后产能为契机，整合内外资源，扩大生产规模及配套系统建设，提升公司的核心竞争力及市场地位。在煤矿建设方面，加快建设不拉峁和塔拉壕煤矿，并利用煤化工项目优惠政策，获取资源，建设矿井，提升产能。在资源整合方面，公司未来将择机进行资源整合，以提升公司煤炭资源储备。通过以上举措，未来公司的资源储备及产能将会有大幅增加，市场地位将进一步提升。

第二，进一步扩张与升级综合运输网络，可以进一步提高煤炭外运能力。公司将继续维持对铁路的投资力度，建设完善现有铁路项目，优化提高集运站的发运能力，创造与国铁接轨的良好内部运输条件，使公司的煤炭年综合输出能力过亿吨。继续参与国家铁路网络建设，横向持续参与投资蒙冀铁路、准朔铁路、鄂尔多斯南部铁路。纵向持续参与投资新包神铁路、蒙西至华中铁路的建设。通过公司内部铁路网络建设及参与国家铁路网络的建设，公司将形成完善的铁路外运网，大幅提高煤炭跨区外运能力，将有助于降低运输成本，稳固市场地位，提升自身经营能力。

第三，发展洁净煤技术，提高产品附加值，延伸煤炭产业链。公司将加大煤炭洗选力度，提高煤炭洗选能力，为客户提供优质煤炭产品。能源"十二五"规划明确提出稳步推进大型煤炭深加工升级示范项目，公司现拥有国内领先的煤制油技术，并且成功运行了国内第一套煤间接液化工业化放大的示范项目，而其他大型项目也在筹备建设中，未来将在煤化工产业竞争中占得先机。煤炭深加工是煤炭产业中具有竞争力的战略性产业。公司将以技术创新为手段，以提高煤炭的整体转化效率为目的，通过煤炭洗选及转化升级示范工程，实现煤炭的高效、清洁和综合利用，致力于成为煤炭产业中的领军企业。

第四，继续完善安全生产机制，履行环境社会责任。安全始终是公司的重中之重，未来公司将继续贯彻落实安全第一、预防为主、综合治理的方针，有效防范事故发生，加强安全投入与管理，加强职业健康体系建设，进一步提高煤矿安全生产水平。继续保持 ISO14001 环境管理体系的有效运行，加强资源综合利用和矿区生态环境保护，将公司矿井打造成本质安全型、资源节约型、环境友好型、社会和谐型、资源利用率高、安全有保障、经济效益好、环境污染少的清洁高效矿井。

2013 年内蒙古自治区煤炭企业亏损

2013 年，煤炭价格下降对煤炭生产企业的直接影响是利润下降甚至亏损、库存增加，但对于小型企业，煤炭价格下降后只能直接停产。截至 2013 年 4 月，鄂尔多斯市停产煤矿 65 座，占全市煤矿数量的 21%，重点煤炭企业资产负债率约为 50%。

煤炭产业是内蒙古自治区支柱性产业，为了解内蒙古自治区煤炭价格情况，以及价格下降对煤炭企业带来的影响，内蒙古自治区发改委价格检测中心组织鄂尔多斯市、锡林郭勒盟、阿拉善盟等 7 个盟市对 2011～2013 年第一季度煤炭价格及产销情况进行了调查。调查显示：内蒙古自治区大型煤炭生产企业 2011 年全部盈利，2012 年除乌海市神华能源集团公司因历史遗留问题亏损外，其余煤炭企业全部盈利，但利润均大幅下降。从 2013 年开始，煤炭企业陆续出现亏损。

那么，是什么原因导致煤炭产销低迷、价格下降？

调查结果表明：2012 年以来煤炭供应增速超过需求增速导致市场供大于求，价格大幅下降。煤炭销售量下降主要由于经济增势放缓，煤炭下游行业——电力、钢材、化工等行业不景气，导致煤炭直接需求不足，进口煤总量的快速增长也对国内煤炭市场份额产生挤压效应，内需不足和进口煤炭的冲击导致煤炭销量大幅下滑。

煤炭价格销售量价齐跌，煤企销售收入大幅下降，影响主要产煤盟市经济增速趋缓、税收大幅下降。

其中，锡林郭勒盟 2013 年 1～4 月原煤产值同比下降 18.2%，对规模以上工业产值增长下拉 6.3 个百分点；鄂尔多斯市税收大幅下降，2013 年 1～5 月，鄂尔多斯市完成税收 318.5 亿元，同比下降 15.8%。对此，内蒙古自治区各级政府和煤炭企业积极采取应对措施。其中，从 2012 年下半年开始，鄂尔多斯市就出台了税费减免、电价补贴、电力多边交易和发放煤炭企业员工培训补贴等优惠政策，进一步减轻企业负担，保障煤炭企业正常生产。仅税费一项，准格尔旗和伊金霍洛旗分别减免 4.74 元/吨、4.44 元/吨。锡林郭勒盟也在多部门集中调研，清理收费，减轻企业负担。另外，鄂尔多斯市、锡林郭勒盟分别组织专门力量帮助煤炭企业搞好促销工作。

四、"十二五"期间煤炭工业的重点任务

1. 加快培育和发展大型煤炭企业集团

内蒙古自治区大型煤炭集团

4 个亿吨级煤炭企业：神东、伊泰、汇能、华能呼伦贝尔公司。

8 个五千万吨级煤炭企业：神华准能、满世、伊东、中电投蒙东能源、北方联合电力、乌兰、蒙泰、鄂尔多斯集团。

18 个千万吨级以上煤炭企业：天隆、亿利、恒东、太西煤、开远、庆华、国电平庄、神华宝日希勒、神华胜利北电、神华乌海能源、国网鲁能大雁、大唐锡林浩特、阜新矿业白音华、华润五间房、国电建内蒙古能源、山东临沂矿业、双欣、金泰煤业。

40 个营业收入超百亿元企业：伊泰集团、汇能煤电、伊东集团、鄂尔多斯集团、亿利集团、满世集团、特弘集团、蒙泰煤电、庆华集团、双欣集团、乌兰集团、源通煤化、联创煤炭、恒东能源、博源控股、黄河工贸、开远实业、君正能源、蒙发能源、太西煤集团、怡和能源、神东天隆、多伦煤化、德晟实业、棋盘井矿业、西蒙集团、蒙能投、星光集团、神华准能、神东集团、神华乌海能源、神华宝日希勒、华能呼伦贝尔公司、北方联合电力、国电平庄、国网鲁能大雁、大唐锡林浩特、阜新矿业白音华、山东临沂矿业、金泰煤业。

全力推进以煤炭企业兼并重组为主要形式的煤炭企业结构调整工作，认真贯彻实施《内蒙古自治区煤炭企业兼并重组工作方案》，按照"政府推动、政策引导、市场化运作、企业自主自愿"的原则，以资源、资金等资产为纽带，以产业链上下游结合为主线，重点支持地方煤炭企业为主体，以股份制为主要方式，积极稳妥推进煤矿企业兼并重组工作。

自治区调控各地区煤炭企业数量，各地区综合考虑煤炭生产企业资产状况、生产规模、管理水平和产业化发展等条件确立兼并主体。由兼并主体兼并重组其他煤炭企

业，实现资源、资本、生产、安全、经营、组织等方面的高度有机统一。

在鄂尔多斯市发展大型动力煤产运销集团和综合产业集团，在阿拉善盟发展大型无烟煤和焦煤生产企业集团，在乌海市、鄂尔多斯市棋盘井地区发展大型煤焦化、煤电冶集团，在锡林郭勒盟发展集褐煤生产、提质、化工生产于一体的煤炭产业集团，在赤峰市、通辽市、呼伦贝尔市发展煤电、煤化工集团，发展自治区煤炭产业骨干群体。

2013年底，全区地方煤炭企业压减到80～100户。"十二五"末期，全区形成4个亿吨级煤炭集团，营业收入超百亿元的煤炭企业为40户左右，进入全国百强煤炭企业行列为30户左右。

2. 强化建设大型煤炭生产基地

内蒙古自治区大型煤炭生产基地

4个亿吨级煤炭基地：东胜（含东胜、万利、神东矿区等）、准格尔（含准格尔矿区、准格尔东部矿区等）、锡林郭勒中西部（含胜利、巴彦宝力格等）、呼伦贝尔（含宝日希勒、伊敏河、扎赉诺尔）煤炭基地。

6个五千万吨级以上煤炭基地：鄂托克前旗上海庙、乌审旗呼吉尔特、锡林郭勒白音华、霍平（含霍林河、农乃庙、贺斯格乌拉、赤峰平庄）、五间房（含吉林郭勒、巴其北、五间房等）、高头窑（含高头窑、塔然高勒等）煤炭基地。

根据煤炭资源赋存和市场需求情况，坚持"总量调控、保障供给"的原则，按照"西部适度建设、东部重点建设"的要求，保护性开发阿拉善、乌海、鄂尔多斯棋盘井地区无烟煤、焦煤；根据需求适度开发鄂尔多斯地区不粘结煤；重点开发锡林郭勒、呼伦贝尔地区褐煤。

以东胜煤田煤炭资源为保障，以神东、伊泰、汇能、伊东等大型煤炭生产企业为支撑，以东胜区完善的基础设施为依托，建设东胜亿吨级煤炭生产基地；以准格尔煤田煤炭资源为保障，以神华准能、伊泰、伊东等大型煤炭生产企业为支撑，以薛家湾完善的基础设施为依托，建设准格尔亿吨级煤炭生产基地；以胜利煤田、巴彦宝力格煤田煤炭资源为保障，以神华北电、大唐能源等大型煤炭生产企业为支撑，以锡林浩特市完善的基础设施为依托，建设锡林郭勒中部亿吨级煤炭生产基地；以扎赉诺尔煤田、伊敏煤田煤炭资源为保障，以华能呼伦贝尔、大雁煤业等大型煤炭生产企业为支撑，以满洲里市、海拉尔区完善的基础设施为依托，建设呼伦贝尔市亿吨级煤炭生产基地。

以山东临沂矿业、新汶矿业等大型企业为主要开发主体，以宁东工业园区基础设施为依托，将上海庙建设成五千万吨级煤炭生产基地；以中煤、神华包头矿业、山东淄博等大型煤炭企业为主要开发主体，加快呼吉尔特矿区开发建设，形成五千万吨级煤炭生产基地；以中电投蒙东能源、国电平庄煤业、阜新矿业等大型煤炭生产企业为主要开发主体、以白音华工业园区基础设施为依托，使白音华矿区开发规模尽快达到5000万吨；以中电投蒙东能源、国电平庄煤业等大型企业为主要开发主体，以霍林郭勒市、元宝山区基础设施为依托，使霍林河矿区、平庄矿区生产规模达到5000万吨；加快推进五间房矿区、高头窑开发建设。"十二五"期末力争形成5000万吨开发建设规模。

"十二五"期末，全区大型煤炭生产基地形成产能8亿吨，占全区总产能的70%。

3. 巩固提升煤矿安全生产水平

健全煤矿安全质量标准化建设管理体系，完善《煤矿安全质量标准化标准》，制定实施《煤矿安全质量标准化动态达标管理办法》，规范煤炭企业管理人员和现场作业人员行为，促进煤矿安全质量标准化工作常态化。结合内蒙古自治区煤矿专业人才需求实际，通过校企联合办学，实施继续教育，委托培养、对口招生和订单培养等方式，加大采矿、机电、通风与安全等专业人才的培养力度。组织有现场经验和理论水平的专业人员，编写具有针对性、实战性强的培训教材，对企业负责人、安全管理人员和特种作业人员进行培训，增强培训效果。大力推进煤矿井下监测监控、压风自救、供水施救、通信联络系统、人员定位系统、紧急避险系统完善建设工作，制定实施《全区煤矿井下紧急避险系统建设实施方案》，在2013年底前完成煤矿安全"六大避险系统"建设完善工作。加快推进"通风可靠、抽采达标、监控有效、管理到位"的煤矿瓦斯综合治理工作体系建设，加大煤矿瓦斯抽采利用力度。利用好国家有关瓦斯利用优惠政策，协调相关部门加快推进瓦斯利用项目建设工作，提高全区煤矿瓦斯抽采和利用量。

"十二五"末期，全区所有煤矿动态达到安全质量标准化，其中，达到国家标准100个，自治区重点煤炭企业所属矿井全部达到自治区二级标准以上。全区煤层气（煤矿瓦斯）井下抽采1.5亿立方米，煤层气发电装机容量超过94.7万千瓦。

4. 大力发展煤炭转化利用产业

按照"清洁、增效、循环"的思路，大力发展煤炭综合利用产业，实现煤炭工业的低碳发展。鼓励和支持大型煤炭企业与上下游产业实现资本的有机结合，促进煤—电—冶、煤—焦—化、煤化工等产业的发展，构建电力、冶金、新型化工产业紧密结合的产业集团。加快煤制油、煤制二甲醚、煤制烯烃、煤制乙二醇、煤制天然气示范工程产业化，积极扩大示范规模，推进二代新型煤化工项目的储备和建设工作。推广先进技术和设备，发展煤炭洗选、提质加工业。西部地区生产和在建的大型煤矿，要配套建设洗（选）煤厂，东部地区大中型褐煤生产煤矿要配套建设提质加工项目，提高煤炭的清洁利用水平。

"十二五"期末，原煤入洗能力达到5亿吨，洗精煤能力达到2亿吨，褐煤提质加工能力达到1亿吨，全区形成原煤入洗比例达到40%以上。

"十二五"末期，全区原煤区内转化力争达到5.4亿吨，占总能力的45%。

5. 建立煤矿灾害治理长效机制

建立和完善火区治理长效机制，严防新生火区和次生灾害的发生。编制矿区防灭火规划，加强煤矿防灭火措施的落实和监督，只采掘煤炭不采取措施进行防灭火或防灭火达不到标准的，坚决停产。对全区煤田（煤矿）火区灾害进行综合评估，按照有利于开发利用资源，有利于保护生态环境，有利于火区规范、有序和快速治理的原则，因地制宜，实行分类分级治理，确保按期完成。加快火区治理呈报审批，及时发现、及时上报、及时治理，煤田火区由各盟、市人民政府组织治理，已经设置采矿权的煤矿火区由业主治理。坚持以集中连片综合治理为主，兼顾其他治理方式。对于具备成片整合条件的，要通过政府组织引导，整合成"一个矿权，一个法人，一个开采系统"，有条件进行露天开采的煤矿要与灭火工程统筹安排，同步实施。火区治理要和地质环境综合治理项目有效衔接，达到熄灭标准后，纳入地质环境综合治理范围，真正把灭火工作作为保护资源和环境的基础工作。

切实加强对火区治理工作的领导，落实火区治理责任，充分发挥专家队伍的作用，科学规划、科学探测、科学设计，确保火区治理按期完成并收到实效。多方筹措资金，加大灭火投入，自治区灭火专项资金下达拨付后，各盟、市人民政府要按规定足额配套资金，确保灭火工作进展顺利。煤矿企业按要求提取灭火准备金，专户存储、专款专用，坚持先灭火后技改，先灭火后生产的原则。坚决严厉打击以灭火为名，盗采、滥采煤炭资源的行为；坚决禁止以采代灭、以采为主的变相采煤和追逐利益的行为；坚决禁止以灭火养灭火的做法，全力加快推进煤田（煤矿）火区治理。

全区现有火区2012年前全部熄灭，发现火区及时治理。"十二五"末期，全区大型煤矿的土地复垦利用率达到50%以上，初步实现煤矿生产与环境保护的和谐统一，建立矿区开发与土地利用及土地复垦利用规划的统一。

6. 加强矿区环境保护

煤炭资源从勘探到开发实施全程监控。对可能造成严重生态破坏和环境污染的要严格禁止开采，经评估可开采的要加强开发过程的监管；对新建煤炭生产项目的要强化专项设计、审批，加强措施的落实和监督，达不到标准的坚决停产；对已关闭、无明确责任人的矿山，要继续加大资金投入，严格治理审查和监管程序，切实搞好综合整治；对生产矿井矿权范围内的采空沉陷区、地表火区、露天煤矿永久排土场和回填复垦区等，要按照"谁开发、谁保护，谁受益、谁补偿，谁破坏、谁修复，谁污染、谁治理"的原则，明确企业的治理主体责任。矿区生态环境治理的重点是对因采掘活动而影响的地形、地貌改变及产生的生态恢复工作。

煤矿企业要严格按照国家颁发制定的矿区开发生产、土地复垦、环境保护、火区治理等标准进行矿区灾害治理工作。要适度提高内蒙古自治区煤炭行业在环境治理方面的准入门槛；加强矿区环境治理政策与财政、环保、土地、金融政策的协调配合。要进一步加大财政支持力度，综合运用经济、技术手段，加快矿区环境治理工作。矿区环境治理按照技术经济合理的原则，兼顾自然条件与土地类型，因地制宜，综合治理；实现治理后地形地貌与当地自然环境和景观相协调。

"十二五"末期，全区煤矸石综合利用率达到60%，矿井水复用率达到85%以上，干旱缺水地区的矿井水复用率达到100%，达标排放率达到100%。

7. 提升煤炭行业科技发展水平

建立和完善以企业为主体、市场为导向，产学研相结合的煤炭科技创新体系。大力推广安全、高效的开采成套技术和装备，在鄂尔多斯、锡林郭勒、呼伦贝尔等具备条件的矿区，全部实现机械化综合开采。总结、提升鄂尔多斯泰源煤矿固体物直接回填开采技术，逐步在全区推广。支持内蒙古第一机械集团公司研制煤矿综采等采煤设备，发展自治区煤炭机械制造业。鼓励煤炭企业联合区内外煤炭科研院所建立自治区煤炭行业技术创新联盟，集合企业、科研院所的人才、技术、实践等优势，展开煤矿重大灾害防治、煤炭资源高效开发等基础研究，重点推动煤炭高效开采、煤矿信息化和管理现代化、煤与煤层气开发、煤矿灾害预测与防治、煤矿安全避险和应急救援、煤矿职业危害防治、煤炭加工与转化、节能减排与资源综合利用等领域的科技研发工作。

"十二五"末期，全区煤炭生产全部实现机械化开采，煤炭资源回收率达到65%。自治区重点煤炭企业80%以上建立起自治区级企业研发机构。

8. 优化调整煤炭经营企业布局

根据煤炭生产布局、交通干线建设，以及市场需求等情况，按照"用地集约、经营集中、便于监管"的原则，大力调整和优化煤炭经营企业布局结构，促进煤炭生产、运输、需求的有效衔接。煤炭批发企业向煤炭集散地集中，在呼和浩特市、包头市、通辽市、乌兰察布市、鄂尔多斯市、巴彦淖尔市、阿拉善盟等地区，试点建设大型煤炭物流园区，形成区域煤炭交易中心。煤炭加工企业主要布局在煤炭生产、进口基地。零售企业布局在非产煤地、偏远农牧区。

"十二五"末期，全区培育和形成30户在全国或区域煤炭销售市场有影响力的煤炭经营企业，建成10个大型煤炭物流园区。

五、内蒙古自治区煤炭运输

1. 内蒙古自治区西部地区煤炭运输的主要流向流量

内蒙古自治区西部地区煤矿企业就地建坑口电厂和煤化工项目的能力不足，产煤基本全部输出，有 1/3 用于省内周边电力、冶金、化工、建材和生活用煤，2013 年为 2.5 亿吨，运往自治区外的运量为 4.73 亿吨，主要用于京津唐地区电厂、冶金、化工和生活用煤，以及华东、华中、华南地区工业和民用煤炭。2013 年区内运输的 2.5 亿吨煤炭中，公路运量为 2.04 亿吨，占 71.6%；铁路运量为 4600 万吨，占 18.4%。2013 年出区外运的 4.73 亿吨煤炭中，公路运量为 2 亿吨，占 42.3%；铁路运量为 2.73 亿吨，占 58.8%。内蒙古自治区西部地区煤炭运输的主要流向流量如表 2-4 所示。

表 2-4 内蒙古自治区主要煤炭运输去向及径路分析表

煤炭运输去向	运输方式	运量（亿吨）	比例（%）	主要流向	运输通道	运量
区内	公路	2.04	28.2	省内煤化工、建材企业，包钢集团	地区各国道、省道	2.04 亿吨
	铁路	0.46	6.3	电煤运至丰镇发电厂、临河热电厂、新丰热电厂等，炼焦煤运至包钢集团	国家铁路	1700 万吨
				达拉特旗电厂、华电包头河西电厂、神华亿利电厂	包神铁路	1200 万吨
				托克托县电厂	呼准铁路	800 万吨
				岱海电厂、京隆电厂	大准铁路	900 万吨
出区	公路	2	27.7	大同、张家口及山东省部分地区	京藏高速公路、110 国道	1.1 亿吨
				先到达山西省五寨、岢岚、宁武县，再经铁路或公路运到河北、山东、河南等地	薛魏公路、西青公路、史榆公路	6000 万吨
				到达山西大同、平朔地区，一部分在当地电厂消费，其他经铁路或公路运往河北、山东地区	清大公路、109 国道	3000 万吨
	铁路	2.73	37.8	到达秦皇岛东、东港、京唐港、曹妃店西等港口，通过水运供给华东、华南地区	大包线	7528 万吨
				京津唐地区	张集线	733 万吨

续表

煤炭运输去向	运输方式	运量（亿吨）	比例（%）	主要流向	运输通道	运量
出区	铁路	2.73	37.8	东北、内蒙古东部地区	集通线	300万吨
				到达秦皇岛东、东港、京唐港、曹妃店西等港口，通过水运供给华东、华南地区	大准线	6000万吨
				到达黄骅港，通过水运供给华东、华南地区	神华朔黄铁路	1.27亿吨
合计		7.23	100			7.23亿吨

2. 内蒙古西部地区煤炭运输市场竞争分析

（1）煤炭运输市场形势。内蒙古西部地区煤炭运输市场整体呈现下滑态势，公路运输市场与铁路相比，受经济下滑的影响更为明显。2013年5月与1月相比，煤炭日产量、汽车运输量、铁路煤炭请车数和煤炭装车数都有不同程度的下降。虽然公路运量下滑明显，但其在煤炭运输市场中仍占一定市场份额，在内蒙古西部地区区内、出区的煤炭运量比例分别为71.6%和42.3%。

1）铁路运输。从国家铁路煤炭运输情况看，2013年5月，煤炭请求车数与同年1月相比下降了25%，日均装车数下降了7%（其间大秦线正在检修），小于公路的下降幅度，究其原因主要是呼和浩特铁路局的煤炭运力主要分配给大中型生产企业和贸易商，而大中型煤炭生产企业一般有稳定的下游直销客户市场，生产成本和物流费用较低，目前虽然企业利润下滑，但仍然有一定的需求空间。煤炭贸易商作为煤炭企业与最终用户间的中介，多数实力雄厚，资金运作能力强，渠道和人脉资源广泛，应对经济危机的能力较强。

2）公路运输。公路煤炭运输的主要用户是中小煤矿，开矿成本和物流费用相对较高。在钢铁、电力等下游行业不景气，中小型煤场普遍停产的情况下，没有货源、市场运力供大于求，鄂尔多斯地区公路运价2013年5月比年初降低1/3，但燃油成本、路桥费等成本居高不下，并且出区外运煤炭车辆没有回程货源，加重了公路运输的负担。

（2）公路运输竞争力分析。公路煤炭运输的突出优势是投入成本小，经营和结算方式灵活，可以提供门到门服务，因此公路运输在煤炭物流市场上占有一定的市场份额。

1）公路煤炭运输具有短途运输经济性。由于大部分煤矿未设专用线，铁路运输煤炭需要采用卡车从煤矿装煤—上站（集运站）到达电厂或钢厂专用线（或到达集运站采用汽车），中间环节多，手续复杂，综合费用高，因此500千米以内的煤炭运输，公路更为经济。

2）公路煤炭运输机动灵活。除少部分大中煤矿建有销售渠道和销售网络外，大部分煤矿通过中间商交易，由于交易环节多，中间商不易控制煤炭质量。若由于煤炭质量问题造成厂家拒收，公路运输可以变更目的地，而铁路运输比公路运输的机动性差，不能随便改变目的地。

3）地销煤炭一般采用公路运输。煤矿企业销售煤炭有两种方式：地销和外销。在地销方式下，一般由买主（最终用户或贸易商）负责运输，对于未与铁路建立稳定的运输关系的买主，只能通过煤炭运输信息中心从当地雇用卡车车队将煤炭运往目的地。

电厂、钢厂、煤矿自有运输车队或租赁运输车队。

在煤炭行业景气时，由于铁路运能严重不足，很多电厂、煤矿或企业都成立了自己的汽车运输队，或者与规模较大的汽车运输公司建立了较为稳定的合作关系。例如，山西神头电厂与50余家运输公司签订运输合同，有千余个体运输车挂靠运输公司专门向电厂运煤，形成对铁路运输的补充。

4）地方政府支持。煤炭生产地或消费地政府依靠汽车运输物流公司增加本地税费收入，扶持公路煤炭运输的发展。

（3）地方铁路运输竞争力分析。内蒙古西部地区煤炭外运依赖的包神、大准、神朔、朔黄等地方铁路由神华集团有限责任公司（简称神华集团）经营，其将自营铁路和港口一体化运作，解决了运输瓶颈问题。神华集团的神朔、朔黄铁路是我国西煤东运的第二条大通道，煤炭由铁路或公路集运经朔黄铁路通过环渤海地区的港口下水。目前，神华集团的煤炭运输格局是"多路对一路，一路对多港"。2013年，神华集团朔黄铁路完成1.27亿吨的煤炭运量。朔黄铁路执行0.15元/吨·千米的特殊运价，不收取建设基金，在价格上较国家铁路有优势。目前，朔黄铁路正在进行能力改造、设计大功率机车和增加车辆轴重。另外，神华集团正在对朔黄铁路下游黄骅神华煤炭码头、天津港神华煤码头、龙口港进行改造扩建，改造后运能可以达到3亿~4亿吨，将对国家铁路产生较大的分流影响。

从2006年开始，神华集团整合内部物流资源，进一步打通物资设备全生命周期链，以2013~2015年为规划期，制定了《神华大物流发展规划》，以神华港口、铁路为运输主干线，以黄骅港、榆林、阿康、乌海物流园区为基础，以天津塘沽、三汲、准格尔、宁东、临河、甘其毛都口岸集散中心为支撑，以国家铁路、地方铁路和公路网为辐射，开展港口吞吐中转、铁路运输、物流园区集散、内部供应链物流4项业务，形成神华大物流业务板块。神华集团独一无二的运营模式、巨大的运输通道和场站能力、全生命周期的供应链运营思想将使其在内蒙古西部地区煤炭运输市场上的份额逐步增加。

3. 内蒙古煤炭运输瓶颈

内蒙古中西部至京津冀的交通"瓶颈"问题凸显，统计数据显示，2009 年，内蒙古自治区煤炭产能超过 6 亿多吨、调出煤炭约 3.3 亿吨，成为全国第一大煤炭生产和调出地区。据内蒙古自治区经信委提供的数据显示，内蒙古自治区 2010 年共销售煤炭 7.85 亿吨，其中销往区外 4.5 亿吨，由铁路外运出区 3.5 亿吨，公路外运 1 亿吨。专家表示，京藏高速内蒙古段的"疯狂"拥堵，铁路运力严重不足是主因。内蒙古自治区新闻办公布的数据显示，2010 年每天需要出内蒙古自治区的运煤车辆大约有 8000 辆，但北京、河北只能放行 4000 辆，其余车辆就大量拥堵在路上。如果以每辆运煤大货车平均车长 25 米，平均车间距 5 米，两个车道上都有车来计算，4000 辆大货车的车队绵延约 60 公里。虽然北京市、内蒙古自治区、河北省各级政府积极联动，京藏高速拥堵情况时有好转，无奈拉煤车与日俱增，简单的管理治标不治本。目前，京藏高速内蒙古段每天的车流近 10 万辆，超过道路设计车流量的两倍还多。从 2013 年 7 月开始，内蒙古自治区对京藏高速呼和浩特至包头段实施 4 车道改 8 车道扩建工程，自施工实行交通管制以来，呼和浩特以东路段已发生数次大拥堵，而"小堵"则已成为一种常态。

内蒙古自治区现有主要煤运通道有两条：一是经大包、大准铁路集运后，通过大秦线在秦皇岛下海，蒙西煤炭就是主要经由集运线路通过晋煤外运线输出到京津冀、华东和华南；二是经包神、神朔铁路在黄骅港下海。2011 年，秦皇岛港完成煤炭吞吐量 2.5 亿吨，从山西方向输送的煤炭占到 89%，蒙西占比较小。同年，内蒙古全区原煤生产接近 10 亿吨，其中 6 亿吨需要长距离外运，这不仅给交通运输造成了巨大压力，也使得煤炭成本增加，价格大幅上涨。由于煤炭交通运输上的制约，内蒙古自治区作为中国能源供应大省却不能占据能源主导地位。总体来看，内蒙古自治区煤炭运输问题症结主要有两个方面：一是境内铁路无法满足分布广泛的矿井煤炭运输，深入煤炭产地的铁路支线较少，煤炭集装站、货物发运站等煤炭运输配套设施不完善；二是煤炭外运的长途运输能力受限且成本过高。这使得区内仍有近 1000 万吨的煤炭生产能力得不到发挥。

2013 年由于煤炭下游企业萧条与国际经济状况的低迷，国内煤炭市场走低，但在年末有回暖的趋势。2014 年随着国家出台一系列投资项目，拉动内需，经济将企稳回暖，煤炭需求增加。预计到 2014 年，内蒙古自治区现有主要运输干线依然饱和，在建的铁路运输线最快将在两年后投入运输环节。在未来很长一段时间内，运输问题依然会是内蒙古自治区煤炭运输中的首要问题。

六、2013 年内蒙古自治区煤炭行业存在的主要问题

1. 煤炭产品结构不合理，初级产品多、深加工产品少

虽然内蒙古自治区有着丰富的煤炭资源，但长期形成的以自然资源开发为先

导，以原料输出为依托，附加值较低，经济效益较低的煤炭经济增长模式，已经严重制约了内蒙古自治区经济的可持续性发展。内蒙古自治区当前煤炭生产主要以原煤为主，这种固有习惯的传统生产方式使得原煤深加工能力严重不足，全区煤炭工业产品在高新技术方向的发展能力有限，使得煤炭产品的附加值较低。尤其进入 2013 年以来国内煤炭市场遇冷，煤价持续下跌，年产 100 万吨以下的小煤矿基本停产。因此，内蒙古自治区加大了对煤炭深加工的资金投入力度，内蒙古自治区掌握了 100 多项煤炭深加工利用专利技术，已经建成 140 万吨煤制油、106 万吨煤制烯烃、20 万吨煤制乙二醇、13.3 亿立方米煤制天然气的生产能力，已经具备了大规模产业化发展的基础和条件，但就总体水平来看，煤炭深加工的量不足原煤总产量的 5%。

2. 煤炭工业经济快速发展的同时对环境的破坏加剧

内蒙古自治区是我国能源和矿产的富集区，其资源储量优势明显。统计数据显示，煤炭资源储量占全国陆上储量的 24%，有色金属、非金属矿产（包括铜、铅、锌、硫，铁矿等）占比为 40%，其中铜矿等储量均居全国前列（来源于《2013 年中国统计年鉴》）。进入"十二五"时期，内蒙古自治区经济实现了由加快发展到又好又快发展的跨越，其中能源经济的快速发展功不可没。但是，资源浪费严重、产业链不长等现象日益凸显。在能源和矿产的开采和运输过程中，不仅直接破坏地表环境生态平衡，而且对地下水资源、地质结构造成严重破坏，引发生态和环境危机。仅就煤炭开采而言，一方面内蒙古煤炭粗放开采，回采率低，"采富弃贫"现象严重。内蒙古自治区的煤层一般属于中厚到特厚煤层，按规定开采较厚煤层需要逐层开采，加大了技术难度，目前只吃"白菜心"的做法导致大量煤炭资源浪费，即使开采出来的煤炭，有相当一部分因自燃而悄无声息地消失殆尽。另一方面，连年大规模的勘探开发，占用大量天然草场，影响地表植被生态环境和防风固沙能力，进一步导致干旱、沙尘暴、扬沙等恶劣天气频发，引发沙漠化等自然灾害，极大地破坏了内蒙古自治区极其脆弱的生态系统，进而影响我国整体生态环境的安全。

3. 内蒙古自治区资源税收入规模小

资源税作为一种地方税种，应成为地方财政收入的一项来源，但是资源税对内蒙古自治区这样资源富集地区的财政贡献度却很低。1994～2012 年资源税收入占内蒙古自治区税收收入的比重平均为 3.77%，占内蒙古自治区财政收入的比重平均为 2.14%，占内蒙古自治区财政支出的比重平均为 1.25%。可见，内蒙古自治区资源税收入规模较小，与能源驱动型的高投资增长极不协调，而且与本地区发展和环保投入的现实需要差距较大，难以支撑经济社会的可持续发展。现行资源税对区域间财政能力的调节作用也非常有限，这主要是由于资源税制自身设计存在的问题，使资源富集地区从资源开采上取得的收入极其有限。资源的收益大都通过价格机制传导给了东部地区，实质上成为对西部矿产资源的掠夺，进一步扩大了东西部之间经济社会发展的差距。

4. 内蒙古自治区煤炭市场竞争力薄弱

我国煤炭产业现在是由区域性、全国性甚至国际性因素交织的市场，这决定了煤炭企业的竞争力主要是区位、资源优势竞争力和价格竞争力。区位、资源优势是既定不可改变因素，在供求关系逆转、煤价大幅下降的市场状况下，煤炭产业围绕竞争力重新洗牌，主要是围绕价格竞争力重新洗牌，不可避免。经历十年煤价单边上涨，煤炭企业区位、资源禀赋不同，经营管理水平有高下，但鲜有亏损的企业，只有盈利多少的不同。但是，经营者如果因此没有市场风险的意识，就容易犯战略性失误。煤炭供求关系逆转，煤价大幅下跌，这是市场的本意，要求煤炭企业重新洗牌。据报道，因煤而兴的鄂尔多斯市，过半煤矿已经关停，全市的 GDP 增速跌至内蒙古自治区倒数第一。鄂尔多斯市的情况有特殊性，但至少说明，当煤炭供不应求、煤价上涨时，资源优势可以发挥，当煤价下跌时，就会面临双重的劣势，这就是区位竞争劣势和价格竞争劣势。

5. 煤炭运输缺乏高效的运输通道

内蒙古自治区作为中国能源供应大省却不能占据能源主导地位。总体来看，内蒙古自治区煤炭运输问题症结主要有两个方面：一是境内铁路无法满足分布广泛的矿井煤炭运输，深入煤炭产地的铁路支线较少，煤炭集装站、货物发运站等煤炭运输配套设施不完善；二是煤炭外运的长途运输能力受限且成本过高。这使得区内仍有近 1000 万吨的煤炭生产能力得不到发挥。2013 年煤炭产量持续增长，煤炭需求和价格回落加快，煤炭库存快速增加，市场供大于求趋势明显，企业货款回收困难。内蒙古自治区的煤炭市场同样不乐观，这让自 2012 年就开始偏淡的煤炭市场更加惨淡。而煤炭运输量的下滑直接造成内蒙古卡车市场与运输市场萧条的局面。而进入 11 月电煤用电高峰以来，煤炭运输再次吃紧，运输卡车供不应求。煤炭运力不足带来了许多问题，首要的问题即以运定产。内蒙古自治区主要的煤炭产地至主要的煤炭消费区和港口缺乏高通过能力输送渠道，蒙西、蒙东的一些大煤矿企业只能以运定产，疲弱的运输限制了内蒙古自治区煤炭企业的生产能力。另外，挖出的煤炭由于运不出去长期自燃和风化，造成了严重的资源浪费和环境污染，同时为高浪费、高污染的小发电厂、炼焦厂提供了低成本的生存条件。由于运输紧张导致煤炭运价过高，使中间环节的盈利高于生产者，直接影响了煤炭合理定价机制的形成以及正常的市场秩序。

七、推进内蒙古自治区煤炭工业发展的对策措施

1. 改善资源管理政策促进煤炭资源的合理配置，并提高煤炭产品附加值

内蒙古自治区煤炭资源现行的有偿使用制度是通过征收资源补偿费和资源税实现的，但是这两种形式是以煤炭产量或销售收入为征收基础，不能真实反映资源本身的价值，没有体现出煤炭资源资产化管理和资源有偿使用的全部内涵，不利于提高资源回收率，也不利于促进资源的有效利用。要实现煤炭工业全面、协调、可持续发展，必须改善当前的煤炭资源管理政策，对煤炭资源实行资产化管理，以合理的资源价值为基础，促进煤炭资源的合理配置，达到既保护资源又发展生产的目的。同时，要继续加强煤炭工业深加工能力，增加煤炭产品附加值，提高产品价值，促进全区煤炭工业整体效益的提升。根据内蒙古自治区"建成全国重要的现代煤化工生产示范基地"的发展思路，内蒙古自治区鄂尔多斯市、乌海市、包头市、锡林郭勒盟、赤峰市等盟市根据当地实际，加大煤炭深加工和就地转化，不断延伸煤炭产业链条，大力推动煤炭产业结构调整和转型升级。目前，内蒙古自治区已形成以煤制油、煤制烯烃、煤制甲烷气、煤制乙二醇、煤制二甲醚为主的煤化工产业集群。

2. 提高生产技术，加深开采精度

资源开发最重要的社会因素就是生产技术，即人类开采、处理、加工和利用各种资源的技术。科学技术不断发展变化，因此资源的产量和储量也随时变化。科学技术一个小小的进步，可以带来资源产量和储量的增加，能够降低目前技术经济条件下可能开采的最低品位，或加大开采深度。只有应用先进的科学技术，才能提高资源开发利用的效率，才能把资源优势转变为经济优势。要提高行业整体生产技术：

首先要鼓励并支持生产企业采用先进技术，开采水体下煤层和极薄煤层，开采难采煤层和对生产尾矿进行再开发和利用，提高煤炭资源开采回收率。依靠科技进步与创新，推广先进的节能设备、工艺和技术。强化科学管理，减少煤炭生产、流通、消费等环节的损失和浪费。制定有利于节约用煤的政策、技术标准和法规，利用经济、法律和必要的行政手段，实行全面、严格的节煤措施，在全社会形成节约用煤和合理用煤的良好环境。此外，在推进煤炭资源综合利用中，要按照高效、清洁、充分利用的原则，开展煤矸石、煤泥、煤层气、矿井水排放以及与煤共伴生资源的综合开发与利用。

其次，加强技术攻关，解决煤炭气化、液化的技术障碍，制定生产和使用煤制油醇、醚等替代燃料的财税优惠政策，促进煤炭深度加工转化。完善煤炭产品质量标准，促进煤炭洗选加工的发展，限制未经洗选加工煤炭的长距离运输和使

用。内蒙古自治区因煤而兴，但由于经济发展对资源的严重依赖，也导致结构性矛盾十分突出。调整和完善产业结构，要立足于实际，着眼于切实增强区域经济竞争力，充分而合理地发挥依然处于主体地位的现有产业的影响力和辐射力。从现有基础和前景来看，煤化工是我国煤炭企业最有优势、最有成长潜力的产业链。要使煤炭资源优势转化为经济优势，必须着眼于延长产业链，着力建设煤化工基地。以煤为依托，加快煤、电、冶、化、焦等一体化的工业链成型。新建和扩建煤矿项目，必须提出资源综合利用方案，严禁设立永久性煤矸石堆场。以煤矸石等低热值燃料电厂为重点，建立资源综合利用项目认证和督察制度。对综合利用煤矸石、煤泥等资源，实行更加合理的财税扶持政策。

最后，控制煤炭消费总量，要充分利用当前我国高耗能行业产能过剩的有利时期，结合新型城镇化建设，加大力度推进工业领域和终端行业煤炭替代力度，提高煤炭清洁利用水平。在电力行业，继续加大淘汰落后机组和清洁煤技术推广，提高发电用煤效率，提高污染物排放控制水平。对西部地区建设燃煤电站和煤炭基地发展坑口电站，也要充分考虑生态环境的承载能力、当地水资源承载力、当地和受影响地区的空气质量等主要制约因素。

3. 尽快地实施煤炭资源经济转型

内蒙古自治区作为煤炭资源的主要生产地区，必须看到我国煤炭消费很快要触及生态环境所能最大容忍的天花板这样一种前景，尽快地实施煤炭资源经济转型。内蒙古自治区要以土地、水资源和生态环境承载力以及环境保护为出发点，合理确定煤炭资源开发的上限规模。近两年来，在煤炭价格下降、市场疲软的情况下，煤炭的主要产区面临着财政减收、就业岗位减少等压力，这种情况下，依靠继续扩大煤炭产量和销售量应对，是一种饮鸩止渴的对策，必须加以改变。应该一方面寻找煤炭经济转型之路，另一方面探索建立稳定煤炭供需关系和市场价格的途径。在当前煤炭经济面临极大困难的情况下，看清中国煤炭市场未来情景，千方百计巩固已有的煤炭经济转型成果，引导煤炭行业可持续发展和转向绿色、清洁化发展才是正道。

4. 不断拓展煤炭销售市场

鄂尔多斯市、锡林郭勒盟分别组织专门力量帮助煤炭企业搞好促销工作。鄂尔多斯市于2012年9月、2013年6月分别召开两届煤炭产运需恳谈会，为地方煤炭生产企业、各大港务公司、地方铁路局、各终端用户等产运需三方搭建合作平台，促成煤炭生产与销售，进一步提高鄂尔多斯市煤炭产品的市场话语权和占有率。目前已和五大电力集团及其他重点用煤企业进行了沟通对接，初步达成了供销协议；锡林郭勒盟多次赴北京市、天津市、山东省、广州市、海南省等地开展招商引资活动，努力提高煤炭转化和下游产品生产能力。

推动企业转型发展，提高煤炭就地消化能力。支持煤化工产业发展，使煤炭由燃料向原料转变，提高资源转化综合利用水平，实现煤炭产业多元化发展；加大招商引资力度，扩大区内电力需求，鼓励发电企业用存量机组与大企业重组，承接产业转移，改为自备电站；创新煤炭企业发展模式，鼓励获得煤炭资源的企业、电力企业实施电煤一体化发展。

抓住国务院、自治区人民政府立足煤炭工业发展需求提出的战略部署，鄂尔多斯市、阿拉善盟、锡林郭勒盟等盟市均出台了兼并重组工作方案，并全力推进企业兼并重组。通过做大做强地方企业，提高抵御市场风险的能力。

5. 增加煤炭外运能力

一是加强与铁路、物流园区合作，扩大铁路运力，并加强公路短途运输，确保煤炭顺利外运；二是加强电力外送通道建设，鄂尔多斯市已将全市电网与蒙西至长沙、蒙西至天津、靖边至潍坊特高压交流输电线路和蒙西至湖北特高压直流输电线路并网建设。锡盟至南京1000千伏交流工程已获国家能源局批准，2014年投产运行。加快运煤铁路通道建设和外送电网建设。影响内蒙古自治区煤炭销售的主要原因是汽车外运成本高，铁路运力有限。应进一步加快煤炭主产区的铁路建设步伐，建设从产地直通港口、主要煤炭消费地区的运煤专线，以缓解目前公路运煤压力，降低运输成本；加快蒙东、蒙西电力外运通道建设，提高电力外送能力。

6. 煤炭资源税改革

2013年内蒙古自治区和贵州省（区）政府工作报告都提出要启动煤炭资源税改革。资源税是地方税种，所得归地方财政。

2011年底推出的资源税改革，油气资源税从价计征，煤炭依然维持从量计征。在随后的2012年全国两会上，包括山西省、贵州省、新疆维吾尔自治区、内蒙古自治区都有提案希望在本区试点煤炭资源税改革，并拟定了实行方案。

《关于促进煤炭行业平稳运行的意见》提出，在清理整顿涉煤收费基金的同时，加快推进煤炭资源税从价计征改革，并责成财政部、发改委抓紧组织落实有关工作。

2012年起，煤炭价格不断下跌，各资源省份的涉煤收费名目繁多，企业负担重，省级经济都受到影响，这时候再叠加收税显然不合适。

第二节　内蒙古自治区石油天然气

2013年，我国原油进口量达3亿吨，石油对外依存度达到60%。以油气为主的化石能源仍然在较长时间内占据世界能源的主导地位。内蒙古自治区是煤炭占据绝对的主导地位，但油气占据非常核心和关键的地位，并且需求量不断增加。通过政策激励开发石油、天然气，加上区内巨大的潜力，为实现内蒙古自治区经济发展模式的转型，实现能源结构的转型提供了可能。

一、2013 年中国石油天然气行业发展概况

2013 年，中国累计生产原油 20812.9 万吨，与 2012 年相比基本持稳；原油进口延续稳步增长，进口量突破 28000 万吨，达到 28195 万吨，同比增长 4.03%；在大量进口原油的同时，维持少量政治性出口，全年累计出口 162 万吨，较 2012 年下滑 1/3。

2013 年，中国煤炭、石油和天然气三大传统能源对外依存度呈现出普遍上涨格局。其中，煤炭进口依存度上涨至 8.13%，天然气对外依存度首超三成，涨至 30.5%，原油对外依存度达到 57.39%，已经非常接近 61% 的"红线"。

我国最大的煤制天然气项目组在内蒙古自治区准格尔奠基

中国最大的煤制天然气项目组——内蒙古自治区鄂尔多斯 120 亿立方米煤制天然气项目，2013 年 7 月 24 日奠基。内蒙古自治区鄂尔多斯煤制气工业园同时开工建设。

鄂尔多斯煤制气工业园区，共有三个年产 40 亿立方米的煤制天然气项目，分别由中国海洋石油总公司、北京控股集团有限公司和河北建设集团有限责任公司三大国有控股企业投资建设。项目总投资 800 亿元，总规模为年产 120 亿立方米煤制天然气、60 万吨焦油、14 万吨粗酚、18 万吨硫磺、21 万吨硫酸铵及其他副产品。是我国目前投资建设的规模最大的煤制天然气项目组。项目在技术上是世界领先，环保水平上节约能源、环境友好，也是作为示范的；经济效益、综合效益将成为国内的典范，也将成为内蒙古自治区的产业名片。

中国进口原油的运输方式也存在隐患。中哈原油管道、中缅油气管道、中俄原油管道，即便完全建成并满负荷运行，每年也只能为中国输送 4700 万吨原油，中国石油进口主要依赖中东地区。东亚各国从中东地区进口石油都是通过油轮运输的，中国的石油进口 80% 以上依靠海运，主要航线也与中东地区有关，如果中东地区发生问题，会直接影响中国的石油供应安全。

2013 年天然气对外依存度首次超过 30%。中石油集团经济技术研究院发布的《2013 年国内外油气行业发展报告》称，2013 年中国天然气表观消费量达到 1676 亿立方米，进口量快速增长，全年进口量 530 亿立方米，同比增长 25%，对外依存度突破 30%，升至 31.6%，比 2012 年同期增长 2.8 个百分点。

二、内蒙古自治区石油天然气运行情况

2013 年石油生产量 192.68 万吨，同比减少 2.6%；石油天然气行业资产总计同比增长率为 3.93%；利润总额同比增长率为 113.3%。石油天然气开采业行业主营业收入为 580 多亿元，同比增长率为 18.1%，详见表 2-5、图 2-13、图 2-14。

表 2-5　内蒙古自治区石油天然气开采业行业增长能力分析

报告期	资产总计同比增长率（%）	利润总额同比增长率（%）
2014 年上半年	17.45	104.55
2013 年	3.93	113.30
2012 年	25.54	158.00
2011 年	3.93	113.3
2010 年	40.47	147.53
2009 年	-48.52	85.39

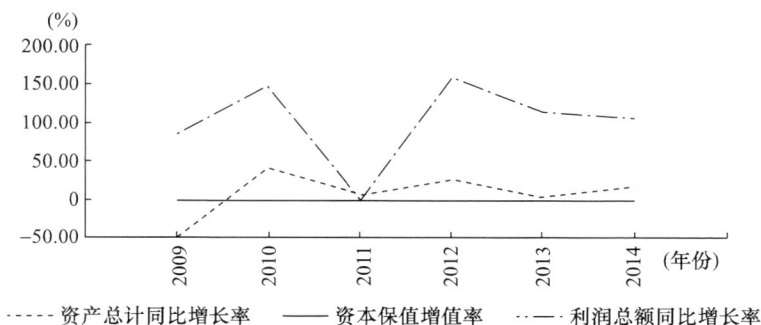

图 2-13　2009~2013 年内蒙古自治区石油天然气开采业行业增长趋势分析

数据来源：中国产业洞察网，2014 年。

1. 油气开采业施工、投产情况

2013 年，内蒙古自治区石油和天然气开采业城镇施工、投产的 50 万元以上的施工项目 52 个，同比增长 21%，其中新开工项目 39 个，全部建成投产项目 45 个，项目建成投产率为 86.5%，分别比 2012 年新开工项目多 10 个，建成投产项目多 12 个，项目建成投产率高 9.8%。

2013 年，内蒙古自治区石油和天然气开采业的农村施工项目 6 个，其中新开工项目 5 个，全部建成投产项目 6 个，项目建成投产率 100%。2012 年，内蒙古自治区石油和天然气开采业没有农村施工、投产项目，从数据分析可以看出，近

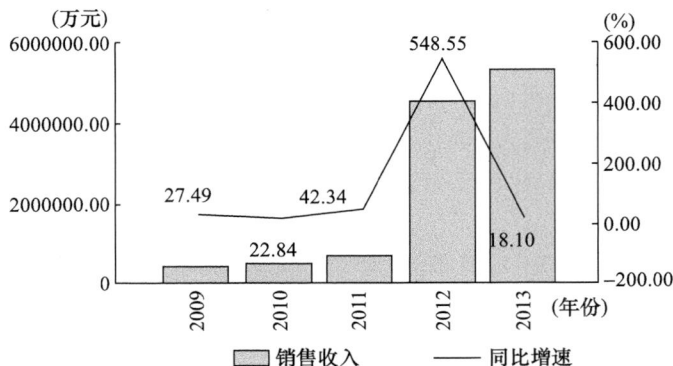

**图 2 – 14　2009 ~ 2013 年内蒙古自治区石油天然气
开采业行业主营业收入及同比增长**

数据来源：中国产业洞察网，2014 年。

两年，内蒙古自治区石油和天然气的城镇和农村的施工、投产项目均有所增加。

　　2. 固定资产投资情况

　　2013 年，内蒙古自治区石油和天然气开采业的城镇固定资产投资总额为 138.48 亿元，其中用于新建固定资产的投资额为 32.01 亿元，用于扩建固定资产投资额为 10.64 亿元，用于固定资产改建的投资额为 415 万元。2013 年，内蒙古自治区石油和天然气开采业的农村固定资产投资总额为 34710 万元，其中用于新建固定资产投资额为 24910 万元，用于扩建固定资产投资额为 9800 万元，没有用于改建的固定资产投资，新增固定资产为 34710 万元。从数据分析可以看出，近两年，内蒙古自治区石油和天然气开采业固定资产投资中除扩建投资额有所增加外，其余各项投资额均有减少。

　　2013 年，内蒙古自治区石油和天然气开采业的城镇固定资产投资总额为 138.48 亿元，其中来源于地方项目的投资额为 24.40 亿元，新增固定资产为 44.48 亿元，其中来源于地方项目的投资额为 182058 万元。从数据分析可以看出，近两年，内蒙古自治区石油和天然气开采业固定资产投资地方项目投资比例有所上升，但新增固定资产及新增地方项目的投资减少幅度比较大。

　　2012 年，内蒙古自治区城镇固定资产投资新增生产能力，天然原油开采为 49.3 万吨/年，2013 年降至 28.01 万吨/年，下降幅度较大。

　　3. 企业状况

　　2012 年，内蒙古自治区石油天然气开采业规模以上企业单位数为 14 个，职工人数 0.69 万人，工业总产值为 5691820 万元，利润总额为 974126 万元。其中，国有及国有控股工业企业单位数 5 个，工业总产值为 1062291 万元，利润总额为 259148 万元。2013 年，内蒙古自治区石油天然气开采业规模以上企业单位数为 12 个，职工人数为 0.62 万人，工业总产值为 6195163 万元，利润总额为 1003295 万元。其中，国有及国有控股工业企业单位数 4 个，工业总产值为 699682 万元，利润总额为 173470 万元。从数据分析可以看出，近两年，内蒙古自治区石油天然气开采业企业数量和职工人数有所减少，但是生产总值和利润总额小幅上升，说明生产效率有所提高，其中国有及国有控股企业数量减少，生产总值和利润总额下降幅度较大。

鄂尔多斯煤制气工业园区。2013 年 7 月，中国最大的煤制天然气项目组——内蒙古自治区鄂尔多斯 120 亿立方米煤制天然气项目在内蒙古自治区鄂尔多斯煤制气工业园同时开工建设。鄂尔多斯煤制气工业园区，共有 3 个年产 40 亿立方米的煤制天然气项目，分别由中国海洋石油总公司、北京控股集团有限公司和河北建设集团有限责任公司三大国有控股企业投资建设。项目总投资 800 亿元，总规模为年产 120 亿立方米煤制天然气、60 万吨焦油、14 万吨粗酚、18 万吨硫磺、21 万吨硫酸铵及其他副产品。是我国目前投资建设的规模最大的煤制天然气项目组。北京控股集团公司董事长说："项目在技术上是世界上最领先的；同时在环保水平上也是节约能源、环境友好的示范；经济效益、综合效益将成为国内的典范，也将成为内蒙古自治区的产业名片。"一期工程建成投产后，产出的 120 亿立方米天然气将主要供应天津市、河北省，同时为北京市天然气供应提供安全保障。对优化华北地区能源供应结构、改善区域环境现状，将起到重要作用。

4. 消费情况

2012 年，内蒙古自治区石油天然气开采业能源消费总量为 60.29 万吨标准煤，其中，煤炭消费量为 3.84 万吨标准煤，原油消费量为 6.39 万吨标准煤，汽油消费量为 0.23 万吨标准煤，柴油消费量为 0.78 万吨标准煤，天然气消费量为 0.77 万吨标准煤，电力消费量为 9.29 万吨标准煤，规模以上企业综合能源消费量为 19.95 万吨标准煤。2013 年，内蒙古自治区石油天然气开采业能源消费总量为 61.13 万吨标准煤，其中，煤炭消费量为 4.91 万吨标准煤，原油消费量为 6.05 万吨标准煤，汽油消费量为 0.18 万吨标准煤，柴油消费量为 0.77 万吨标准煤，天然气消费量为 0.92 万吨标准煤，电力消费量为 8.57 万吨标准煤，规模以上企业综合能源消费量为 21.37 万吨标准煤。从数据分析可以看出，2013 年内蒙古自治区石油天然气开采业的能源消费量比上一年有所增加，但增幅很小，主要能源品种的消费量增减不一，变化幅度不大。

5. 拟建两条天然气外输管道

2013 年，内蒙古自治区拟建两条天然气外输管道，分别为呼伦贝尔—天津—河北天然气输送管道和鄂尔多斯—天津—山东天然气输送管道，预计年输送能力达 500 亿立方米，天然气输送管线累计长达 2930 公里，预计总投资额 550 亿元，这两条外输管道不仅输送天然气，还包括煤制气的向外输送。这两条管道建设是由新成立的内蒙古自治区油气投资股份有限公司投资，预计 2017 年投产（内蒙古自治区油气投资股份有限公司是内蒙古自治区首家混合所有制企业，由内蒙古自治区交通投资有限责任公司连同两家民营企业共同出资 15 亿元组建）。拟建设的两条天然气外输管道，将内蒙古自治区的气田气、油田伴生气、煤层气、焦炉气、煤制气输送并销售到京、津、冀、鲁，初步设计输送能力 500 亿立方米/年，天然气输送管线累计长达 2930 公里。另外，该合资公司还将考虑建设 3 条清洁油品（包括煤制油和甲醇汽油）外输管道，初步设计外送规模达到 1800 万吨/年。

三、内蒙古自治区石油天然气供需

1. 石油天然气产量

2012 年，内蒙古自治区能源生产总量为 64027.06 万吨标准煤，其中原油生产总量为 281.72 万吨标准煤，占能源生产总量的 0.44%；天然气生产总量为 3444.66 万吨标准煤，占能源生产总量的 5.38%。2013 年，内蒙古自治区能源生产总量为 62261.61 万吨标准煤，其中原油生产总量为 273.95 万吨标准煤，占能源生产总量的 0.44%；天然气生产总量为 3598.72 万吨标准煤，占能源生产总量的 5.78%。从数据分析可以看出；2013 年内蒙古自治区原油产量少量减少，天然气产量少量增加，近两年的产量基本持平。

2012 年，天然原油的生产能力为 309.99 万吨；2013 年，天然原油的生产能力下降为 264.11 万吨。

2. 石油天然气消费量

2012 年，内蒙古自治区能源消费总量为 22103.30 万吨标准煤，其中石油的消费总量为 1847.84 万吨标准煤，占能源消费总量的 8.36%；天然气的消费总量为 508.38 万吨标准煤，占能源消费总量的 2.30%。2013 年，内蒙古自治区能源消费总量为 22675.49 万吨标准煤，其中石油的消费总量为 1755.08 万吨标准煤，占能源消费总量的 7.74%；天然气的消费总量为 557.82 万吨标准煤，占能源消费总量的 2.46%。从数据分析可以看出，2013 年内蒙古自治区石油消费量有所减少，但减少幅度不大。2013 年，受宏观经济下行、天然气价格调整、替代能源加快发展等因素影响，内蒙古自治区天然气市场发展速度放缓，消费量比 2012 年有所增加，增速为 9.73%。

四、石油天然气销售

2012 年，内蒙古自治区限额以上批发、零售贸易企业及个体户石油及制品的销售总额为 2409828 万元，其中批发金额为 1327230 万元，零售金额为 1082597 万元。2013 年限额以上批发、零售贸易企业及个体户石油及制品的销售总额为 4915774 万元，其中批发销售金额为 3757865 万元，零售销售金额为 1157908 万元。从数据分析可以看出，内蒙古自治区限额以上批发、零售贸易企业及个体户石油及制品的销售总额大幅度上涨，涨幅达到 103.99%，其中批发销售金额的涨幅明显，达到 183.14%。

2012 年，内蒙古自治区限额以上批发、零售贸易业石油及制品的销售总额为 8600685 万元，其中批发销售金额为 2488874 万元，零售销售金额为 6111811 万元。2013 年限额以上批发、零售贸易业石油及制品的销售总额为 10490062 万元，其中批发销售金额为 4538861 万元，零售销售金额为 5951201 万元。从数据分析可以看出，内蒙古自治区限额以上批发、零售贸易业石油及制品的销售总额增幅达 21.97%，其中批发销售的金额涨幅明显，达 82.37%。

2012 年，内蒙古自治区限额以上批发、零售贸易企业石油及制品的销售收入为 202.89 亿元，减去销售成本、销售费用和税金及附加，营业利润为 25476 万元。2013 年，内蒙古自治区限额以上批发、零售贸易企业石油及制品的销售收入为 420.9 亿元，减去销售成本、销售费用和税金及附加，营业利润为 -12713 万元。从数据分析可以看出，2013 年内蒙古自治区限额以上批发、零售石油及制品的贸易企业呈现亏损状态。

五、石油天然气进出口

2012 年，内蒙古自治区石油可供量为 1277.79 万吨标准煤，其中生产量为 197.84 万吨标准煤，外省（区、市）调入量为 1234.65 万吨标准煤，本省（区、市）调出量为 160.28 万吨标准煤，年初年末库存差额为 5.57 万吨标准煤。2013 年，内蒙古自治区石油可供量为 1226.51 万吨标准煤，其中生产量为 192.68 万吨标准煤，外省（区、市）调入量为 1101.94 万吨标准煤，本省（区、市）调出量为 104.45 万吨标准煤，年初年末库存差额为 10.68 万吨标准煤。从数据分析可以看出，2013 年内蒙古自治区石油可供量、生产量、外省（区、市）调入量和本省（区、市）调出量均比 2012 年有所减少，但是减少幅度不大，基本与上一年持平。

2012 年，内蒙古自治区进口石油、沥青矿物油类及制品总额为 16513 万美元。2013 年，内蒙古自治区进口石油、沥青矿物油类及制品总额为 15202 万美元。从数据分析可以看出，2013 年进口该类商品额略有减少，但是减少幅度不大。

内蒙古自治区天然气抵京保供热

在新一股冷空气袭来之前，内蒙古自治区大唐煤制天然气于本周二16时16分输抵位于本市城北的北石槽天然气门站，这是北京燃气集团投入运行的第七个天然气接收门站。蒙气抵京，标志着北京开始进入多气源保障时代。

北石槽门站专门接收大唐国际克什克腾旗煤制天然气气源，该站的启动标志着国内首个大型煤制天然气项目正式向北京供气。

内蒙古自治区大唐煤制天然气抵京，将在北石槽门站完成气质分析、过滤、加臭、监测、调压、气量分配，之后输送到北京城市天然气主管网，不仅为北部地区天然气供应提供更加有效的保障，也增强城市燃气管网整体接收运行和转输能力，同时提高各门站之间分输量的合理分配和调度，使城市燃气管网运行工况更加安全稳定。此次投运为内蒙古自治区大唐煤制天然气一期项目，日供气能力将达到400万立方米。

呼和浩特市燃气集团今年在城市北部新建设了北石槽和西沙屯门站，在东南部建设了西集门站，三座天然气接收门站与原有位于城市南部的衙门口、采育、阎村、通州、次渠五座接收门站形成全方位气源接收，全部运行后，天然气日均接收能力将突破2.4亿立方米，在原1.2亿立方米基础上翻一番。

北石槽门站开始接收大唐煤制天然气，西集和西沙屯接收门站将分别接收陕京二线、三线气源。目前北京城市接收天然气气源已经进入多元化气源保障时代，包括陆上、海上、国产、进口、常规及非常规天然气。多元化的气源供应格局将有效保障今冬明春本市天然气稳定供应。

资料来源：新华网，2013年。

第三节　内蒙古自治区电力

一、2013年电力运行状况

截至2013年12月底，内蒙古自治区全区6000千瓦及以上电厂完成发电量3620.12亿千瓦时，同比增长8.34%。其中，水电35.72亿千瓦时，同比增长23.39%；火电3210.28亿千瓦时，同比增长6.07%；风力发电量368.37亿千瓦时，同比增长29.55%；太阳能发电量5.67亿千瓦时，同比增长298.04%。

截至2013年12月底，内蒙古自治区全区全社会用电量完成2181.90亿千瓦时，同比增长8.19%。其中，第一产业用电量34.10亿千瓦时，同比增加

3.62%；第二产业用电量1938.50亿千瓦时，同比增长8.01%；第三产业用电量97.55亿千瓦时，同比增长11.43%；城乡居民生活用电111.76亿千瓦时，同比增长10.08%。工业用电1927.48亿千瓦时，同比增长8.05%。

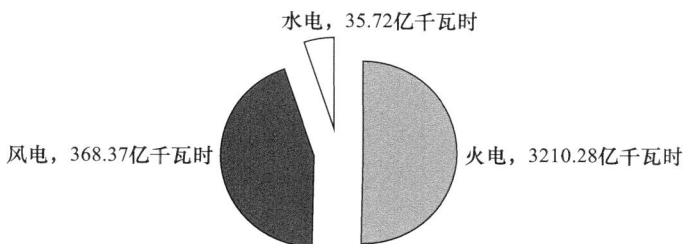

水电，35.72亿千瓦时

风电，368.37亿千瓦时

火电，3210.28亿千瓦时

图2－15　2013年内蒙古自治区电力生产量对比

二、电力完成售电量和消费量

1. 电力完成售电量

截至2013年12月31日，内蒙古自治区电力公司完成售电量1386.91亿千瓦时，超额完成全年售电量目标，与2012年同比增长8.39%；全年累计完成产值567.72亿元，同比增长10.54%，工业增加值累计完成120.44亿元，同比增长1.68%；企业资产负债率为56.18%，较年初的59.88%减少3.70个百分点。其中地方售电量完成1120.08亿千瓦时，东送完成266.83亿千瓦时。

2013年，内蒙古自治区电力公司所属各供电单位全面提升"蒙电服务"品质，努力开拓稳定市场，千方百计增供扩销。认真贯彻落实"保供电服务、保项目、保电量、保增长、保效益"的指导思想，多渠道、多形式增供扩销，提高供电能力和供电质量，最大限度地接带客户用电。注重加强需求侧管理，深入客户进行走访，帮助客户解决生产用电中的实际困难，合理安排检修时间，从而增加售电量。各局根据自身实际情况推出了个性化服务措施，为优质负荷、政府重点项目及安居工程建设提供绿色通道，确保新装客户早日用电，尽早转化为新的用电增长点，合理安排检修停电计划，积极开展带电作业，保证客户稳定用电。

2013年，内蒙古自治区电力公司还进一步完善营销管控系统和电能采集系统的升级应用，做到营销业务的可控在控。定期分析、发现问题跟踪到底，通过严格考核管理将管理责任落实到人。同时，各局不断为客户拓宽多样化缴费渠道，实现了客户使用现金、银联卡两种方式进行缴费购电和电卡补写、查询缴费明细等功能，为客户提供更加便捷优质的服务。

2. 电力消费量

内蒙古自治区不同行业能源消费量情况如图 2-16 所示，内蒙古自治区工业能源消费一直是能源消费的"大户"，工业电力消费的主要地位一直没有改观，1990 年工业电力消费占电力消费总量的 78.21%，2013 年达到 88.34%。生活电力消费量居第二位，2013 年占电力消费总量的 5.12% 左右，其他电力消费占到 1.73%，批发、零售业和住宿餐饮业占 1.72%，农、林、牧、渔业占 1.5% 左右，交通运输、仓储及邮电通信业和建筑业电力消费所占比例较小。

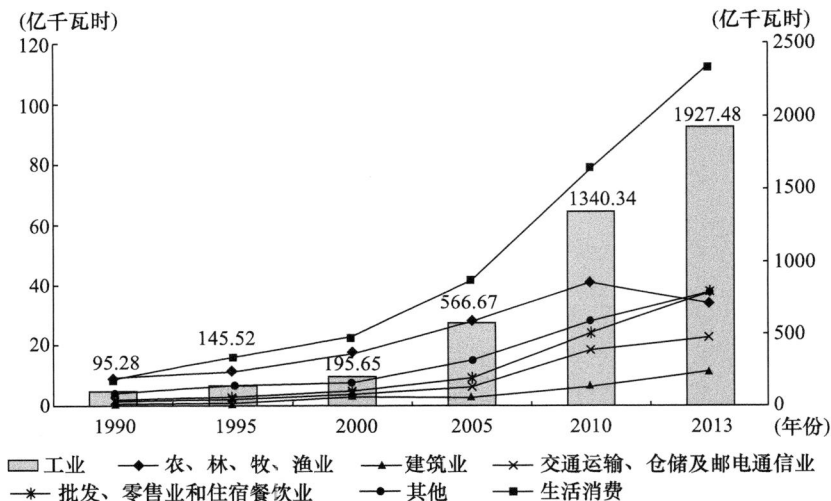

图 2-16　1990～2013 年内蒙古自治区电力行业消费对比

三、电网投资与建网

1. 电网投资与装机容量

2013 年，内蒙古自治区电力公司全年安排电网建设工程 209 项，项目核准率达 91.4%，核准投资 164.91 亿元，当年下达电网投资 102 亿元，全年累计完成输变电工程投产 92 项。其中 500 千伏 4 项，220 千伏 32 项，110 千伏及以下 56 项。

全年累计新增变电容量 1506 万千伏安。其中 500 千伏 585 万千伏安，220 千伏 576 万千伏安，110 千伏及以下 345 万千伏安。累计新增线路长度 1365 千米，其中 500 千伏 115 千米，220 千伏 671 千米，110 千伏及以下 579 千米。

2. 电网建设

电网建设有力地支持优势特色企业发展，同时优势特色产业发展促进了公司优质负荷增长。2013 年，蒙西地区优势特色产业接入系统共 336 户，容量 905.43 万千伏安，其中运行的 277 户，容量 595 万千伏安。全年优势特色产业用电量 482.5 亿千瓦时，同比上升 9.86%。蒙西地区优质负荷增长，确保了公司全年任务完成。

电网建设汇集了更多风电上网。截至 2013 年 12 月 31 日，内蒙古自治区西部电网统调装机容量为 4662.7 万千瓦。其中，风电装机容量 1085 万千瓦，水电装机 56.8 万千瓦、光伏 120.9 万千瓦、生物质 6.6 万千瓦。全年风电、光伏发电量合计完成 212.7 亿千瓦时。按等量替代火电计算节约标煤 723 万多吨，减少二氧化碳排放 1595 万多吨，二氧化硫 1.8 万多吨，氮氧化物 3.5 万多吨。

2013 年电网建设汇集更多风电机组上网，特别是内蒙古自治区电力中调风电技术支持系统上线运行后，增强了系统接入风电能力。全年风电机组平均利用小时达 2188 小时以上，超过 2012 年平均利用小时 1984 小时 204 小时，大幅增强了风电企业盈利水平；风电发电量较 2012 年增加 32.8 亿千瓦时，增幅 18.76%。按等量替代火电计算，比 2012 年多节约标煤 111.7 万多吨，二氧化碳排放减少 246 万多吨，二氧化硫排放减少 2792 吨，氮氧化物减少 5420 吨。标志着内蒙古自治区电网绿色能源比重达到国内先进水平。

公司主动担当社会责任，助力县域经济发展。全力推进农牧区电网建设，在四川省、西藏自治区、青海省、甘肃省、新疆维吾尔自治区等 6 个偏远省区中率先完成国家能源局制定的全面解决无电人口用电问题三年行动计划，实现户户通电目标，基本解决了无电人口用电问题，得到了自治区党委政府的高度认可。2013 年，公司在所属盟市营业区内推行城乡用电"同网同价"，减轻农牧民电价负担；为拉动各盟市工业经济发展，继续出台保增长电价政策，两项合计让利 19.18 亿元。同时，为确保现代煤化工安全生产，还为诸多煤化工企业架设双电源、双变频，增加了电网的线损及变损，为助力内蒙古自治区经济"升级版"发展做出积极贡献。

四、内蒙古自治区电力体制改革

2013 年初，国家能源局明确，将积极支持在内蒙古自治区、云南等省区开展电力体制改革综合试点。对此，内蒙古自治区将积极推动可再生能源全额保障性收购制度落实，争取 2015 年风电上网电量占比达到 15%。此外，积极推进电价改革试点等。

2013 年，内蒙古自治区曾尝试综合电力电价改革试点，目标是进行电价改

表2-6 内蒙古自治区西部电网销售电价表

单位：元/千瓦时

用电分类	电度电价									基本电价	
	不满1千伏			1~10千伏			35~110千伏以下	110~220千伏以下	220千伏及以上	最大需量 元/千瓦/月	变压器容量 元/千伏安/月
	第一档电量（月用电量为170千瓦时及以下）	第二档电量（月用电量为171~260千瓦时）	第三档电量（月用电量为261千瓦时及以上）	第一档电量（月用电量为170千瓦时及以下）	第二档电量（月用电量为171~260千瓦时）	第三档电量（月用电量为261千瓦时及以上）					
一、居民生活用电 城乡"一户一表"居民用户	0.43	0.48	0.73	0.42	0.47	0.72					
合表用户及执行居民电价的非居民用户	0.4420	0.4320									
二、一般工商业用电	0.6783				0.6333		0.5653				
三、大工业用电					0.4813		0.4663	0.4543	0.4473	28.00	19.00
其中 电石、电炉铁合金、合成氨、电解烧碱、电炉钙镁磷肥电炉黄磷、电解铝、多晶硅单晶硅用电					0.4383		0.4233	0.4113	0.4043	28.00	19.00
中小化肥用电	0.4280				0.4270		0.4170	0.4070	0.4000	21.00	14.00
四、农业生产用电					0.4180		0.4080	0.4070	0.4000		
其中：贫困县农业排灌用电	0.2370				0.2340		0.2310				

注：1. 上表所列价格，除贫困县农业排灌用电外，均含农网还贷资金2分钱、国家重大水利工程建设基金0.4分钱。

2. 上表所列价格，除农业生产用电和贫困县农业排灌用电外，均含大中型水库移民后期扶持资金0.31分钱；均含可再生能源电价附加，其中：居民生活用电0.1分钱，其他地区，其他地区，均含城市公用事业附加费，其中：居民生活用电1.5分钱，一般工商业用电、大工业用电0.7分钱。未开征城市公用事业附加费的地区，未经许可一律不得开征。

3. 核工业铀扩散厂和稀化工生产厂用电价格，按表所列的分类电价执行；抗灾救灾灭灾用电，按表所列的分类电价降低1.7分钱执行；抗灾救灾灭灾用电、中小化肥生产用电，按表所列分类电价标准降低2分线执行。

4. 对城乡"低保户"和农村牧区"五保户"家庭每户每月设置15度免费用电基数，分别按照表中居民生活用电第一档电量标准执行。对执行居民生活用电的电压等级在35~110千伏及以上的用户，按表中1~10千伏所对应的电量档电价标准执行。

革探索，改革方向是利用市场机制，协调各方面利益关系，缩短发电方和用电方中间环节，有效发挥市场机制作用。试点利用现行机构进行调度，主要模式是用电方和供电方协商定价。与之前的直购电试点相比，2013 年内蒙古自治区的电改方案涉及范围更广，包括中小企业。

对于电力自营示范区的问题，要严格按照程序，在国家统一批准的前提下，操作局部试点。国家现在鼓励改革与创新，我们在国家框架下积极探索这方面工作，其前景乐观。

内蒙古自治区已形成光伏全产业链竞争优势。在内蒙古自治区打造光伏产业全产业链政策的引导下，国内外光伏制造产业向内蒙古自治区转移集聚。目前，呼和浩特市金桥、沙尔沁光伏产业园单晶硅产能达到 1.1 万吨，在建单晶硅产能 2.9 万吨，光伏发电设备 360 万千瓦，呼和浩特市已成为全国最大的单晶硅生产基地，初步形成光伏发电制造、半导体集成电路配套产业链。

呼和浩特市鼓励原有企业扩能扩产，增强已入驻企业的投资信心，吸引国内优势企业向金桥、沙尔沁光伏产业园区转移，目前这两个园区已初步构建起了多晶硅、单晶硅、切片、电池组件、光伏发电系统全产业链，多项专利技术用于生产，极大地增强了全产业链竞争优势。

内蒙古自治区中环光伏材料有限公司负责人说，"企业现有产能加速释放，新建项目加快实施，得益于自治区光伏产业扶持政策和电力优势，仅用电成本这一项，就比江浙一带降低了 50% 以上"。目前，该企业累计完成投资 43 亿元，已形成单晶硅产能 1 万吨、浇铸多晶产能 2200 吨、晶片加工产能 110 万千瓦。因为加快了结构调整，该企业还逐步延伸光伏发电组件、蓝宝石晶棒等产业链条，预计到"十二五"末期，企业投资将达到 100 亿元，形成单晶硅产能 2 万吨、100 万千瓦低倍聚光光伏发电系统制造能力，每年新增产值 60 亿元。

通过技术创新降低生产成本，也是内蒙古自治区光伏产业在大洗牌中立于不败之地的一条有效之路。2013 年 3 月，盾安集团决定给予在自主技术创新方面有重大贡献的内蒙古自治区盾安光伏科技有限公司总工程师齐林喜 500 万元重奖，该公司利用这项创新技术，使每吨多晶硅生产成本降至 12 万元，低于市场价格，竞争优势凸显。自 2011 年 9 月建成投产后，不断进行技术改造创新，是盾安科技在多晶硅市场低迷的形势下仍然可以正常运行的法宝。截至 2013 年 11 月，公司申请专利 34 项，授权 11 项，多项技术处于行业领先水平。

第四节　内蒙古自治区新能源

大力发展新能源和可再生能源，可以逐步改善内蒙古自治区以煤炭为主的能源结构，促进常规能源资源更加合理有效地利用，缓解与能源相关的环境污染问题，使内蒙古自治区能源、经济与环境协调发展，实现可持续发展的目标。

一、内蒙古自治区新能源总体概况

2012年，在国家可再生能源电价附加资金补助中，内蒙古自治区有104个项目电价被给予补助。其中风力发电补助20.3658亿元，太阳能发电补助75万元，生物质能发电补助8313万元。

财政部、发改委、能源局公布的第一批列入可再生能源电价附加资金补助目录项目中，全国10个省市220个项目，共计990.68万千瓦。在公布的项目中，共有173个风电项目，共计914.04万千瓦。而内蒙古自治区有104个风电项目位列其中，风能资源丰富的内蒙古自治区成为最大"赢家"。

其中，锡林郭勒盟、巴彦淖尔市和乌兰察布市50多个项目被列入补贴目录，而风能资源富集的乌拉特中旗和察右中旗就占了13个，赤峰市有20多个风力发电项目也包括其中。

在可再生能源电价附加资金补助中，风电装机容量9.14吉瓦，占全部项目的92.3%，生物质发电和太阳能光伏发电项目分别为766.2兆瓦和0.2兆瓦。其中规模最大的为内蒙古自治区的4座300兆瓦风电场，分别为中广核乌兰察布察右中旗宏基发电工程、京能巴彦淖尔乌拉特中旗乌兰伊力更风电场特许权发电工程、锡盟灰腾梁特许权、中广核宝力格；规模最小的为内蒙古自治区伊泰煤炭鄂尔多斯康巴什新区0.205兆瓦聚光并网光伏示范发电工程，这也是唯一一个入选的太阳能光伏项目。

内蒙古自治区、黑龙江省、新疆维吾尔自治区位列前三名，项目分别为104个、48个、20个。除风力发电项目外，还有一些生物质和太阳能发电项目，其中有内蒙古自治区毛乌素生物质发电、内蒙古自治区伊泰煤炭鄂尔多斯康巴什新区0.205兆瓦聚光并网光伏示范发电工程等。

事实上，我国风电、太阳能光伏等可再生能源发展迅速，但是其并网发电难、市场消纳等问题依旧困扰着行业发展。据悉，可再生能源电价附加资金已入不敷出，2012年缺口达100亿元左右。

此次，除财政部对内蒙古自治区可再生能源电价附加补助资金21亿多元外，国家能源局正组织专家草拟分布式光伏发电示范区实施办法和补贴标准，将在销售电价中每度电补贴0.4～0.6元。

二、内蒙古自治区光伏产业

1. 太阳能资源

内蒙古自治区太阳能资源较丰富，太阳能总辐射为1331～1722千瓦时/（平方米/年），仅次于西藏自治区和青海省。全区太阳能资源分布特点是自东向西南递增，阿拉善盟、鄂尔多斯市和巴彦淖尔市等地区太阳能资源较好，尤其是阿拉善盟额济纳旗太阳能资源最为丰富。

2. 内蒙古自治区光伏产业发展现状

内蒙古自治区的光伏产业，因丰富的资源优势、良好的发展基础、优越的政策环境、明显的消纳优势，经过几年的蛰伏期后，从 2013 年开始有所起色。

截至 2013 年底，入驻内蒙古自治区具备生产能力的太阳能光伏制造企业 11 家、项目 15 个。根据国家能源局的统计数据，截至 2013 年底，内蒙古自治区累计光伏装机 1405 兆瓦，建成光伏电站 56 个，全区有 153 兆瓦光伏电站并网发电，能源行业的五大四小几乎都在内蒙古自治区建有太阳能电站项目，内蒙古自治区发展成为全国五大光伏装机大省区之一。

2013 年单晶硅实际产量是 6600 吨，多晶硅生产量是 6800 吨。

3. 内蒙古自治区光伏产业存在的问题

光伏企业发展中存在的主要问题是融资难、补贴难、并网难、屋顶少、土地贵等。

（1）宣传不到位。现在内蒙古自治区生产新能源的企业太少，由于补贴不足，很多新能源的产品一直没有向民用产品拓展，这主要是由于市民认为性价比较低，其实使用新能源也是对于生活方式的一种转变，这需要积极宣传推广。

2014 全球十大光伏制造商：中国占六席

市场调研公司 IHS 公布的榜单将天合光能（Trina Solar）列为 2014 年太阳能电池板出货量排名第一的企业，第二是英利绿色能源（Yingli Green Energy）。这两家公司的总部都在中国，中国在太阳能设备制造行业雄霸一方已有多年了。

在 IHS 榜单上排名前十的制造商当中，有六家是中国企业（如果算上总部设在加拿大但生产基地设在中国的阿特斯太阳能）。美国最大的两家太阳能电池板制造商——第一太阳能（First Solar）和（Sun Power）也榜上有名。

这份榜单是以厂商的出货量来进行排名，包括 2014 年第四季度的出货量估计数。IHS 指出，这些数字没有包含由这些公司生产而内部用于建设太阳能发电项目（从屋顶安装到大型太阳能电站）的电池板。

IHS 的这份榜单如下：

1. 天合光能

2. 英利绿色能源

3. 阿特斯太阳能

4. 晶科能源（Jinko Solar）

5. 晶澳太阳能（JA Solar）

6. 夏普太阳能（Sharp Solar）

7. 昱辉阳光能源（Renesola）

8. 第一太阳能（First Solar）

9. 韩华新能源（Hanwha Solar One）

10.（SunPower）公司和京瓷（Kyocera）

尽管太阳能制造业遭受了太阳能电池板供大于求所造成的低迷时期，但在过去的四年里该榜单的入榜公司名单实际上并没有发生变化。供应过剩促使大型企业减产，或者搁置建厂计划，并且迫使中小型制造商申请破产保护。

第一太阳能几年前不仅关闭了旗下设在德国的大型工厂，并在其他分厂减产，还进行了一次重要的自我检讨，把更多的精力放在提高太阳能转化率的技术能力上。第一太阳能的电池板转化率历来没有对手产品那么高，但该公司擅长以便宜许多的成本制造太阳能电池板。但是，在中国竞争对手扩大生产，并且以低于（美国的）公平市价倾销产品之后，第一太阳能的这种优势就逐渐丧失了。在美国，针对中国制造商的贸易诉讼正在进行之中，调查重点是中国制造商的定价策略以及他们是否从中国政府那里获得不公平的补贴。

资料来源：财经频道，2014年。

（2）民营企业融资难。内蒙古自治区光伏制造企业中80%是民营企业，在这些民营企业中，仍有一系列的问题制约着它们的发展。即使内蒙古自治区的光照资源丰富，但是由于享受电价指标不足，入网配套、融资渠道受限制，这些问题都困扰着光伏企业。对于民营企业参与到新能源行业遇到的问题：第一是资产规模小，技术研发能力差，投资转型升级步伐需要加快，创新能力有待提高，管理水平有待整体提升。第二是在经济下行压力影响下，银行信贷更多投向大项目和大企业，民营企业融资难、融资成本高的问题十分突出。

（3）多晶硅行业问题。多晶硅行业存在一些问题，其一是大的企业较少，带动力不强；其二是多晶硅的延伸加工不足，所以说绝大部分多晶硅都运到了区外，做了下游的加工。另一个问题就是光伏制造业的融资比较困难。目前，内蒙古自治区的多晶硅生产能力已达到2.2万吨，在建拟建规模10万吨，2013年生产销售了1.4万吨，已初步构建起了以多晶硅材料为核心，以硅片、太阳能电池片和太阳能电池组件生产为相关配套的光伏产业链。

4. 太阳能发电发展布局

（1）蒙西地区重点发展区域。

1）阿拉善盟。阿拉善盟地区太阳能资源丰富，是内蒙古自治区太阳能资源最丰富地区，年总辐射量在 1699.33 ~ 1721.55 千瓦时/平方米。阿拉善盟位于蒙西电网末端，存在电网网架薄弱、供电区域大、输电线路长、供电不稳定等问题。考虑利用当地丰富的太阳能资源，建设太阳能电站，作为电网末端的电源支撑，增强供电能力。规划到 2015 年阿拉善盟太阳能发电装机 250 兆瓦，到 2017 年发电装机达到 350 兆瓦，到 2020 年发电装机达到 550 兆瓦。

2）巴彦淖尔市。巴彦淖尔市太阳能资源丰富，年总辐射量在 1636.99 ~ 1685.14 千瓦时/平方米，且水资源较充足。巴彦淖尔市地区受益于黄河水域流经，形成了以河套平原为核心区域的农业产业基地。巴彦淖尔市地区太阳能电站建设规划，主要以结合设施农业为主，集中于河套地区；同时充分利用乌拉特中旗和乌拉特后旗广袤的荒漠化土地资源，以及已建成的风电场，形成风光同场模式。此外，结合当地充足的水资源条件，建设部分光热电站。到 2015 年巴彦淖尔市太阳能发电装机 400 兆瓦，到 2017 年发电装机达到 500 兆瓦，到 2020 年发电装机达到 650 兆瓦。

3）鄂尔多斯市。鄂尔多斯市是内蒙古自治区仅次于阿拉善盟的太阳能资源丰富地区，年总辐射量在 1675.14 ~ 1705.77 千瓦时/平方米。鄂尔多斯市地区是呼包鄂经济带的重点区域，而且规划建设有多个沿黄沿线工业园区，近几年经济发展以工业为主，用电负荷需求增长较快。鄂尔多斯市主要考虑建设分布式太阳能电站，就近解决电网末端用电需求；同时考虑就近接入当地工业园区，解决园区工业用电需求。此外，结合当地充足的水资源条件，建设部分光热电站。到 2015 年鄂尔多斯市太阳能发电装机 200 兆瓦，到 2017 年发电装机达到 350 兆瓦，到 2020 年发电装机达到 550 兆瓦。

4）包头市。包头市太阳能年总辐射量在 1658.05 ~ 1675.14 千瓦时/平方米，是内蒙古自治区经济发展中心和用电负荷中心，电力需求大，负荷增长较快。包头市太阳能电站主要以解决用电需求为主；同时结合达茂旗已建成的风电场及农业设施，建设部分风光同场和光伏农业项目。到 2015 年，包头市太阳能发电装机 200 兆瓦，到 2017 年发电装机达到 350 兆瓦，到 2020 年发电装机达到 550 兆瓦。

5）呼和浩特市。呼和浩特市年总辐射量在 1646.24 ~ 1676.14 千瓦时/平方米，太阳能资源较丰富。呼和浩特市作为内蒙古自治区的首府，也是内蒙古自治区政治和文化中心。呼和浩特市太阳能电站建设，考虑结合城镇公共设施、商业建筑等屋顶建设光电建筑一体化系统，亮化城市环境，提升首府形象；同时结合呼和浩特市的设施农业建设光伏电站。到 2015 年，呼和浩特市太阳能发电装机 250 兆瓦，到 2017 年发电装机达到 400 兆瓦，到 2020 年发电装机达到 650 兆瓦。

6）乌兰察布市。乌兰察布市是内蒙古自治区太阳能较丰富地区，年总辐射量在 1400.09～1666.32 千瓦时/平方米，而且近几年工业发展主要以高载能产业为主，用电负荷需求增长快。乌兰察布市太阳能电站建设，主要以解决新增工业用电负荷需求为主。到 2015 年，乌兰察布市太阳能发电装机 450 兆瓦，到 2017 年发电装机达到 580 兆瓦，到 2020 年发电装机达到 750 兆瓦。

7）锡林郭勒盟。锡林郭勒盟年总辐射量在 1536.31～1667.32 千瓦时/平方米。由于其位于蒙西电网末端，存在电网网架薄弱、本地负荷需求小的问题。到 2015 年，锡林郭勒盟太阳能发电装机 200 兆瓦，到 2017 年发电装机达到 400 兆瓦，到 2020 年发电装机达到 550 兆瓦（不包括二连浩特市）。

锡林郭勒盟二连浩特市是内蒙古自治区计划单列市，地处我国北部边疆，与蒙古国接壤，属于电网末端，适合结合风电场建设风光互补城市供电系统。到 2015 年太阳能发电装机 100 兆瓦，到 2017 年发电装机达到 200 兆瓦，到 2020 年发电装机达到 250 兆瓦。

8）乌海市。乌海市太阳能资源丰富，是内蒙古自治区太阳能资源最丰富地区之一，年总辐射量为 1685.4 千瓦时/平方米。但由于乌海市矿产资源丰富，可利用土地面积较小，而且当地发展以工业为主，环境污染相对严重，影响光伏电站建设和运行，因此本次规划乌海市仅少量建设部分项目。规划到 2015 年乌海市太阳能发电装机 30 兆瓦，到 2017 年发电装机达到 50 兆瓦，到 2020 年发电装机达到 80 兆瓦。

（2）蒙东地区重点发展区域。

1）赤峰市。赤峰市太阳能年总辐射量在 1530.96～1633.46 千瓦时/平方米，资源较丰富，水资源也较为充足。赤峰市太阳能电站主要以并网光伏项目建设为主；同时利用当地的水资源条件，建设部分光热电站。规划到 2015 年赤峰市太阳能发电装机 150 兆瓦，到 2017 年发电装机达到 250 兆瓦，到 2020 年发电装机达到 470 兆瓦。

2）通辽市。通辽市太阳能年总辐射量在 1508.05～1580.41 千瓦时/平方米。通辽市太阳能电站建设主要以光伏并网项目为主，用于解决当地工业用电；同时建设部分光热电站。规划到 2015 年，通辽市太阳能发电装机 200 兆瓦，到 2017 年发电装机达到 300 兆瓦，到 2020 年发电装机达到 500 兆瓦。

3）其他地区。兴安盟和呼伦贝尔市属于内蒙古自治区太阳能资源一般地区，年总辐射量在 1331～1510 千瓦时/平方米。当地网架结构薄弱，部分地区存在供电能力不足的问题。规划到 2015 年，兴安盟太阳能发电装机 100 兆瓦，到 2017 年发电装机达到 140 兆瓦，到 2020 年发电装机达到 200 兆瓦。

呼伦贝尔市规划到 2015 年，太阳能发电装机 50 兆瓦，到 2017 年发电装机达到 80 兆瓦，到 2020 年发电装机达到 150 兆瓦。

满洲里市规划到 2015 年，太阳能发电装机 20 兆瓦，到 2017 年发电装机达到 50 兆瓦，到 2020 年发电装机达到 100 兆瓦。

5. 内蒙古促进太阳能发电发展的主要政策措施

（1）设立园区扶持光伏企业做大做强，内蒙古自治区重点建设 5 个光伏产业园区，分别是呼和浩特市金桥、沙尔沁光伏产业园，包头市土默特右旗光伏产业园，鄂尔多斯市伊金霍洛旗光伏产业园，巴彦淖尔市乌拉特后旗光伏产业园，阿拉善经济开发区光伏产业园。

目前光伏制造行业有往内蒙古自治区转移的趋势，主要是由于资源、能源和区位优势，基于这些优势，整个光伏行业包括制造业也准备向内蒙古自治区转移。为了规范内蒙古自治区的光伏行业有序集聚发展，我们做了一个规划，设立了五个园区，这五个园区分别在中西部的五个盟市，呼和浩特市、包头市、阿拉善盟、鄂尔多斯市和巴彦淖尔市。针对光伏制造行业，内蒙古自治区出台了两个政策，这两个政策只支持在园区内的企业，园区外的企业不支持，希望下一步转移到内蒙古自治区的企业都到这个园区里去，这样园区就可以做大做强。

（2）内蒙古自治区人民政府于 2013 年 3 月出台了《关于支持光伏产业发展有关事宜的通知》（内政发［2013］29 号），利用内蒙古自治区优势创造条件，吸引国内光伏制造产业加快向内蒙古自治区转移，通过扩大太阳能电站的建设，带动内蒙古自治区太阳能制造业的发展。鼓励区内建设的光伏发电项目在同质同价条件下优先采购本土生产的多晶硅（单晶硅）原料、组件。

2013 年 11 月 20 日，内蒙古自治区又出台了《内蒙古自治区发展和改革委员会关于内蒙古自治区太阳能发电项目实行盟市备案管理的通知》，以支持区内光伏产业的发展。

内蒙古自治区能源主管部门根据国家给自治区下达的年度规模指标，对建设条件和电力消纳等进行评估，将年度规模分解到各盟市。自治区将重点安排具有示范作用和推广意义的高新技术太阳能发电项目，优先安排运行情况良好地区的太阳能发电项目，优先支持落户内蒙古自治区的太阳能发电设备制造企业的太阳能发电项目。

规定未列入国家年度建设实施方案的项目，不享受国家可再生能源电价附加补贴；还规定，各盟市年度建设实施方案中的太阳能电站，必须是已备案并取得电网企业介入系统审查意见的项目；各盟市当年内投产的太阳能电站规模不足该地区已批复的年度建设实施方案内备案项目总规模 80% 的地区，不得新增备案项目，自治区下一年不再给该地区安排新增建设规模指标；太阳能发电项目备案制原则上有效期两年，并严厉打击项目实施过程中的倒卖行为。

三、内蒙古自治区风电发展

1. 风电发展国际态势

2013 年全球风电累计装机容量突破 3 亿千瓦，达到 31813 万千瓦，同比增长 12.5%。全年全球新增风电装机 3546 万千瓦，对比 2012 年 4471 万千瓦的增量下降了约 1000 万千瓦，降幅高达 22%，这也是该领域自诞生以来新增装机首次出现下降。

2013 年全球风电累计装机容量超过 2000 万千瓦的国家共有 5 个，其中位列前三位的是中国、美国、德国，分别为 9142 万千瓦、6109 万千瓦和 3425 万千瓦。此外，中国、德国、英国分列新增装机容量排名前三，分别为 1610 万千瓦、324 万千瓦和 188 万千瓦。

加拿大在过去一年的风电增势异常强劲。来自全球风能理事会的数据显示，2013 年加拿大累计装机为 780 万千瓦，在全球国家中排名第九，然而新增装机却达到了 160 万千瓦时，位列第五，同比增长 22.4%。这一增长速度比我国的 21.4% 还略高。

欧洲和美国之外的全球其他国家风电市场 2012 年的表现平稳，中国继续领跑，加拿大增长强劲。美国的政策波动对 2013 年全球市场打击沉重。截至 2013 年底，美国在建项目装机总计 1200 万千瓦，创了新的纪录。欧洲 2012 年增长率达到 8%，主要集中在德国和英国，对于整个地区的风电发展，仅靠两个国家来拉动是不健康的。

欧洲近年来逐渐减少陆上风电开发力度，转战海上风电项目。由于海上风电项目施工复杂，配套设施建设周期较长，也是导致 2013 年欧洲风电装机增幅下降的原因。此外，2013 年澳大利亚碳税政策变动，也对其风电产业发展产生了一定影响。

近年来，在各国政策的大力支持和有力推动下，全球风电发展呈现以下几个特点：一是世界风电连续多年保持高速增长势头。2009～2013 年，全球风电每年新增装机在 4000 万千瓦左右，截至 2013 年底，全球累计风电装机容量达到 3.18 亿千瓦。迄今为止，世界上已有 80 多个国家在积极开发和利用风能资源，其中 20 多个国家风电装机超过 100 万千瓦。

二是以中国为首的亚洲市场领跑全球风电。2009 年以来，亚洲风电迅速崛起，规模增长速度稳居世界首位，2013 年新增装机容量 1823 万千瓦，占当年全球总量的 51.7%，中国是亚洲风电市场的绝对主力，占比超过 80%。

三是海上风电进入规模化发展阶段。以英国为代表的欧洲国家在海上风电开发方面引领世界潮流，在大型风机技术和海上施工能力方面不断取得突破，开发范围达到水深 40 米、离岸距离 100 公里。2013 年欧洲新增海上装机容量 156.7 万千瓦，占世界总量的 96%，主要来自英国和丹麦两个国家。

四是风电机组向大型化、智能化发展。随着风电技术进步，目前 1.5 兆 ~3 兆瓦风机已经成为陆上风电主力机型，2013 年全球新增机组平均单机容量接近 2 兆瓦。海上风电方面，单机容量 3 兆 ~6 兆瓦的风电机组已经开始商业化运营，2013 年欧洲海上新建风电场平均单机容量为 4 兆瓦。

在单机容量增长的同时，机组智能化控制水平也不断提高，少人值守、无人值守运行模式的普及面越来越广。

五是风电逐步成为主力电源。从生产能力、管理体制、行业标准、社会认可度等方面来看，全球风电产业正稳步从补充电源向主力电源过渡，目前整个欧盟风电装机容量占比已达到 13%。德国、丹麦、西班牙等老牌风电强国，已建立完善的风电标准体系，丹麦、西班牙等国家已经把风电视为普通电源一样调度运行。

2. 我国风电发展态势

（1）2013 年风电基本情况。我国弃风限电现象明显改善。国家能源局发布了 2013 年全国 6000 千瓦及以上电厂发电设备平均利用小时，2013 年我国风电平均利用小时为 2080 小时，较 2012 年的 1929 小时增加了 151 小时，风电平均利用小时数创 2005 年以来最高水平。与此同时，国家可再生能源信息管理中心发布的《2013 年度全国风电建设快报》显示，2013 年全国风电年上网电量为 1371 亿度，同比大幅增长 36%。

从 2011 年开始，我国风电企业的日子并不好过。随着风电行业风机质量下降、风机价格下跌、市场需求不振、风电企业利润下滑等轮番上演，行业低谷一直持续到 2013 年下半年。随着我国 2013 年风电市场重新增长和 2014 年风电装机目标的出炉，如今风电行业回暖迹象明显。

上市公司金风科技和湘电股份的股价从 2012 年底以来就出现连续拉升，前者更是创出两年半以来的新高。金风科技预告 2013 年净利润同比增长 150% ~200%，湘电股份预告 2013 年净利润同比扭亏为盈。

1）风电行业发展有契机也有瓶颈，政策具有积极促进作用。针对风电行业的发展现状，英大证券研究所从投资角度进行了分析。该所表示，政策的推进落实是风电行业及风电上市公司发展的动力之一。《2014 年能源工作指导意见》中提到，我国 2014 年能源工作的重要任务之一是大力发展清洁能源，促进能源绿色发展，其中指出要"有序发展风电"；有序推进 9 个大型风电基地及配套电网工程建设，合理确定风电消纳范围，缓解弃风限电问题；稳步发展海上风电；制定、完善并实施可再生能源电力配额及全额保障性收购等管理办法，逐步降低风电成本，力争 2020 年前实现与火电平价。

风电政策的推进落实对风电行业具有积极的促进作用，尤其是风电补贴政策对风电行业是大的利好。此外，风电装备产业升级、电网稳定控制技术增强等都将提升风电并网的水平，从而使风电行业的发展更快、更好。

2）风电行业仍面临储能瓶颈。风电的间歇性导致并网后对电网造成安全稳定压力，核心问题是风电所在上网区域调峰能力的瓶颈以及风电的消纳能力不足制约了风电发展。解决这个问题必须从有效缓解调峰压力和风电消纳的层面落实：一是推进特高压的建设，实现风电的更多送出，特高压电网的建设对于风电消纳具有重要意义，能够有效缓解风电送出瓶颈；二是建设大规模、大容量的储能设施。但国内目前尚无可用于产业化发展的产品。

风电上市公司的"催化剂"如下：一是国家政策，风电行业目前可能更多的是强调政策落实；二是储能电池技术和产业化的实质性突破；三是随着能源结构的调整，风电的整体投资规模有望进一步提高，但风电增速的变化不会太大。

（2）风电成就。风电作为重要的战略性新兴产业，近年来在我国取得了长足的发展。目前，风电已成为我国电力的重要组成部分，并同步培育形成了较为完整的设备制造产业链，对调整能源结构、转变发展方式、促进节能减排、实现可持续发展做出了重要的贡献。

1）风电装机规模世界第一。自 2006 年《可再生能源法》颁布实施以来，我国风电发展进入快车道，"十一五"期间连续五年实现翻番增长，并于 2010 年底超越美国成为世界第一风电大国，此后全国每年投产风电 1500 万千瓦左右，继续保持全球领先地位。根据中电联统计，截至 2014 年 6 月底，全国风电并网装机容量为 8277 万千瓦，占全国总装机容量的 6.2%，是继火电、水电之后的第三大主力电源。

2）实现全国性风电开发布局。风电发展早期，资源条件较好的"三北"和东南沿海地区作为我国风电开发的主战场，开展了大型风电基地的规划和建设，并取得显著成果。同时，随着风电机组技术的进步和造价的降低，传统意义上风能资源并不丰富的内陆地区，由于具备电网接入与市场消纳的优势，逐渐具备了开发价值，成为近些年新增风电装机的重要组成部分。随着 2013 年龙源西藏那曲超高海拔风电场投产，风电开发已遍布全国大陆所有的省（自治区、直辖市）。目前，"三北"、东南沿海、内陆地区风电装机占比分别为 74%、15% 和 11%，中国风电发展从过去局部大基地集中开发，正在向全国范围集中、分散并举开发格局转变。

3）海上风电发展异军突起。我国具有发展海上风电所必需的资源条件和市场消纳能力。2009 年以来，在国家能源局、国家海洋局等有关部门推动下，我国海上风电发展开始起步，经过短短几年的努力，目前已建成海上风电 41 万千瓦，主要分布在江苏省和上海市，山东省、广东省、福建省、河北省、浙江省等其他沿海省份也正在积极推进，中国已经成为紧随欧洲之后的世界第二大海上风电市场。国家先后出台了海上风电电价政策，以及 2014 ~ 2016 年 1000 万千瓦规模的开发建设方案，必将对海上风电发展产生积极的推动作用。

4）技术装备体系不断完善。在我国风电大发展的背景下，一大批风电装备制造企业迅速成长起来，打造了一批自主品牌，其设备研发设计和制造能力与世界先进水平的差距不断缩小。目前，已建立起内资企业为主导、外资和合资企业共同参与的风电设备制造体系，不断开发适应国内风能资源特点的机型，国产设备已经占据中国市场份额的 80% 以上，并开始出口海外。

3. 我国风电发展面临的主要问题

近年来，我国风电发展取得的成绩举世瞩目，但作为时间尚短的新兴产业，难免会遇到一些发展中的问题，需要各方共同研究解决。

（1）风电发展深度有待进一步提高。在前些年国家出台一系列政策的引导和鼓励下，我国风电产业方兴未艾，目前正处于平稳发展的初级阶段，而国家实现节能减排、改善自然环境的目标任务很重、压力很大，风电作为重要的清洁能源，未来发展任重道远。虽然我国风电装机容量绝对值已经位居世界第一位，但在全国电源结构中的占比仍然较低。2013 年我国风电上网电量仅占总电量的2.5%，目前整个欧盟已超过 8%，特别是丹麦、西班牙等国这一比例更是超过20%。根据规划，欧洲 2020 年风电装机将达到 2.3 亿千瓦，届时德国风电发电量将占电力消费的 17% 以上。相比之下，我国风电发展深度距欧洲风电强国还有较大差距。

（2）风电弃风限电问题亟待解决。我国出现明显的风电限电现象开始于2010 年，并且随着风电的快速发展，限电问题更加突出，2011 年限电量首次超过 100 亿千瓦时，2012 年则超过 200 亿千瓦时。2013 年以来，在国家能源局、电网公司和业界的共同努力下，全国限电形势虽有所好转，但 2013 年限电量仍然达到 162 亿千瓦时，相当于北京市全年居民生活用电量（157 亿千瓦时），而局部地区限电依然比较严重，制约了风电健康发展。

（3）风电盈利能力较为脆弱。近年来，虽然风电机组价格有所下降，但由于受到限电、国际碳交易（CDM）低迷等因素的影响，风电行业整体处于微利状态，在限电严重的"三北"地区很多风电项目已经出现亏损，特别是自 2013

年第三季度以来，由于受到限电和风资源下降的双重影响，全国风电亏损面高达50%以上。龙源电力由于开发风电较早、资源和布局较好，并形成一定的规模优势，虽然盈利能力明显高于全国平均水平，但 2013 年以来，公司利润水平也明显下滑，其中有 10 多个项目出现亏损。

从未来趋势看，随着优质风电资源越来越少，收益水平也会自然降低，而且近年来地方各级政府、利益各方期望值普遍较高，各项补偿、缴费等项目开发成本不断攀升。与此同时，施工费用、融资成本呈明显上升趋势，加之未来几年风电机组大规模超过质保期，运行维护成本将大幅增加。这些因素将使风电盈利能力变得更加脆弱。

（4）风电设备制造业存在重产能轻质量问题。在我国风电市场快速发展的刺激下，近年来风电设备制造业不断扩张，导致产能过剩问题较为突出。值得注意的是，与全球领先的风电设备质量及生产规模相比，我国还没有建立起与之相匹配的核心技术能力和产业竞争实力。目前，国内风电设备制造企业主要是依靠引进技术成长起来的，风电机组设计和关键技术仍然依赖国外，国内低层次技术的同质化竞争比较严重。部分制造企业面对激烈的市场竞争，往往以低价竞争方式占领市场，忽视技术进步、产品可靠性等内在核心竞争力的培育，已暴露出一些风电设备质量问题。

4. 内蒙古自治区风电发电量

内蒙古自治区风能总储量居我国首位，技术可开发量达 1.5 亿千瓦，约占全国陆地的 50%，是我国发展风电产业较早的地区之一。目前，国家能源局已将内蒙古自治区规划为全国 7 个千万千瓦风电基地之一。2013 年，内蒙古自治区风电发电量 368.37 亿千瓦时，同比增长 29.55%；占全国风电发电量的 26.29%，位居全国第一位。同时为提高电网吸纳风电比例，最大限度地减少风电"弃风"现象的发生，目前，内蒙古自治区风电消纳已达到国际先进水平。

内蒙古自治区大力开展风电外送交易，利用现有电力外送通道，积极开展风电外送交易，有效缓解风电"弃风"矛盾。2013 年，蒙西电网与华北电网完成风电低谷交易电量 20.7 亿千瓦时，蒙东电网通过东北电网与华北电网开展风电临时交易电量 18.18 亿千瓦时。同时，自治区先后在乌兰察布市的察右中旗和四子王旗、赤峰市的巴林左旗和林西县、通辽市的扎鲁特旗 5 个旗县组织实施了 9 个风电供热示范项目，风电供热面积 160 万平方米，采暖期消纳风电 2.5 亿千瓦时左右。预计三年内风电供热消纳电量将达到 30 亿千瓦时以上。

2013 年，内蒙古自治区蒙西电网克服网架结构薄弱、电源分布不均等客观困难，在未开工建设新外送通道的情况下，坚持内部挖掘，全力提升电网运行调整控制能力，竭尽全力接纳新能源并网发电。2013 年，蒙西电网风电发电量累计达 219.77 亿千瓦时，同比增长 23.34%，占全网发电量的 11.1%。风电利用小时累计完成 2188 小时，同比增加 204 小时，风电发电量稳步增长、设备利用小时同比明显增加。2013 年全国风电上网电量为 1371 亿千瓦时，同比增长 36%。

目前，蒙西电网风电消纳能力已趋于饱和，未来风电发电量增长空间十分有限。因此，做好风电等新能源并网工作，为促进自治区经济社会可持续发展做出应有贡献是首要任务。

5. 内蒙古自治区风电装机容量

内蒙古自治区电网风电装机 1139.621 万千瓦，居全国第一位，光伏装机 134.925 万千瓦。内蒙古自治区电网风电控制应用技术已进入世界前列，风电调度系统得到美国国家大气研究中心高度评价，认为其系统构架及丰富的风电运行数据超前于美国。公司在风电并网技术方面取得了一批创新成果，先后获得 5 项国家专利。2013 年，风电发电占全网发电量的 11.1%，风电最大发电负荷占全网发电负荷的 30%，风电利用小时数高达 2188 小时，均继续保持全国第一。

2013 年，内蒙古自治区电力公司通过加强和完善电网建设，开发并上线运行风电支持系统，加强了风电场信息接入与监控，汇集了更多风电机组上网，使风电机组年平均利用小时达 2100 小时以上。

同时，内蒙古自治区电力公司组织风电供热项目研究，探讨风电消纳新途径，增加地区用电负荷，解决风电在供热期电网低谷时段上网困难，配合内蒙古自治区有关部门先后在察哈尔右翼中旗、四子王旗、巴林左旗等 5 个旗县组织实施了 9 个风电供热示范项目，尽最大努力减少冬季"弃风"现象发生。

6. 对风电发展对策

（1）推进体制机制改革，构建合理市场环境。当前，风电开发涉及的各方利益关系在现有体制机制下难以自我协调。国家层面应该积极引导社会舆论，进一步强化风电在完成 2020 年节能减排目标中的重要地位，调动社会各方发展风电的积极性，建立能源主管部门与风电开发涉及的环保、林业、海洋等相关部门的综合协调机制，实现各方共同促进风电更好更快地发展。同时，要加快推出可再生能源配额制，明确地方政府、电网企业和发电企业的职责，从机制上推动风电发展目标的完成。

（2）加大产业政策支持力度，促进风电健康可持续发展。当前我国风电上网电价在世界范围属于偏低水平，据统计，2013 年各主要国家风电上网价格（不含税）按人民币折算：日本是 1.4 元/千瓦时；意大利、英国、加拿大、美国东部位于 0.8~1 元/千瓦时，德国、法国、丹麦位于 0.6~0.8 元/千瓦时，南非是 0.5~0.7 元/千瓦时，而我国四个类别风能资源区平均上网电价（不含税）约为 0.5 元/千瓦时，整体偏低，要实现风电行业健康可持续发展，完成国家风电规划目标和节能减排任务，需要继续加大对风电产业的政策支持力度，保证风电正常合理的盈利水平，增强产业投资开发信心。

（3）制定风电发展规划，引导产业有序发展。国家颁布的"十二五"可再生能源规划明确提出，到 2015 年、2020 年实现风电并网装机容量分别达到 1 亿千瓦和 2 亿千瓦。现在已临近"十二五"末期，国家有关部门应该加快推进"十三五"风电发展的规划工作，明确未来产业发展的政策方向和路线，保持稳定的市场总量增速，制定相关保障措施，确保 2020 年 2 亿千瓦国家风电发展目标的实现。

（4）重视风电消纳问题，多措并举缓解限电。风电接入和消纳是行业面临的核心问题，可以从以下几个方面着手：一是按照全额保障性收购的法律规定，加大执法力度，加强对电力市场的监管，重点监测各省风电并网运行和市场消纳，掌握风电全额保障性收购的实际情况，及时向社会公布相关信息，督促解决限电问题。二是进一步加强风电开发规划与电网规划的协调，衔接好风电项目开发与配套电网建设，明确电网企业的责任，充分调动电网的积极性，确保风电项目与配套电网同步投产，打通局部地区送出瓶颈，保障风电项目的顺利并网运行。三是在风电集中开发地区通过优化各类发电机组的协调运行、发挥跨区电网错峰调峰作用等方式，提高电力系统的整体调节能力，满足大规模风电并网运行的需要。

（5）提升风电设备质量，健全产业服务体系。风电技术水平影响行业发展质量，要进一步完善我国风电技术支撑体系。一是实现风机技术的不断突破，加大海上、低风速等领域风电技术攻关力度，在风机的叶片、轴承、控制系统等方面加快技术创新，将风电产业发展成为以技术创新为核心竞争力的优势产业。二是加强风电技术创新的体制机制建设，构建以企业为主体、市场为导向、产学研相结合的科技创新体系，建设国家级风电研究机构，做好风能基础理论、前沿技术、关键技术的研究，增强风电产业发展的技术支撑能力。三是加快完善风电标准体系，支持第三方认证机构建立统一的行业技术规范和质量标准，并在此基础上，完善市场评估体系，提高市场准入门槛，促进国产风电设备质量水平的持续提升。四是建立行业设备运行质量的信息监测和评价体系，以此掌握各种风机设备的可利用率、发电利用小时数、设备重大事故等历史运行数据，并将有关信息数据及时公开发布，作为督促设备制造企业重视和提高质量的重要手段。

四、内蒙古自治区新能源的战略抉择

内蒙古自治区作为传统能源大区，不仅是煤炭大区，未来更应着眼新能源。

今后内蒙古自治区将积极调整能源消费结构，大力发展新能源和可再生能源，有效增加区内用能空间。

相比而言，加快内蒙古自治区风能、太阳能等可再生能源产业发展，既是推动能源产业可持续发展、有效缓解资源和环境压力的紧迫任务，也是加快能源产业转型升级、培育新的经济增长点的战略举措。

在内蒙古自治区、甘肃省、新疆维吾尔自治区、西藏自治区等适宜地区，建设了太阳能热发电示范工程试点。同时，在《可再生能源法》的推动下，我国已基本建立了促进可再生能源发展的政策体系，实施了可再生能源的总量目标、发电强制上网等政策措施。

内蒙古自治区统计局的资料显示，可再生能源太阳能、风能和生物质能在内蒙古自治区蕴藏数量巨大，且发展前景乐观。自20世纪80年代末起，内蒙古自治区先后与法国、瑞典、加拿大、澳大利亚等国就风机、风电技术、风电场等方面进行了深度合作。经过几十年的发展，内蒙古自治区可再生能源产业化发展已具备了一定规模。首先利用取之不尽的太阳能资源，其次是推广风力发电，最后是普及生物量发电。

随着发电成本下降，新能源会进入一个稳步发展的阶段。随着经济发展，能源需求持续增长，能源安全问题日益突出，可再生能源的地位不断上升。

内蒙古自治区依托丰富的风能、太阳能等资源，凭借临近大电网、开发成本低等优势，借助国家政策支持，发展生物质发电，可再生能源产业将保持稳步发展。

1. 未来内蒙古自治区可再生能源电量达20%

截至2011年初，已有119个国家制定了可再生能源发展目标或刺激计划。这些目标或计划鼓励人们更多地使用可再生能源。尽管如此，可再生能源只占全球能源市场很小一部分。国家能源部门正在研究制定《可再生能源电力配额管理办法》，解决可再生能源面临的发电、上网和市场消纳三大问题。

可再生能源电力配额制设计基本成型思路：国家对发电企业、电网企业、地方政府三大主体提出约束性的可再生能源电力配额要求，即强制要求发电企业承担可再生能源发电义务，强制要求电网公司承担购电义务，强制要求电力消费者使用可再生能源发电义务。

国家"十二五"规划纲要提出，2015年可再生能源占一次能源消费比重达11.4%。国家为可再生能源发展做出一系列制度创新，可再生能源发电配额制度便是其中之一。

有专家测算，以2020年我国一次能源消费总量50亿吨标准煤计，2015年发电企业（500万千瓦及以上）发电量中10%要来自于可再生能源电力；2020年配额指标是15%。对电网企业而言，2015年底国家电网、南方电网、内蒙古自治区电网可再生能源电量最低比例分别是 6%、3%、15%；2020 年最低配额分别为 10%、6%、20%。

配额指标的确定应与国家合理控制能源消费总量和调整能源消费结构的宏观目标相协调，同时应确保风电、太阳能和生物质能等发电产业均衡发展。

2. 内蒙古自治区做足转型功课

内蒙古自治区全年风电、太阳能和生物质等新能源发电量达到 229.44 亿千瓦时，同比增加 25.59%；新能源上网电量 224.94 亿千瓦时，同比增加 25.49%，均创历史新高。对于煤电一体化、蒙电外送，内蒙古自治区作为国家重要的能源基地，将继续保障电煤外送和电力外送。

《内蒙古自治区"十二五"电力工业发展规划》中明确，内蒙古自治区将加快实施"北电南送"、"西电东送"战略，稳步推进三大煤电基地建设，建设向华北、华中、华东、东北等地区送电的煤电一体化坑口电站。

具体而言，东部地区以呼伦贝尔、霍林河等大型煤田为依托，争取建成呼伦贝尔至东北或华北直流通道。西部地区以准格尔、上海庙等煤田为重点，依托蒙西至华北、华中、华东特高压电力外送通道，保护性开发准格尔高铝煤炭资源，建设蒙西电源基地。中部地区以锡林郭勒大型煤田为重点，加快确定锡盟电源基地特高压外送电通道建设方案。

同时，内蒙古自治区将在以下三个方面做足转型功课：

首先，加快推动资源型产业延伸升级。把内蒙古自治区建设成为国家重要的能源、新型化工、有色金属和绿色农畜产品生产加工基地。

其次，大力发展非资源型产业。积极承接发达地区产业转移，加快装备制造业，培育发展新能源等战略性新兴产业。未来非资源型产业贡献率达到 50%以上。

最后，发展壮大第三产业。把发展服务业作为产业结构调整优化升级的重点，大力推进生产性服务业和生活性服务业发展，未来服务业占地区生产总值的比重提高到 40%。

在可再生能源方面，内蒙古自治区将重点建设大型光伏电站、太阳能光电建筑应用示范工程。到 2015 年，内蒙古自治区太阳能发电装机达到 100 万千瓦，适度布局生物质直燃发电项目，重点发展生物质制气、成型燃料、液体燃料等，使生物质发电产业实现高效稳步推进。

分布式能源系统优势

分布式能源系统具有其他能源系统不可替代的诸多优势：

一是节能优势。它除了设备、工艺方面的节能外，更重要的是整个供能系统的节能。因分布式系统建在用户附近，这样就减少了能源输送中的损失；同时，它还应用了能量梯级利用原理，使能源综合利用效率和效益大幅度提高。

二是环保优势。分布式能源采用的是清洁燃料，加之其综合利用率的提高和各种可再生能源的利用，能够进一步起到减排效果，从而达到环保效应。

三是安全优势。传统的集中供电依赖于大电网系统，其中一处出现故障就可能引起大面积的停电。分布式能源在大电网出现问题时仍然可以维持当地继续供电，减缓了地方对集中供电系统的过分依赖，同时还可以根据需求采用调节手段提高供电质量，大大提高了供电、用电的安全性。

四是结构优势。分布式能源系统具有削峰填谷的重要功能优势。大城市夏季多采用电制冷，冬季用燃气锅炉供热，电力及燃气供应存在很大的季节性峰谷差，采用三联供分布式能源系统，发电余热可用于供热和制冷，既能减小电空调造成的供电高峰，又填补了燃气供应在夏季的低谷，缓解了各自的峰谷差。

五是经济优势。同时考虑分布式能源以上的节能、减排、环保、安全以及削峰填谷优化能源结构等诸多优势，分布式能源系统能促进循环经济发展。

第三章

专题研究报告

　　能源产业发展与转变，是提升内蒙古自治区能源安全保障，推动内蒙古自治区经济与产业结构升级转型，提高经济发展质量，发展清洁能源与低碳经济，实现节能减排，应对全球气候变化，履行国际承诺的重要举措。

第一节 内蒙古自治区着力煤炭深加工及煤炭交易平台

2011 年至 2013 年 10 月，内蒙古自治区新增煤炭资源储量 450 亿吨、煤炭探明储量总计 8530.65 亿吨，居全国第一位，年产煤 10 亿多吨、占全国 1/4 以上的内蒙古自治区，现在每年要将 60% 的煤炭运往 20 多个省区市。

2012 年下半年以来，国内煤炭市场遇冷，煤价持续下跌。2013 年，鄂尔多斯市煤炭坑口价格每吨大约是 360 元，运到秦皇岛就涨到每吨 660 元，其中运费高达每吨 300 元。2013 年，全区煤炭外运 6 亿吨，总费用达 1000 多亿元，是煤炭占内蒙古自治区经济总量的 17%，其利润占整个工业利润的 50%。如果能将大量煤炭就地转化，可以优化产业结构，也有利于国家能源安全。

与港口煤价一跌再跌相差无几，内蒙古自治区鄂尔多斯市的坑口煤价也已经跌至每吨 270 元。煤矿云集的伊金霍洛旗，矿区萧条，人员稀少，堆积的煤却很多，与往年车来车往的热闹场景截然不同。据一家煤矿的负责人说，年产 100 万吨以下的小煤矿基本停产，像他们这样年产在 200 万吨以上的中型煤矿很多都缩短了生产时间，工人轮流放假。他无奈地说："维持运营可以维持企业最需要的现金流，即使亏本依然可以回笼一部分资金，企业有一些长期合作的大客户，不想断了后路。早些年搞技改，机器设备投入很大，如果停产，在地下潮湿和不通风的空间很容易发生锈蚀等坏损，维修起来费用更大，所以宁可赔钱也要维持生产。"自治区煤炭局的统计数据显示，目前，内蒙古自治区全区超两成煤炭企业停产，以民营煤矿为主导的鄂尔多斯市东胜区开工率不足一半。

鄂尔多斯市多年来一直在考虑和推动煤炭产业转型升级，如今煤炭市场跌入低谷，行业转型升级就显得更为迫切。

2013 年 7 月 24 日，鄂尔多斯市 120 亿立方米煤制天然气项目在准格尔旗大路新区开工奠基，这是 2013 年以来继通辽煤电铝产业园、中天合创煤制甲醇制烯烃等项目开工建设之后内蒙古自治区又一个标志性项目，为内蒙古自治区煤炭资源的综合利用再添新途径。该项目总投资 800 多亿元，是依托大路煤化工基地基础设施投资建设的国家煤化工产业示范项目，项目投产后，天然气将直接通过外输管道进入京津冀及环渤海地区。

内蒙古自治区正在建设的煤制天然气项目还有 2 个，一个赤峰市克什克腾旗大唐 40 亿立方米/年煤制天然气项目，另一个是汇能鄂尔多斯市 16 亿立方米/年煤制天然气项目。目前，鄂尔多斯市已建成大路煤化工基地等 5 个新型煤化工园区，煤制油、煤制气、煤制烯烃等新型煤化工产业已形成产能 502 万吨。

到 2013 年底，内蒙古自治区掌握了 100 多项煤炭深加工利用专利技术，已经建成 140 万吨煤制油、106 万吨煤制烯烃、20 万吨煤制乙二醇、13.3 亿立方米煤制天然气的生产能力，已经具备了大规模产业化发展的基础和条件。为了进一步提高煤炭资源的高效循环利用水平，在内蒙古自治区设立"国家级煤炭深加工试验示范基地"，将单纯供煤转变为提供油气等高效能源，加快煤炭深加工技术的研究开发和试验示范。

一、就地转化优势多

1. 煤炭资源赋存得天独厚

其中，鄂尔多斯市、锡林郭勒盟、呼伦贝尔市，具有大型整装、赋存稳定、煤质适宜转化等特点；全区具备年新增 1 亿吨煤炭产量的能力，在保障国家煤炭外调需求的前提下，有条件实施煤炭深加工升级试验示范项目。

2. 水资源能够满足发展需求

内蒙古自治区西部地区黄河过境 830 公里，区域内黄河水配给水量 58.6 亿立方米，工业和生活用水仅占 8.5%；东部地区的呼伦贝尔市和兴安盟地表水资源更为丰沛，占全区地表水资源量的 83%，能够满足煤炭深加工的用水需求。

3. 资源开发与转化成本低

内蒙古自治区煤炭埋藏较浅且构造简单，吨煤平均生产成本露天矿为 85 元、井工矿为 110 元，开采成本全国最低；每千瓦时发电成本比全国平均水平低 0.15 元左右，煤炭深加工产品生产成本在全国具有明显的竞争优势。

4. 地区环境空间容量较大

内蒙古自治区地域辽阔，荒漠化、沙漠化土地占 52.2%，目前的开发强度仅为 1.3%；而森林、草原具有巨大的固碳能力，整体上有助于全区生态环境的保护与修复。

5. 产品市场需求潜力巨大

随着我国节能减排政策的进一步深化，各地从单纯要求供应煤炭向要求提供清洁能源和化工产品转变。仅东北三省、京津冀地区、湖北省、湖南等省市，就与内蒙古自治区签订了 300 亿立方米的煤制天然气需求协议。

二、产业升级待提速

鄂尔多斯市准格尔旗大路工业园区内的伊泰煤制油有限责任公司负责人介绍，3.48 吨标准煤可产 1 吨油。我国自主知识产权的煤炭间接液化项目，投产两年来已产油 10 万吨，油品各项指标世界领先。其煤制油产品已被中石化、中石油订购，可以直接供应航班使用。总控制面积 300 平方公里的大路工业园区，已入驻 16 家重点企业，开发建设的新型煤化工产业区，使石脑油等副产品直接延伸到其他煤化工产品的深加工中，提高附加值。

园区内的粉煤灰用于提取氧化铝，二氧化硫被全部回收、二氧化碳被捕捉深埋，特别是神华煤直接液化项目，每吨产品耗水 7.3 吨、耗煤 2.1 吨，能源利用率为 57%，大路工业园全部项目建成后，将形成年转化 1.5 亿吨原煤的深加工能力。

"十一五"期间，煤制油、煤制气、煤制甲烷、煤制烯烃等五大国家新型煤化工示范项目在内蒙古自治区建成投产，为煤炭深加工产业发展奠定了良好基础。目前，全区围绕煤炭加工利用已形成 100 多项专利技术，其中煤制油有十多项技术属世界一流。

推进内蒙古自治区煤炭资源就地转化，可显著提高资源的综合利用效益，能实现大幅度深加工增值。其中，煤制甲醇可增值约 4 倍，煤制油可增值 8～12 倍；煤炭深加工循环经济产业链，平均比单纯输出煤和电增值 6～10 倍，带动相关产业就业的乘数效应更大。

可提高伴生资源的综合利用效益。与其把原煤千里迢迢运到全国各地，不如就地集中高效转化为优质能源再输出。内蒙古自治区想要做的煤炭深加工试验示范，并非简单的加工技术的升级，而是要将多种现代煤化工单项技术进行集成，实现煤的多级利用，并与钢铁、稀土、多晶硅等优势产业结合，构建一条资源、资金、技术密集，高节能环保、高附加值的循环经济产业链。

目前内蒙古自治区煤炭就地转化水平仍较低，如鄂尔多斯市煤炭就地转化率仅 10% 左右，煤炭深加工潜力巨大。

三、尚需政策"助力"

自治区煤炭深加工产业基础较好、已具雏形，建议将呼伦贝尔市、兴安盟、鄂尔多斯市确定为国家级煤炭深加工试验示范基地，给予先行先试政策。

开展煤炭深加工试验示范，一是保障国家能源安全的战略选择。"富煤、缺气、少油"，是我国能源分布的突出特点。适度发展煤炭深加工产业，将单纯供煤转变为提供油气等高效能源，是应对油气资源缺乏的良策。二是优化国家生产力布局的客观要求。我国的经济中心在东部，能源资源集中在西部，能源资源赋存与能源消费、资源加工逆向分布、流动，造成资源、劳动力等生产要素大规模跨地区转移，给交通运输形成了巨大压力，增加了经济运行成本，也使我国煤电运送长期处于紧张状态。提高煤炭资源就地转化水平，可有效推动能源资源类项目向能源资源富集地转移，优化全国生产力布局。发展煤炭深加工产业是其转方式、调结构的有效途径和现实选择。

2011 年公布的《国务院关于进一步促进内蒙古自治区经济社会又好又快发展的若干意见》将内蒙古自治区确定为"北方重要的生态安全屏障"和"国家

重要的能源基地"，并提出"要推动国家能源基地建设，实施差别化产业政策，优先在内蒙古自治区布局建设具有比较优势的煤炭、电力、煤化工、有色金属生产加工等项目，而且在项目核准、资源配置等方面给予积极支持"。

尽管内蒙古自治区煤炭深加工产业前景广阔，但仍面临着项目审批难、差别化政策具体落实难等问题，如鄂尔多斯市近3年来没有新获批大型煤炭深加工项目，致使产业升级示范难以形成规模效应。为此，可将蒙东（呼伦贝尔市、兴安盟）、蒙西（鄂尔多斯市）确定为"国家级煤炭深加工试验示范基地"，给予先行先试政策，如优先试验示范煤的气化、净化、合成等新技术及国产化、大型化新装备，完善现有示范技术装备，扩大试验示范规模，启动煤制天然气、煤制烯烃等煤化工项目新的生产线，优先布局"十二五"示范项目等。

同时，应站在国家战略能源资源利用角度通盘考虑，实行"差别化政策"。比如，内蒙古自治区自主开发了多种高铝粉煤灰提取氧化铝技术，建议将粉煤灰提取氧化铝等产品列入国家资源综合利用目录，给予税收减免政策，鼓励其扩大生产规模；为减少潜在环境风险，建议核准其建设一批煤矸石和煤泥循环利用发电项目。

另外，在分配能源消耗总量指标时，应重点考虑产业结构、发展水平等因素，对以能源重化工产业结构为主的欠发达地区，在指标安排上给予适当倾斜。

此外，合理确定能源输出地的能耗和排放指标。

四、内蒙古自治区煤炭交易平台

通常来说，买煤、卖煤、讨价还价、签订合同、结算付款，这些曾经非常复杂的过程，随着煤炭交易的成熟，逐渐形成煤炭交易中心这个平台，这平台可通过点击鼠标轻松完成，其操作流程与网购很相似。作为内蒙古自治区唯一一家煤炭电子交易平台，内蒙古自治区煤炭交易中心落地于鄂尔多斯市，不仅必要、必须，而且有着诸多优势与便利条件。在位于东胜联邦大厦一楼的内蒙古自治区煤炭交易中心电子大屏幕上，不停滚动着煤炭行情、车辆运行详情、煤炭供求、综合物流等关于煤炭产、运、销诸方面全方位实时信息。

就政策层面来看，2005年，国务院在《关于促进煤炭工业健康发展的意见》中明确提出，"应加快建立以全国煤炭交易中心为主体，以区域市场为补充，以网络技术为平台，建设政府宏观调控、市场主体自由交易的现代化煤炭交易体系"；2007年，国家发改委针对煤炭市场改革提出，"中国煤炭市场体系改革的目标是，力争在3~5年内，建成既能实现煤炭市场主体自由交易，又有利于国家宏观调控、市场运作、规范运行、功能齐全、层次分明、方式多样、手段先进的现代煤炭市场化体系"。

就市场层面来看，煤炭处于社会生产环节链的最上游，因此，煤炭的生产供给水平和定价，直接决定着下游产业链产品的价格，煤炭的产运销对经济发展具有明显的效应。作为全国产煤大市的鄂尔多斯市，因为缺乏完备的市场体系，煤炭利益流失严重。区域性煤炭交易中心的建设，将有利于改善煤炭流通秩序，完善监管体制，逐步形成鄂尔多斯市煤炭价格指数，使我们能够掌握煤炭市场主动权、定价权和话语权。

交易中心于 2012 年 7 月正式上线。上线后的半年时间内，交易中心完成了600 余万吨、200 多亿元的线上交易量，开局平顺。目前交易中心打造了信息、交易、物流和结算融资四大服务平台。在这一平台上，煤炭交易不再是过去"一对一"由卖方说了算的定价模式，变成了"多对多"，实现了煤炭的现货挂牌交易和竞价交易，煤炭供需双方可实时在线议价；在这一平台上，可以得到煤炭产业政策、煤炭产量、品种、市场供需、运力配置、港口转运、价格走势等相关煤炭产、运、销、需的最新资讯；在这一平台上，来自中国农业银行、交通银行、兴业银行等 9 大银行组成的结算系统，不仅能够完成客户及时、安全的结算要求，也能为有资金需求的客户提供必要的支持，同时，作为第三方监管者的合作银行，也能够确保资金的安全；在这一平台上，严格的管控体系、专门的检测机构、配套的智能化煤炭物流园区和数字化煤炭储备基地等软硬件设施，使交易中心有条件满足各方所提出的"1 + N"式多样服务需求。

目前交易中心的网站中有来自全国的 3000 多名会员，虽正式上线仅半年多，但良好的运行和严格的管理使交易中心网站在全国煤炭行业内已位居前列。尤其，在煤炭交易中，一方面，是物流成本高，运力不足；另一方面，却是车辆空载率居高不下。为了更好地解决运力与车辆信息不匹配的问题，交易中心通过逐一打电话的方式，联系了鄂尔多斯市 3 万多台运煤车辆，如今，已有 12000 多台运煤车辆在交易中心网站客户端中自主发布了相关信息。

2013 年，交易中心计划实现线上交易 2 亿吨，近两三年，交易中心将主要致力于活跃煤炭现货交易，并进一步推出煤炭期货交易。在内蒙古自治区煤炭交易中心的远景规划内，这个中心将覆盖内蒙古自治区、辐射全国、影响世界，不仅是交易中心，而且是价格中心、信息中心、结算中心、融资中心和物流中心。

这样的目标，显然是在综合考量鄂尔多斯市的诸多条件后所确定的：

其一，鄂尔多斯市具有无可比拟的资源优势，在全国煤炭市场中极具影响力、竞争力；鄂尔多斯市境内拥有安全生产管理水平居于全国前列的煤企集群和良好的铁路、公路运力。

其二，交易中心的建立，将原本相对分散的煤炭资源、各方运力、终端客户等多方力量集结于一身，整合之下，既提高了效能，也加强了竞争力，能够将更多的周边资源纳入自身运营平台之中，占领更大的市场。同时，内蒙古自治区具有独特的区位优势，北与俄罗斯、蒙古国等资源输出国相邻，南与晋、陕、宁等产煤大省相连，已成为我国西煤东输和外埠煤炭过境转运的重要流通枢纽。

此外，地方政府的强力支持，优秀的专业管理团队等，也都为交易中心的快速前行注入了强大的动力。

2014年内蒙古自治区联手周边省市治理雾霾

建设保障首都、服务华北、面向全国的清洁能源输出基地，成为内蒙古自治区的"热词"。2014年1月6日，内蒙古自治区乌海市利用焦炉煤气制液化天然气项目全面投产。该项目将各个焦化厂"点天灯"的焦炉煤气收集、净化和甲烷化，每年可处理焦炉煤气15亿立方米，生产液化天然气25万吨，同时减少二氧化碳排放104万吨、减少二氧化硫排放820吨。变废为宝的气体不仅能满足乌海地区需要，还将通过200多公里的管道输往区外。

内蒙古自治区把治理大气污染作为"最现实的机遇"，促进投资稳增长。该区把电力外送通道和煤制清洁燃料作为项目建设的"重中之重"。充分发挥财政资金的引导作用，投入32.5亿元建设清洁能源输出基地，支持风能、太阳能、生物质能等新能源产业发展与应用，对444个可再生能源发电项目、接网工程给予补助。一年来，新增电力装机500万千瓦，新开工煤制气120亿立方米。

调整能源结构加大输出。目前，全区煤炭储量超过8000亿吨，天然气储量1.67万亿立方米，风能技术可开发量占全国一半以上，光能资源居全国第二位，全区煤炭生产、电力装机双双居全国第一。为治理大气污染，该区因地制宜调结构，既大力发展风能、太阳能等可再生能源，又提高煤炭向清洁能源的转化比例，更注重加快推进重点煤电基地至华北、华中、东北输电通道建设，使火电与风电"打捆外送"，煤制油与煤制气"双线出区"。

为联手治理大气污染，内蒙古自治区积极与国家有关部门沟通协调，重点推进面向华北、东北、华中、华东的清洁能源输出通道建设。该区能源局分别与北京市、河北省、山东省、天津市、浙江省、江苏省进行接洽。根据与以上6省市初拟协议，到2017年内蒙古自治区可新增外送电力3000万千瓦、外送天然气280亿立方米。2014年，内蒙古自治区力争新开工煤制油450万吨，煤制气200亿立方米，电力装机600万千瓦，争取重点电力、油气外送通道尽快获批。同时，毗邻京津冀地区的兴和县、商都县、多伦县、宁城县不再审批炼焦、电石、铁合金等新增产能项目。

资料来源：中国经济网，2014年。

第二节　能源节能减排与发展方式转变

一、内蒙古自治区节能减排基本形势

1. 内蒙古自治区能源消费现状

据统计，2013 年与 2010 年相比，全国单位国内生产总值能耗和二氧化碳排放强度分别下降 9.03%、10.68%，"十二五"前三年累计节能约 3.5 亿吨标准煤，相当于减少二氧化碳排放 8.4 亿吨。2013 年全国化学需氧量、二氧化硫、氨氮、氮氧化物排放总量分别为 2352.7 万吨、2043.9 万吨、245.7 万吨、2227.3 万吨，与 2010 年相比分别下降 7.8%、9.9%、7.1%、2.0%。

内蒙古自治区是国家重要的能源基地，自治区 "8337" 发展战略将内蒙古自治区确定为保障首都、服务华北、面向全国的清洁能源输出基地。充分发挥内蒙古自治区煤炭资源富集优势，大力推进化石能源特别是煤炭清洁高效开发和利用，对于保障我国能源安全和治理大气污染意义重大。内蒙古自治区是国家重要的能源生产和供应基地，同时也是能源消费的重要区域。厘清当前能源消费的现状，顺应能源发展的新趋势，推动能源消费结构和方式转变，既是一个战略性问题，也是迫切需要解决的重大现实问题。

内蒙古自治区在工业化提速的过程中，能源消费总量快速增长，但随着产业结构转型升级和发展思路的转变，增长率呈现先升后降的趋势。如表 3-1 所示。

表 3-1　内蒙古自治区能源消费总量及增长速度（当量值）

年份	能源消费总量（万吨标准煤）	比上期增长百分比（%）	年均增长百分比（%）
1985	1870.66		
1990	2423.51	29.6	5.92
1995	3268.44	34.86	6.97
2000	3937.54	20.47	4.09
2005	10788.37	173.99	34.79
2010	18882.66	75.05	15.01
2011	21148.52	12	12.0
2012	22103.30	4.51	4.5
2013	22657.49	2.51	2.5

数据来源：内蒙古自治区统计局. 内蒙古自治区统计年鉴（2014）[M]. 北京：中国统计出版社，2014.

从表 3 - 1 可以看出，在 1985 ~ 2000 年，内蒙古自治区能源消费总量增长保持在 4% ~ 7%，相对平稳，这与这一阶段经济发展相对平稳的状况相吻合。其中"九五"期间（1996 ~ 2000 年），能源消费增速仅为 4.09%，低于"八五"期间的 6.79%，原因在于这一阶段资源性经济发展面临较多困难，产品过剩、国有企业改制、非公经济发展缓慢等，经济增长速度相对不高。进入 21 世纪，内蒙古自治区抓住了西部大开发的历史机遇，依托资源开发，加快工业化的步伐，实现经济超速增长，能源消费量陡增。在"十五"（2000 ~ 2005 年）期间，能源消费年均增长高达 34.79%，"十一五"期间仍然保持在 15% 以上。2013 年的能源消费总量是 2000 年的 5.75 倍。

进入"十二五"以来，内蒙古自治区能源消费增速放缓。2011 年增速为 12%，2012 年仅为 4.5%，2013 年增速仍然在个位数以内。与此同时，能源消费弹性系数也从 2005 年的 1.13 下降到 2013 年的 0.42。这是因为，经过数十年的发展，内蒙古自治区工业化中期的任务已经基本完成。在工业内部，以重化工业为主、依靠大量消耗能源和自然资源的发展格局，快速向资源与非资源型工业并举的格局转变，加工制造业地位凸显。同时，网络信息产业、现代服务业、旅游文化产业等对经济增长的拉动力量也在快速上升。这些产业对能源消费的需求低于重化工业。因此，内蒙古自治区能源消费增速放缓，是产业结构转型升级的自然结果。另外，随着家用汽车的普及、城镇化进程的加快，对能源的消费需求也在绝对的增大。因此，内蒙古自治区能源消费增长速度不会持续下降。

2. 内蒙古自治区在节能减排中取得的积极成效

节能减排工作，是推进经济结构调整、转变发展方式的必由之路，是贯彻落实科学发展观，建设生态文明和构建社会主义和谐社会的重大举措。在快速增长的能源消耗、过高的能源对外依存度以及越来越严重的环境污染等问题背景下，内蒙古自治区各级领导对节能减排工作高度重视，出台了一系列政策措施，强力推进节能减排工作，取得积极成效。

内蒙古自治区党委、政府高度重视节能减排工作，把节能减排作为调整经济结构、转变发展方式、推动科学发展的重要抓手，按照降低新上项目用能水平，优化新增用能配置"挤出一块"；实现"等量置换"或"减量置换"，淘汰落后产能"腾出一块"；全力支持节能技改、余热余压利用和能量系统优化工程建设，推动万家企业节能低碳行动计划，提高用能效率"省出一块"；支持新能源和可再生能源发展，努力调整能源结构"优化一块"的总体思路，深入推动节能减排工作，取得了积极成效。"十二五"期间，国家下达内蒙古自治区的节能减排目标是，单位 GDP 能耗在 2010 年基础上下降 15%，二氧化硫、化学需氧量、氨氮、氮氧化物等主要污染物排放量在 2010 年的基础上分别下降 3.8%、

6.7%、9.7%和5.8%。经过努力，"十二五"前三年，能耗强度累计下降11.8%，完成"十二五"节能目标的78.2%，化学需氧量、氨氮、二氧化硫分别完成减排任务的93%、64%、72%，氮氧化物较2010年增长4.8%，为内蒙古自治区经济发展转型升级发挥了重要推动作用。2014年全区单位GDP能耗下降3.9%，将提前一年完成"十二五"节能目标任务；能源消费总量增速控制在3.5%左右，新增能耗基本达到国家控制范围。

二、节能减排中存在的问题和困难

实施严格的节能减排政策，设置节能减排约束性指标，对于加快经济结构调整、转变发展方式意义重大。但现行节能减排指标分配体系还存在一些不合理的地方，没能充分考虑区域产业结构、资源环境承载能力、不同产业能耗和排放情况等方面的因素，已不能完全适应全国发展大局，尤其是对西部资源富集欠发达地区经济发展形成重大制约。实现"十二五"目标任务，形势十分严峻，任务非常艰巨。

1. 认识不到位

有些单位和地方对节能减排工作重视不够，特别是对其长期性、艰巨性、复杂性认识不够，GDP软指标硬化，节能减排硬指标软化，喜欢"做加法"，热衷上项目、铺摊子，认为节能减排是"做减法"，对节能减排"说起来重要、干起来不要"。个别地区能耗强度和污染排放大幅上升，拖了全国后腿。

以内蒙古自治区为例，经济增速适度放缓无疑为"转方式、调结构"提供了操作空间。毕竟，经济发展经验表明，在经济低迷时期寻求产业结构调整正是最佳时机。但是内蒙古自治区环保部对外通报，根据环保部组织完成的"2013年度各省、自治区、直辖市和八家中央企业主要污染物总量减排核查工作"情况，并对《"十二五"主要污染物总量减排目标责任书》年度落实情况进行检查发现，经核实，内蒙古自治区在总量减排工作中存在认识不到位问题。突出问题主要集中于电力行业脱销脱硫项目、城镇污水处理设施建设项目、污水处理设施未按要求建设运行、脱硫设施不正常运行及监测数据弄虚作假等方面，内蒙古自治区对电力行业脱硝脱硫项目未按目标责任书落实，内蒙古自治区的巴彦淖尔市对城镇污水处理设施建设项目未按目标责任书落实，污水处理设施建设严重滞后、收费政策落实不到位，自治区有些盟市的脱硫设施不正常运行、监测数据弄虚作假，等等。造成这些问题的原因，部分来自于对节能减排的认识不到位。

2. 指标分配不合理

（1）没有充分考虑不同地区发展水平和发展潜力，分配给西部地区的总量指标不足，不利于新常态下国家的区域协调发展。2015年中央经济工作会议指出，在经济新常态下，要完善区域政策，优化经济发展空间格局，促进各地区协调发展、协同发展、共同发展。改革开放，特别是实施西部大开发战略以来，西部地区经济社会取得了长足发展，但欠发达的区情没有根本改变，与东部沿海地区相比仍存在很大差距，发展对于西部地区更为重要。一方面，西部地区要缩小与发达地区的差距，需要有更快的发展速度，更多的能耗和减排指标。另一方面，西部地区产业规模较小，原有能耗和污染物排放总量也较小，在较低总量水平基础上进一步下降难度较大。目前的节能减排指标分配方法采用的是"基数法"，不但没有考虑到西部地区由于推行追赶型发展，必然需要更为宽松的节能减排空间这一客观实际，而且也没有考虑到，与东部发达地区相比，因为经济发展滞后，西部地区的节能减排基数相对较小，如果按相同比例下调指标数，留给西部地区发展经济的节能减排空间将更加狭窄。这将会在一定程度上影响欠发达地区的经济发展，进而严重制约国家区域协调发展战略的实施。

2014 年全区生产总值居全国第 15 位，城镇、农村常住居民人均可支配收入分别低于全国平均水平 494 元和 513 元，发展仍是全区解决一切问题的关键。国务院《2014～2015 年节能减排低碳发展行动方案》，分解下达了各省区两年能源消费增量，确定内蒙古自治区能源消费增量 1480 万吨标准煤，年均能耗增速 3.5%，远低于"十一五"时期 11.7% 和"十二五"前三年 7% 的能耗年均增速。目前，内蒙古自治区已提前一年完成"十二五"淘汰落后产能任务，降低节能减排指标的空间非常小，按照国家要求将能耗增量指标层层分解，多的盟市 200 多万吨标准煤，少的 30 万吨标准煤，再分到旗县所剩无几，能耗指标不足将严重制约地方经济发展。

（2）没有充分考虑不同行业能耗和排放的差异性，指标分配与各地产业结构特点和产业定位不相匹配，不利于新常态下国家的产业布局调整。我国能源资源生产主要集中在西部，能源资源消费却集中在东部地区，能源资源赋存与能源资源消费逆向分布和流动，客观上造成了能源供需矛盾加剧、运输紧张、企业成本负担增加等许多问题，调整区域产业布局迫在眉睫。为优化产业布局，国家出台了《关于重点产业布局调整和产业转移的指导意见》，提出资源加工型产业优先向西部资源富集地区调整。但是目前的节能减排指标分配方法，没有考虑到西部资源富集地区重型化的产业结构特征，没有给予适当的政策倾斜，不利于西部地区资源加工型产业发展，进而会制约国家产业布局的战略性调整。

内蒙古自治区地域辽阔，煤炭资源丰富，储量大、煤种齐全、煤质优良、煤层埋藏浅、厚煤层多、煤系共生和伴生矿产资源丰富。内蒙古自治区目前有六大煤田和 14 个主要矿区，六大煤田占全区煤炭保有储量的 79%。从地理分布看，内蒙古自治区东部的煤炭资源大致分布在大兴安岭以西，从呼伦贝尔市到锡林郭勒盟的东北—西南向的狭长地带,以褐煤为主。褐煤资源储量占总量的43.28%。煤田规模大、埋藏浅,适宜于大规模开采,煤炭变质程度低,含氢量高,具有比较好的活性。其中的胜利集团、霍林河集团等煤田是国家目前重要的电煤开发区。内蒙古自治区西部的煤炭资源主要集中在鄂尔多斯市盆地,包括准格尔、东胜、桌子山三大煤田,约占全区保有资源量的54.39%。以长焰煤、不粘煤为主,煤质优良,具有低硫、低灰、高发热量等特点。内蒙古自治区是世界最大的"露天煤矿"之乡。中国五大露天煤矿内蒙古自治区有4个,分别为伊敏、霍林河、元宝山和准格尔露天煤矿。霍林河煤矿是我国建成最早的现代化露天煤矿,准格尔煤田是目前全国最大的露天开采煤田。内蒙古自治区东胜煤田与陕西神府煤田合称东胜——神府煤田,是世界七大煤田中最大的一个。从资源特点看,能源资源富集,煤炭勘察估算资源量8080亿吨,其中查明储量3700多亿吨,居全国第一位。目前每年煤炭产量约10亿吨,占全国产量的28%左右。从产业结构看,煤炭、焦化、化工、建材、钢铁、有色、电力七大高耗能行业在工业增加值结构中的比重达70%左右,在工业能耗结构中的比重高达95%左右。从战略定位看,《国务院关于进一步促进内蒙古自治区经济社会又好又快发展的若干意见》确定内蒙古自治区是国家重要新型化工基地、有色金属加工基地,目前国家的煤制油、煤制气等重大战略示范项目已在内蒙古自治区布局建设。自治区"8337"发展战略也明确提出要把内蒙古自治区建设成全国重要的现代煤化工生产示范基地、有色金属生产加工和现代装备制造等新型产业基地。"十三五"期间内蒙古自治区拟建设投产的煤制油、煤制气等重大项目,预计新增能耗约2800万吨标准煤;甲醇、尿素、乙二醇等化工项目新增约1050万吨标准煤,仅这两项合计累计新增能耗3850万吨标准煤,高于全区"十二五"前三年新增能耗总量(3775万吨标准煤)。如果不能基于内蒙古自治区重型化产业结构特点给予节能减排差别化政策,将会制约内蒙古自治区产业战略定位的实现。

（3）没有充分考虑各地区不同的资源禀赋,资源输出输入地区间的指标分配不合理,不利于新常态下国家清洁能源输出基地的建设。我国是能源消费大国,"富煤缺气少油"是我国能源资源分布的突出特点。大力推进煤炭清洁高效利用,是新常态下保障能源安全、实现经济可持续发展战略的必然选择,国家《能源发展战略行动计划(2014~2020年)》明确了我国能源发展的五项战略任务,其中之一是推进煤炭清洁高效开发利用。据了解,欧美发达国家煤炭集中利用度达到80%以上,世界平均水平为62%,而我国则在45%左右。煤炭集中利用度越高,污染治理难度越低,同时成本也会下降。西部地区作为资源富集地区,已经在清洁能源输出方面发挥了重要作用。但是目前的节能减排指标分配方法,没有充分考虑各地区的能源生产和消费结构,没有区分能源消费过程中一次能源和二次能源消费的占比情况，特别是在能源输入和输出地区间节能指标分配不合理。作为能源输入地区，由于只考核产生于域内的一次能源消耗和污染物排放，很少考虑其消费清洁能源隐含的资源环境成本。作为能源输出地区，能源资源丰富，所产能源在满足本地区经济社会发展的同时，通过外运或提供电能这样的二次清洁能源方式将能源输送到其他地区，但是由此产生的能耗和排放大部分计入能源输出地区，增加了西部能源输出地区的节能减排压力，影响了输出清洁能源的积极性，进而制约国家可持续发展战略的实施。

内蒙古自治区是国家重要的能源基地，自治区"8337"发展战略将内蒙古自治区确定为保障首都、服务华北、面向全国的清洁能源输出基地。充分发挥内蒙古自治区煤炭资源富集优势，大力推进化石能源特别是煤炭清洁高效开发和利用，对于保障我国能源安全和治理大气污染意义重大。作为能源外送大区，内蒙古自治区为支援全国和兄弟省市的经济社会建设做出了重要贡献，但目前统计中将外送能源产生的能耗和排放都计入内蒙古自治区指标内。2013 年，内蒙古自治区外送洗煤 5158 万吨，焦炭 1343 万吨，这些二次能源在加工转换过程中产生的中间损耗近 650 万吨标准煤，约占全区 2014～2015 年能耗增量目标的 44%。全区外送电量 1438 亿千瓦时，消耗原煤约 7300 万吨，折合排放二氧化硫约 25 万吨，氮氧化物约 25 万吨，分别占全区二氧化硫排放总量的 18.4% 和氮氧化物排放总量的 18.2%。根据国家电网公司总体规划，到 2020 年，内蒙古自治区境内将建成 12 条特高压电力外送通道。电力外送规模将达到 1.3 亿千瓦，年外送电量 8300 亿千瓦时，增加煤炭就地转化约 3.8 亿吨，折合排放二氧化硫约 150 万吨，氮氧化物约 150 万吨，高于目前全区全年二氧化碳和氮氧化物排放总量。如果指标分配方法不做出改变，将会进一步加大资源输出输入地区节能减排责任的不匹配性，严重影响内蒙古自治区清洁能源的输出和使用效率。

3. 发展方式依然粗放

内蒙古自治区经过 60 多年的发展，取得了辉煌的成就。特别是进入 21 世纪以来，经济增长突飞猛进，经济增速连续 8 年位居全国第一，2013 年经济总量实现 16832.38 亿元，突破 1 万亿元大关，按常住人口计算的人均 GDP 达到 67498 美元。但在总量不断扩大的同时，经济发展的质量和效益并没有像 GDP 一样，实现大幅度提高，经济发展方式不合理的问题日益显现，突出表现在以下几个方面：

从产业结构看，全区实现生产总值 16832.38 亿元，按可比价格计算，增长 9%。其中，第一产业增加值 1599.41 亿元，增长 5.2%；第二产业增加值 9084.19 亿元，增长 10.7%；第三产业增加值 6148.78 亿元，增长 7.1%。第一产业对 GDP 的贡献率为 4.7%，第二产业对 GDP 的贡献率为 67.6%，第三产业对 GDP 的贡献率为 27.7%。2013 年全区第二产业增加值 9084.19 亿元，高于第一产业和第三产业的总和近 1300 亿元。第一产业、第二产业、第三产业增加值构成比例由 2012 年的 9.1∶56.0∶49.05 调整为 2013 年的 9.5∶54.0∶47.2，第三产业比重偏低的格局没有根本改观。

从收入结构看，居民收入增速相对慢于经济增速。各社会群体之间收入差距进一步拉大，城镇居民收入增量远远大于农牧民收入增量。

从居民消费价格来看，全年居民消费价格总水平比上年上涨 3.2%。从城乡分别来看，城市上涨 3.4%，农村牧区上涨 2.8%。分类别看，食品和衣着类价格涨幅超过了消费价格总水平上涨幅度。其中食品类价格上涨 6.3%，衣着类价格上涨 3.7%。

从区域结构看，盟市间、旗县间的经济发展差距继续呈拉大趋势，区域发展不平衡问题仍很突出。

从要素结构看，内蒙古自治区长期依靠物质资源的高消耗、高投入的粗放增长方式没有根本性改变，自主创新能力不足，实现以科技进步和提高要素效率为特征的集约型增长还有很长的路要走。

以上情况表明，内蒙古自治区已经进入经济发展的关键时期，粗放的发展方式已经不适应节能减排的大潮流。同时，我们还要认识到，由于历史的原因，内蒙古自治区长期积贫积弱，虽然近年来高速发展，但基础差、底子薄，作为欠发达地区的基本区情没有改变，经济社会发展水平同东部发达省区和一些中部省区还有着明显的差距。

（1）环境质量状况不容乐观。纳入约束性指标的污染物排放总量虽然在减少，部分指标有好转，但在多种污染物排放量远远超出环境容量的情况下，现阶段还难以实现环境质量全面改善。近年来内蒙古自治区的天气环境极其不正常，雾霾问题频现，主要是二氧化硫、氮氧化物、烟粉尘等污染物排放量大，以及机动车污染物排放增加、施工扬尘、秸秆焚烧、露天烧烤等原因，也有城市环境管理滞后、恶劣天气频率增加等因素。改善整体环境质量，需要全方位落实节能减排各项政策措施，严格执行法律法规和标准。

（2）政策机制不完善。随着煤炭价格持续走低，财政奖励的激励作用弱化，企业节能改造积极性不高。燃煤电厂脱硝电价政策出台时间较晚，脱硝工程建设滞后。黄标车和老旧车淘汰及畜禽污染防治激励措施不足。个别主要污染物减排未纳入约束性控制。

（3）基础工作薄弱。内蒙古自治区位于中华人民共和国的北部边疆，长期积贫积弱，虽然近年来高速发展，但基础差、底子薄，节能环保标准不完善，有的标准缺失，有的标准没有及时修订，满足不了工作需要。执法能力偏弱，执法不严，守法成本高、违法成本低的问题仍未有效解决，违法排污现象屡禁不止。

三、发展方式的转变——循环经济

1. 循环经济的定义、原则及基本特征

循环经济是指通过资源循环利用使社会生产投入自然资源最少，向环境中排放的废弃物最少，对环境的危害或破坏最小的经济发展模式。循环经济的增长模式是"资源—产品—再生资源"。

循环经济要求以"3R"原则为经济活动的行为准则。

（1）减量化原则（Reduce）。要求用较少的原料和能源投入来达到既定的生产目的或消费目的，进而达到从经济活动的源头就注意节约资源和减少污染。减量化有几种不同的表现：在生产中，减量化原则常常表现为要求产品小型化和轻型化。此外，减量化原则要求产品的包装应该追求简单朴实而不是豪华浪费，从而达到减少废物排放的目的。减量化属于输入端方法，旨在减少进入生产和消费过程中的物质和能源流量。

（2）再使用原则（Reuse）。要求制造产品和包装容器能够以初始的形式被反复使用。再使用原则要求抵制当今世界一次性用品的泛滥，生产者应该将制品及其包装当作一种日常生活器具来设计，使其像餐具和背包一样可以被反复使用。再使用原则还要求制造商应该尽量延长产品的试用期，而不是非常快地更新换代。再利用属于过程性方法，目的是延长产品和服务的时间强度。

（3）再循环原则（Recycle）。要求生产出来的物品在完成其使用功能后能重新变成可以利用的资源，而不是不可恢复的垃圾。按照循环经济的思想，再循环有两种情况，一种是原级再循环，另一种是次级再循环，即将废物资源转化成其他产品的原料。原级再循环在减少原材料消耗上面达到的效率要比次级再循环高得多，是循环经济追求的理想境界。再循环属于输出端方法，要求物品完成使用功能后重新变成再生资源。

"减量化、再利用、再循环"原则在循环经济中的重要性并不是并列的。循环经济不是简单地通过循环利用实现废弃物资源化，而是强调在优先减少资源消耗和减少废物产生的基础上综合运用"3R"原则，其优先顺序是减量化—再利用—再循环。

与传统经济模式相比，循环经济要求按照生态规律组织整个生产、消费和废物处理过程，其本质是一种生态经济。循环经济具有明显的优势：第一，能够充分提高资源和能源的利用效率，最大限度地减少废物排放，保护生态环境。第二，能够实现社会、经济和环境的共赢，实现资源的可持续利用，使社会生产从数量型的物质增长转变为质量型的服务增长。第三，循环经济在不同层面上将生产和消费纳入可持续发展的框架中。第四，培植新的经济增长点，拉长了生产链，推动环保产业和其他新兴产业的发育，有利于产业结构调整，增加就业机会，促进社会发展。循环经济本质上属于市场经济，并不是一种完全创新的经济模式。与传统意义上的市场经济相比，循环经济是在改进原有经济模式中效率低的部分基础上发展起来的，是对市场经济模式的一种扬弃。

2. 煤电铝产业在循环利用中的实施

（1）"煤电用一体化"发展模式。能源大区内蒙古自治区近年来一直在思考、摸索，如何走出一条科技含量高、资源损失少、社会效益好、环境污染少的可持续发展道路来造福人民，而不是简单地挖煤卖煤。

2011年公布的《国务院关于进一步促进内蒙古自治区经济社会又好又快发展的若干意见》中，明确提出对内蒙古自治区实施差别化产业政策，优先在内蒙古自治区布局建设具有比较优势的煤炭、电力、煤化工、有色金属生产加工等项目，在项目核准、资源配置等方面给予积极支持。在战略定位上将内蒙古自治区建设成为国家重要的能源基地、新型化工基地和有色金属生产加工基地。它如一座灯塔，照亮了内蒙古自治区能源发展的征途。自治区能源开发局、内蒙古自治区发展研究中心联合召开"煤电用一体化"论坛，邀请国家能源局、国家发改委能源所、中国能源学会等相关部门负责人、专家、学者以及区内企业代表研讨"煤电用一体化"发展模式，该模式得到了与会专家、学者的认可。

何为"煤电用一体化"发展模式？内蒙古自治区发展研究中心《内蒙古自治区"煤电用一体化"发展战略》研究课题中解释道，煤电用一体化就是将发电和用能产业构建为一个经济主体，形成上下游产业链和产业集群，从而实现循环发展和综合利用。其意义非常重要：首先，是优化国家产业布局的重要选择。在现有生产力布局下，国内东部地区和东北地区成为能源净输入区域，西部地区成为主要能源输出区域，长三角、珠三角、环渤海能源缺口进一步扩大，推进"煤电用一体化"发展，可以更好地发挥内蒙古自治区的能源优势，在内蒙古自治区布局高能耗环保产业，提高用电负荷，有利于缓解能源供给和需求的矛盾，优化国家产业布局。其次，是实现国家重要矿产资源的重要保障。内蒙古自治区推进"煤电用一体化"发展，尤其是加快构筑煤—电—高铝粉煤灰提取氧化铝—电解铝循环产业链，可以缓解国家铝土矿资源短缺的矛盾，有利于保障国家重要矿产资源安全。再次，是完善产业链的重要途径，它有利于内蒙古自治区提高资源综合循环利用水平，实现产业升级、延伸、集聚、创新，形成特色产业集群。最后，是实现节能减排的重要支撑。能源在高载能产业生产成本中占有较大比重，推进"煤电用一体化"发展，将提高内蒙古自治区的用能水平，促进风电与高载能产业的有机结合，从而带动风电产业发展。除了以上意义外，还有很重要的一点，推进"煤电用一体化"，有利于发挥内蒙古自治区环境容量优势，内蒙古自治区地域辽阔，国土面积118.3万平方公里，荒漠化、沙漠化土地较多，容纳污染物的最大负荷量仅次于新疆维吾尔自治区。内蒙古自治区规划建设的煤化工基地所涉土地不超过全区国土面积的0.25%，这为内蒙古自治区推进"煤电用一体化"发展提供了巨大的发展空间。"煤电用一体化"的发展模式对于内蒙古自治区经济社会实现又好又快发展、科学发展以及富民强区具有现实意义。内蒙古自治区要努力实现能源多元化、清洁化和高效化，鼓励煤、电、用一体化，风、光、电一体化，注意拉长上下游产业链，既提高规模化效益，又提高技术、产业集成效益，从而使资源利用和价值最大化，降低成本，提高竞争力。

（2）循环经济产业集群。发展循环经济是内蒙古自治区实施产业延伸、升级，进而实现产业多元的最有效途径，也是转变工业发展方式的关键环节。目前，全区已形成新型煤化工、盐碱化工、多晶硅、电解铝、建筑陶瓷、煤矸石综合利用等规模化产业链，资源综合利用程度、节能减排都发生了深刻变化。站在新的历史节点上，内蒙古自治区如何按照能源、资本、技术密集，高转化率、高附加值、长产业链、节能环保、循环经济的发展理念，构建煤—电—用长产业链呢？

其一，煤炭—电力—冶金产业链。内蒙古自治区已成为国家重要的有色金属冶炼加工省区。今后要重点围绕建设国家重要的有色金属生产加工基地，努力构筑煤—电—铜、铅、锌—航空材料、电子材料、交通运输工具材料等有色金属深加工产品产业链，煤炭—电力—钢—钢材、特种钢等深加工产业链。依托内蒙古自治区丰富的高铝煤炭资源，努力构建煤炭—电力—粉煤灰提取氧化铝—电解铝高效循环利用产业链。目前，内蒙古自治区高铝煤炭资源开采量达到1.07亿吨，主要用于火力发电厂燃烧用煤。而高铝粉煤灰提取氧化铝综合效益突出，按照目前每年1亿吨高铝煤炭资源开采量计算，若提取氧化铝比直接销售煤炭增值近2~5倍。若将氧化铝进一步加工生产电解铝，比直接销售煤炭资源增值3~6倍。同时，可有效启动区内电力市场需求，实现资源利用生态化、经济和社会效益最优化。

其二，煤炭—电力—多晶硅—光伏制造循环产业链。内蒙古自治区硅石资源丰富，目前已建成和在建的工业硅产能约30万吨。而且多晶硅属于能耗较高的产业，电力成本约占总成本的33%。"十二五"及今后较长时期，内蒙古自治区可加快推进以光伏产业为重点的新型电子材料产业集群，重点发展多晶硅、单晶硅和工业硅等硅材料产业，努力构建太阳能光伏产业集群。

其三，煤炭—电力—稀土新材料产业链。内蒙古自治区具备发展稀土新材料的良好产业基础，稀土工业储量4350万吨，占中国稀土资源量的85%，居全球首位，已形成从选冶、分离、深加工、新材料到应用产品较为完整的稀土工业体系。内蒙古自治区应构建以稀土磁性材料、稀土储氢材料等为核心的产业链以及以稀土催化、抛光、功能陶瓷等新材料为核心的产业链。

其四，煤炭—电力—煤化工产业链。"十一五"期间，内蒙古自治区高水平、高起点、规模化、基地化地建设了一批大型煤制甲醇、煤制烯烃、煤制油、煤焦化等新型化工项目，已经成为我国重要的煤化工生产示范基地。在"十二五"期间，我们更要努力构建煤间接液化转油、煤制甲烷气（天然气）、煤制烯烃、煤制乙二醇、煤制二甲醚等产业链。

其五，煤—电—氯碱化工产业链。阿拉善盟是内蒙古自治区湖盐分布的主要区域，可以为内蒙古自治区发展以 PVC 生产等为主的盐化工产业提供充足的资源保障。经过近几年的快速发展，内蒙古自治区氯碱化工产业不断发展壮大，电石、烧碱、聚氯乙烯等产量在全国占有一定比重，可构建煤炭—电力—电石—氯碱—聚氯乙烯等产业链，适当发展氯丁橡胶、甲烷氯化物等产品，发展盐酸、液氯、PVC、PVA 等下游深加工产品。

此外，内蒙古自治区还可以发展煤—电—云计算等高技术循环产业链。云计算是继个人计算机和互联网之后的第三次 IT 浪潮，被评为十大战略技术之首。国家将以云计算为代表的新一代信息技术确定为"十二五"战略性新兴产业的发展重点。鄂尔多斯市凭借丰富的能源、低廉的电价及适宜的气候环境，已确定规划建设占地 10 平方公里的"草原硅谷"云计算产业园区，利用传统能源承接发展云计算。

目前，自治区已制定沿河沿交通干线经济带产业发展规划，对蒙西地区的一二三产业、城镇体系、工业园区、基础设施以及生态保护的空间布局做出了战略规划。在推动工业转型升级中提出重点打造 22 个工业园区和 18 条循环经济产业链。

发达地区大范围、高比例缺电，能源用量大、资源型加工产业向内蒙古自治区转移已呈现规模化趋势，这为内蒙古自治区依托能源和资源优势承接产业转移创造了机遇，为内蒙古自治区产业结构调整带来契机。内蒙古自治区承接产业转移将按照总体规划，优选承接产业，发挥后发优势。不仅要用资源换项目，而且要用资源换其产业组合式、链条式转移，创办专业工业园区，利用好资源配置手段优化全区产业布局，从整体上实现产业与城市协调，各地区分工协作，各展所长。探索适应国家煤炭等矿产资源政策变化的运作模式和手段，以及惠及当地居民的利益分享机制，既强区又富民。

"煤电用一体化"发展模式仍在探索、完善之中，自治区政府十分重视处理好资源开发与环境保护的关系，积极探索开发中生态环境的长效补偿机制、建设机制、保护机制，建立政府、企业、矿区农牧民对资源红利的分享机制，做到企业收益与当地农牧民收入要同步提高，群众分享开发成果，共同富裕、和谐共赢。

（3）铝工业在循环利用中的实施。铝工业产业链较长，适宜按循环经济发展模式进行建设，从整体上系统地考虑内部资源闭路流动，把相关的资源投入和产品产出看作是产业链的各个环节，把每个环节按目标最优的原则串联起来，成为有经济竞争力的产业链或者产品链。

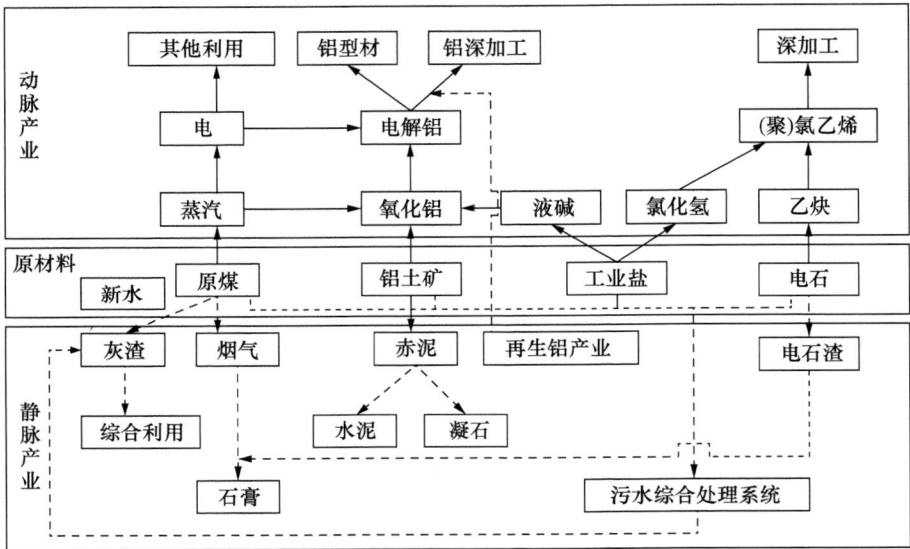

图 3 - 1　循环经济链网

发展循环经济，可以使铝工业企业降低产品成本，提高经济效益，实现企业利润的最大化，使经济增长方式由粗放型向集约型转变，增强企业的竞争力。发展循环经济，可以使铝工业企业实行资源减量化、再循环与回收利用、废物资源化，能大大提高资源的利用效率，减少资源的使用量。发展循环经济，可以改变铝工业企业传统的污染处理方式，从以末端治理为主向全过程污染预防与控制为主发展，再辅以末端的污染治理方式，能最大限度地减少污染产生，从而降低对环境的破坏程度，有效保护环境，改善区域的环境质量。总之，循环经济是符合可持续发展理念的经济增长模式，可以解决资源约束矛盾，减轻环境压力，降低企业生产成本，增加产品附加值，提高企业的整体竞争能力。从企业长远利益出发，铝工业企业必须发展循环经济。

铝工业涉及的生产过程较为复杂，产业链较多，为更好地发展循环经济，采用延链、补链和耦链设计技术，将相关产业链按"动、静结合，产业互补，资源共享，循环利用"的原则，规划为循环经济链网（见图3-1）。在这个产业链网中，以"铝土矿→氧化铝→电解铝→铝材深加工"为关键链，氧化铝和电解铝的生产规模决定与之配套的能源产业链和化工产业链的生产规模，从而基本确定整个产业链网的规模。在不同的产业链之间，进行物质、能量的相互耦合，实现资源的梯级利用与循环使用。需要特别说明的是水资源的循环利用方案，每个主导产业链在实现内部水资源梯级循环利用后产生的废水排入污水综合处理系统，经处理后作为冲灰渣水等能源产业链补充用水。

经过主导产业链之间的耦合交互，降低了生产材料和能源成本，增加了产品的附加值，显现了规模经济效益；通过上下游产品的生产衔接，降低了铝生产能耗，如直接用电解铝水进行铝产品加工；通过废物再利用，减少了污染，提高了环境效益，如电石渣用于烟气脱硫，处理后污水作为电厂冲灰渣水等。

铝工业自身特点决定了其循环经济建设的必要性和可能性。综合运用循环经济延链、补链、耦链的产业链规划设计方法，大力发展后续产业和配套产业，推动产品升级。以"热电联产、铝电联营"为核心，优化提升热电、铝业、化工主导产业，配套发展再生铝、赤泥、灰渣资源化等静脉产业，建立产业内部以及产业与外界能源、物质循环利用网络和基础设施及信息共享机制，实现资源最大化利用和废物最小化排放，最终形成以铝业为龙头，化工为辅助，热电为依托，静脉产业紧紧配合的结构合理、稳定高效的循环经济产业链网，提高经济增长质量和效益，实现经济增长方式的根本转变，实现铝工业的长期可持续发展。

（4）煤化工生产中能源循环梯级利用。煤化工企业消耗大量的水、电、蒸汽及工业气体，能源消耗量大，但通过技术创新和合理配置，节能的空间也较大。在国家和社会越来越重视节能环保的情况下，做到水电汽气等能源介质的处理及循环梯级利用，达到节能减排和绿色低碳的要求，显得迫切需要和必要。

第一，干熄焦发电及氮气的梯级循环利用。湿法熄焦是采用高压水喷淋方式冷却高温炽热的红焦，在此过程会产生大量的 CO_2、SO_2、酚氢化合物、烟尘等有害物，对大气造成污染；出炉红焦的显热约占炼焦能耗的35%~40%，使大量的红焦显热白白地浪费，消耗大量的水资源；熄焦水量难以控制，时常有红焦未熄透而烧损，热的焦炭遇水激冷，加剧了焦炭的碎裂而降低冷态强度，不但影响焦炭的产量，而且也影响焦炭的质量。相比湿法熄焦，干熄焦是采用循环惰性气体（氮气）冷却高温炽热焦炭，同时回收红焦显热的过程。在利用甲醇系统多余氮气的同时，还可用余热发电和产生蒸汽。配套干熄焦项目，以上问题可以很好地解决，此外还有以下的优势：①可以副产蒸汽供其他单元使用，并且干熄、湿熄可以互相备用，保证检修时顺利出炉，从而保证后续化工生产的顺利运行；②干熄焦系统软化水指标与甲醇系统软化水指标相同，二者可以共同使用，增强软化水的循环使用能力；③干熄焦系统配套的地面除尘站可以为焦炉的出焦和装煤过程提供吸力，从而达到除尘共享，减少污染；④干熄焦系统可以和动力系统实现动力共享，不需要重复建设配套动力设施；⑤干熄焦系统可以回收余热发电，而园区其他系统如甲醇系统需要消耗大量的电力，配套后可以节约大量工业用电。

干熄焦项目投入使用后，园区的资源得到充分的利用，将甲醇空分系统富余的高纯氮气应用到干熄焦系统，回收红焦显热的同时，产生大量的蒸汽，并推动汽轮机进行发电，并网后供园区统一调配使用，发电量可供园区70%的自用电。做功发电后的蒸汽并入园区蒸汽管网，统一分配使用。氮气、余热、蒸汽、电力各种能源介质得到高度循环利用，粉尘得到回收。

第二，蒸汽的梯级循环利用。原始设计只有焦化与甲醇工艺，甲醇蒸汽用量很大，每小时需要3.82兆帕蒸汽45吨，450℃的中压蒸汽用来驱动空分压缩机及合成用压缩机，同时产生30吨0.8兆帕的低压蒸汽，与全园区的低压蒸汽（0.4~0.6兆帕）系统不匹配。园区正常生产时，每小时中压蒸汽耗量约在140吨，蒸汽全由热力系统提供，加大了热力锅炉的生产负荷。原蒸汽系统生产工艺流程如图3-2所示。

图3-2　原有蒸汽系统流程

针对以上情况，将干熄焦和苯加氢系统产生的蒸汽并网调节到整个蒸汽系统，大大补充了原设计蒸汽不足的缺陷，将整个园区的富余蒸汽资源统一输送到热力蒸汽分配站，然后根据各自生产需要，进行蒸汽的梯级分配，实现了蒸汽系统的统一调配，同时也实现了蒸汽资源的闭路循环，优化后的蒸汽流程如图3-3所示。

第三，弛放气的循环利用。原始设计中焦炉煤气合成甲醇过程中，产生弛放气22000立方米/小时，除去甲醇系统自身消耗一小部分外，其余全部进行放散，浪费大量能源。弛放气中H_2体积分数在75%左右，经过变压吸附得到加氢用高纯氢气，用于粗苯加氢精制项目，延长了化工产业链，提高产品附加值。

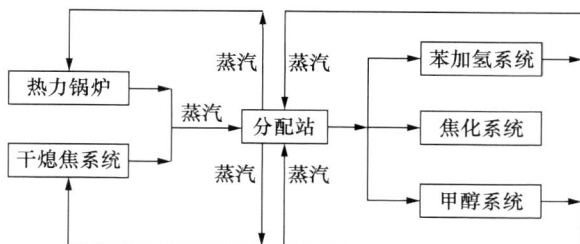

图 3-3　蒸汽系统优化后闭路循环流程

除了粗苯加氢和甲醇自身消耗的弛放气约 10000 立方米/小时外，还剩余弛放气 12000 立方米/小时左右。弛放气热值 11700 千焦/立方米，焦炉煤气的热值 17918 千焦/立方米。焦炉设计要求焦炉煤气最低热值不低于 16000 千焦/立方米，因此，可以将焦炉煤气和弛放气混合，所述混合气中甲醇合成弛放气占混合气的比例在一定范围内，保证热值不低于 16000 千焦/立方米。因为加入的弛放气可以替代部分焦炉煤气，这部分焦炉煤气可以直接送去合成甲醇，增加甲醇产量。原回炉焦炉煤气按流量 47300 立方米/小时，热值 17918 千焦/立方米，弛放气热值 11700 千焦/立方米，甲醇耗焦炉煤气 2100 立方米/小时，全年开工时间按 8000 小时计算，可增产甲醇 30000 吨/年。

弛放气循环利用新工艺有以下特点：①有效利用弛放气，避免弛放气放散或燃烧而造成环境污染，回收利用了大量能源介质；②混合气替代纯焦炉煤气燃烧加热焦炉，提高混合气燃烧时火焰长度，改善焦炉高向加热水平，从而提高焦炉温度的均匀性，有利于焦炭均匀成熟，提高焦炭质量；③将用弛放气替换出的这部分焦炉煤气用于生产甲醇系统，作为增产甲醇的原料气，形成气体的闭路循环，实现低品质气体置换高品质气体，可进一步增加企业收益。

以能源的高效合理利用和产品技术附加值的提升为目标和主线，通过技术创新和合理配套，实现了干熄焦发电、氮气循环利用、弛放气循环利用、蒸汽梯级利用。煤化工园区现在有 220 万吨焦炭、25 万吨甲醇、20 万吨粗苯加氢、30 万吨焦油加工以及聚甲醛己二酸系统的煤化工产业链。经过能源的合理梯级利用，实现了煤化工园区循环经济和节能减排的整体创新，构建了完整的煤化工绿色循环经济示范园区，现在以煤为源头可以生产出 30 多种化工产品。其单项技术和整体工艺的集成创新促进了煤化工企业能源合理高效利用和技术产品升级，实现了低碳环保和清洁生产。

能源循环产业模式是当今世界能源产业发展的必经之路，是全球经济发展浪潮的大势所趋。能源循环产业模式对于能源和社会经济可持续发展的意义也是显而易见的，相关部门应当采取必要的技术和措施，尽量加快能源循环产业模式的建设和完善，争取实现能源产业新的发展和质的飞跃，能源循环产业模式必将实现新的辉煌。

四、针对节能减排中存在的问题提出解决措施

"十二五"节能减排目标是全国人大通过的，具有法律约束力。按时保质实现节能减排目标，是政府对人民群众的庄严承诺，也是破解资源环境约束、实现可持续发展的必然选择。习近平总书记指出，要加快推进节能减排和污染防治，给子孙后代留下天蓝、地绿、水净的美好家园。李克强总理要求坚定不移地推进节能减排，努力走出一条能耗排放做"减法"、经济发展做"加法"的新路子。当前，内蒙古自治区仍处在工业化、城镇化和农业现代化快速发展的历史阶段，面临发展经济、改善民生、消除贫困、保护环境、应对气候变化的多重挑战，发展仍是解决自治区所有问题的关键，能源资源消耗还将继续刚性增长，必须坚持节约优先、保护优先，找到节能减排与促进发展的合理平衡点，提高发展质量和效益。

把节能减排作为向环境污染和低效浪费宣战的有力武器，坚持用"铁规"和"铁腕"推进节能减排，进一步硬化考核指标、量化工作任务、强化保障措施，更多利用市场机制，从调整优化结构、推动技术进步、加强和改善管理等方面挖掘潜力，深入推进工业、建筑、交通运输、公共机构等重点领域和重点单位节能减排，加大污染特别是大气和水污染治理力度，确保实现"十二五"节能减排约束性指标。具体措施如下：

1. 加强领导，为节能减排工作提供组织保障

自治区党委、政府高度重视节能减排工作，多次召开会议对节能减排工作提出要求和部署。建立了工作协调机制，制定了《内蒙古自治区实施〈节约能源法〉办法修订草案》、《内蒙古自治区"十二五"节能减排综合性工作方案》、《内蒙古自治区"十二五"节能减排规划》、《内蒙古自治区"十二五"合理控制能源消费总量工作方案》等文件，完善了保障措施。自治区各级政府、部门和企业要充分认识节能降耗、减排污染工作的重要意义，把节能降耗、污染减排纳入地方社会经济发展规划和企业健康发展的重要议事日程，认真落实自治区"十二五"能源降耗指标，把节能标准纳入政府考核体系中去。自治区节能工作领导小组应积极协调有关部门，加强对全区节能降耗、污染减排工作的组织、指导和监督、检查，研究解决自治区在步入重化工时期面临的工业节能和污染减排问题。各盟市要成立相应的组织领导机构，建立健全节能降耗、污染减排领导与协调机制。工业企业特别是煤炭、电力、冶金、化工、建材等耗能高、污染重的企业要组建由企业一把手牵头的节能减排领导和管理组织体系，设立节能降耗、污染减

排管理岗位，严格落实各项节能减排指标，使自治区节能降耗、污染减排工作真正落到实处。

节能标准纳入政府考核

随着节能新一轮提标工作的推进，一些重点领域节能标准制（修）订工作也将被提上议程，未来几年内，根据部署将实施百项能效标准推进工程。

在工业领域，加快制（修）订钢铁、有色、石化、化工、建材、机械、船舶等行业节能标准，形成覆盖生产设备节能、节能监测与管理、能源管理与审计等方面的标准体系；完善燃油经济性标准和新能源汽车技术标准。在能源领域，重点制定煤炭清洁高效利用相关技术标准，加强天然气、新能源、可再生能源标准制（修）订工作。以强制性能耗限额标准为依据，实施固定资产投资项目节能评估和审查制度，对煤炭、石油、化工等产能过剩行业和稀土等战略资源行业的生产企业进行准入公告。

随着绿色消费、绿色建筑，智慧能源新业态等兴起，以及公共机构、交通运输等领域推进节能工作的需要，我国急需研制相关节能标准，健全体系。

目前，我国基本形成了节能标准体系，支撑了淘汰落后产能和化解过剩产能、能效对标、节能产品认证、能效标识、节能产品惠民工程、节能产品政府采购等政策措施的实施，取得了良好的经济和社会效益。

"十二五"以来，国家标准委、发展改革委等有关部门联合实施"百项能效标准推进工程"，大力推进节能标准制（修）订工作。在节能领域已发布国家标准近300项，包括强制性能效标准、能耗限额标准和推荐性节能基础与管理标准。

同时，将强制性节能标准实施情况纳入地方各级人民政府节能目标责任考核。专家认为，这些举措，对行业总体能效的提高是一个方向性的指引。

2. 加大产业结构调整力度，积极促进产业结构优化升级

一是严把项目准入关。严格按照《产业结构调整指导目录（2013年）》和行业准入标准有关要求，依法控制"两高一资"行业过快增长和低水平重复项目建设。2013年，内蒙古自治区六大高耗能行业产值（现价）占工业总产值的比重为40.1%，同比下降了0.33个百分点。二是严格执行固定资产投资项目节能评估审查制度。按照国家发改委第6号令要求，进一步强化了节能评估审查工作，有效抑制了高耗能、高污染行业新上项目的盲目增长。三是坚决淘汰落后产能。内蒙古自治区淘汰38个落后产能项目，共筹集淘汰落后产能奖励资金2.06

亿元。这些资金共对 38 个已淘汰的落后产能项目进行了奖励，涉及焦炭产能 63 万吨，铁合金产能 29.98 万吨，电石产能 55.9 万吨，水泥产能 656 万吨，造纸产能 10.38 万吨，玻纤产能 3 万吨，有色金属产能 7 万吨，碳素产能 5 万吨，炼铁产能 26.4 万吨。四是大力发展循环经济和清洁生产。全区确定的自然保护区 185 个。其中，国家级自然保护区 27 个，自治区级自然保护区 60 个。自然保护区面积 1366.44 万公顷，其中国家级自然保护区面积 414.82 万公顷，增长 1.3%。全区监测的城市空气质量达到二级标准的 13 个，达到三级标准的 3 个。优于城市居住区声环境质量标准的城市比例为 100%。2013 年，内蒙古自治区单位 GDP 能耗下降 4.57%，超额完成年度节能目标任务。

3. 落实节能减排工作责任制，保障节能减排目标的顺利实施

自治区有关部门要将盟市（包括自治区重点企业）能耗指标与污染减排纳入地区社会经济发展综合评价体系与年度目标责任考核体系，作为重要考核内容。根据自治区"十二五"节能降耗总体目标，各地区及重点企业应与自治区主管部门和单位签订目标责任书，把节能降耗与污染减排工作作为考核政府领导班子和重点企业领导班子贯彻落实科学发展观、选拔任用和奖惩的重要内容，对违反国家节能法律、法规，严重浪费能源、污染环境行为的，依法追究相关单位、个人的责任；自治区各盟市、旗县把节能降耗与污染减排指标分解落实到重点耗能、排污产品和企业生产环节，实施节能、降耗、减排有奖和浪费、超耗、排污受罚的具体政策；对认真执行节能降耗和减排污染的单位、个人进行奖励，如预期达不到目标限期整改，给予相应的处罚。把节能降耗与污染减排作为企业享受项目、资金支持等重要优惠政策的主要依据，强化对企业节能降耗、污染减排工作的激励与约束。完善节能降耗、污染减排工作协调机制。在加大节能降耗工作力度的同时，要强化环境保护行政部门对自治区工业企业排污的统一监管职能，各级政府要明确计划、财政、建设、国土资源、工商、农牧业等部门的环境保护职责和任务，加强组织协调，探索节能、环保多要素的综合管理机制。

4. 通过技术创新，提高节能减排效能

采取积极有效措施，对自治区煤炭、电力、冶金、化工等重点行业、重点企业进行节能技术改造与技术创新。通过政策扶持，引导、调动行业、企业采用和推广先进技术、先进工艺对传统、老旧、落后设备、工艺进行改造与提升。科技主管部门要把节能技术、可再生能源技术、新能源应用技术和污染减排技术的自主研发与引进消化吸收和再创新，作为政府科技投入、推进高新技术产业化的重点。建立以企业为主体的节能降耗、污染减排技术创新体系，支持企业与科研院所、高等院校采取多种形式研发节能降耗与污染减排技术和高效节能设备。自治区的科技专项资金要重点向企业节能技术的开发、转化、引进和降污减排技术应

用方面给予倾斜，以充分调动企业开发、利用节能新技术、引进节能环保新工艺、新设备的积极性。

5. 加大有利于节能减排的经济刺激性政策措施力度

建立有利于节能降耗与污染减排的财政税收体系。对循环经济产业和环境友好产品实行税收优惠和优先采购措施；对资源、能源的定价要有利于节能降耗与污染减排；应以排污费、政府投入、社会捐助为基础建立环保专项资金，支持有利于节能降耗、污染减排的项目和技术；自治区作为全国重要的能源、化工基地，应积极向国家争取资源利用、环境保护政策和补偿资金；资源开发要坚持"谁开发、谁保护、谁利用、谁补偿"的原则，开发利用者要对遭到破坏的生态环境进行补偿。建立政府绿色采购制度，研究制定绿色采购指南，定期发布绿色采购标准和清单，凡是符合节能降耗、污染减排标准要求的产品、服务和企业，政府要优先采购，以引导、鼓励企业在产品生产过程中采用节能、减排的技术、工艺和设备。通过各种新闻媒体的大力宣传，引导广大群众绿色消费。

6. 排污费向环境保护税衔接过渡

排污收费制度是我国环境管理的一项重要制度，也是促进企事业单位加强经营管理，节约和综合利用资源，治理污染、改善环境的一项重要措施。新修订的环境保护法对排污费的收缴做出了规定，并明确了排污费与环境保护税如何衔接的问题。根据《新环保法》第四十三条的内容，"排放污染物的企事业单位和其他生产经营者，应当按照国家有关规定缴纳排污费。排污费应当全部专项用于环境污染防治，任何单位和个人不得截留、挤占或者挪作他用"。同时明确了"依照法律规定征收环境保护税的，不再征收排污费"。

从收缴排污费改为征收环境保护税，是"费改税"的改革内容之一。开征环境保护税是我国经济社会发展和环境保护管理的客观要求。一是现行环境税费制度难以满足当前环境保护的需要；二是开征环境保护税"绿化"现行税制，有利于促进我国形成节约能源资源、保护生态环境的产业结构、发展方式和消费模式，促进我国经济结构的调整，加快经济发展方式转变，进一步完善环境保护管理手段。

7. 加强法制建设，提高公民意识

完善节能和环保标准，开展节能减排专项执法检查；出台《节约能源法》（修订）和《循环经济法》，抓紧制（修）订配套法规；组织制定高耗能产品能耗限额强制性国家标准，制（修）订节能设计规范、节能基础、方法标准及终端用能产品（设备）能效标准。组织好节能宣传活动；把节约资源和保护环境理念渗透到各级各类的学校教育教学中，从小培养儿童的节约意识；将发展循环经济、建设资源节约型社会和环境友好型社会宣传纳入主体宣传活动中；组织开展节能科普宣传活动，实施节能宣传教育基地试点，组织《节约能源法》和

《循环经济法》宣传和培训工作，开展节能减排全民行动，每年组织全区节能宣传周、低碳日、世界环境日等活动，积极倡导绿色生活方式和消费模式。

8. 发展方式的转变

加快转变经济发展方式，关系内蒙古自治区建设中国特色社会主义事业大局，是贯彻落实科学发展观，实现内蒙古自治区经济又好又快发展的根本要求。转变经济发展方式的根本出路，是要加快建立和完善市场经济体制，优化资源配置方式，打造合格的市场主体，推进科技创新市场化，创造有利于转变经济发展方式的政策环境，从而在市场竞争中，实现经济增长由主要依靠增加物质资源消耗向主要依靠科技进步、劳动者素质提高、管理创新转变。当前及今后一段时期，要从以下五个方面着力推进：

（1）深化投资体制改革，优化资源配置。充分发挥市场配置资源的基础性作用，这是实现经济发展方式转变的基本前提。一是加快政府投资体制改革。明确界定政府投资的职责和范围，优化政府投资结构，政府投资加快从竞争领域退出，转为主要用于加强社会主义新农村建设、教育、医疗、社会保障等经济社会发展薄弱环节。创新政府投资运作机制，积极推广"代建制"等市场化运作模式，提高政府投资利用效率。二是进一步落实企业投资自主权。加快转变政府职能，减少行政审批和对经济活动的直接干预，转为更加注重社会管理和公共服务；对企业投资项目政府一律不再审批，政府仅从外部性、公共性、合规性方面对企业投资项目予以核准或备案，履行好对重大项目规划协调、发布行业信息等服务职能。

（2）加快建立现代企业制度，打造合格的市场主体。只有理性、合格的市场主体，才能有降低成本、追求技术进步、实现利润最大化的内在动力，这是转变经济发展方式的基本载体。深化企业股份制改造，积极引入自治区内外有实力的战略投资者，形成多元投资主体，改善公司治理结构，健全现代企业制度。继续推动内蒙古自治区资本调整和企业重组，优化内蒙古自治区的经济布局和结构，做好政策性关闭破产，内蒙古自治区的经济要从一般性竞争领域退出，逐步向关系内蒙古自治区经济命脉的重要行业和关键领域集中，增强自治区经济控制力和影响力。深化铁路、邮政等垄断行业改革，实行政资分开、政企分开，引入竞争机制，积极推进特许经营模式。加快开展内蒙古自治区资本经营预算制度试点，规范自治区与各盟市企业的分配关系，体现政府的所有者权益。破除体制障碍，推进公平准入和改善融资条件，鼓励、支持、引导非公有制经济发展。

（3）推进科技体制改革，提高自主创新能力。增强自主创新能力是转变经济发展方式的基本动力。有效的科技体制将为科技进步与增强自主创新能力提供体制保障。要大力推进科技体制市场化改革，统筹不同所有制单位的科研投入，改变长期存在的所有制歧视和部门壁垒问题，支持教育体制改革，推动科技教育事业真正面向世界、面向市场、面向现代化。要全面落实自治区中长期科技发展规划，实施基础研究、高技术研究和科技支撑计划，推进自治区创新体系建设，重点建设一批自治区实验室、自治区工程中心，加强科技基础能力建设。要加快建立以企业为主体、以市场为导向、产学研相结合的技术创新体系，要加大知识产权保护力度，引导和支持创新要素向企业集聚。要创新产业研发资金的投入机制，扩大创业风险投资试点范围，促进科技成果向现实生产力转化。

（4）加强环境资源制度建设，增强可持续发展能力。大力推进节能减排，加强节能环保，构建能源资源等生产要素投入的约束机制，这是转变经济发展方式的基本条件。发展生产要素市场，建立反映资源稀缺程度和市场供求关系的要素和资源价格形成机制，逐步取消垄断行业产品的行政定价机制，相应建立与完善价格调整听证制度。建立落后产能的退出机制，加快淘汰高耗能行业落后产能。着力推进建筑节能、高效照明产品推广等十大重点节能工程，增强节能能力。开发和推广节约、替代、循环利用资源和治理污染的先进适用技术，提高科技进步对节能减排的贡献。扎实推进节能减排报告、审计和能效标识工作，加强环境监管能力建设，完善能源资源节约和环境保护奖惩机制。发展清洁能源和可再生能源，提高新能源在能源供应中的比重。建立节能减排市场化运作机制，按照补偿治理成本的原则，提高污水处理收费标准，实现治污成本内部化。

（5）深化财税、金融体制改革，提供制度与政策环境。优化财税等政策设计与制度安排，为转变经济发展方式提供优良的政策环境。建立有利于科学发展的财税制度，加快建立健全资源有偿使用制度和生态环境补偿机制。完善自治区财政管理体制，完善地方税制，逐步建立财力向基层倾斜的机制，增强基层政府提供公共服务的能力，引导各盟市政府由过于重视发展工业项目向重视生态环境和基础设施方面转变。

从内蒙古自治区经济所处发展阶段来看，工业所占比重短期内不会迅速下降，通过调整结构促进节能减排短期内效果不会明显。目前全区正处于工业化中期后半阶段，重化工业是一个不可逾越的发展阶段，再加上现阶段国内高耗能、高污染产品的市场需求，使得整个第二产业在国民经济中的比重，尤其是重工业的比重，短期内难以迅速下降。因此，优化结构对于促进内蒙古自治区节能减排的作用有限。但是从长期来看，通过优化结构节能减排仍有较大的潜力。加快构建节能型产业体系，大力推动产业结构优化升级，促进经济增长由主要依靠工业拉动和数量扩张拉动，向三次产业协同发展和优化升级拉动转变。合理规划产业和地区布局，避免由于决策失误造成能源浪费和污染排放。大力发展服务业，按照优化产业结构的要求，优先发展低能耗、污染少的服务业，推动服务业总量扩张的结构优化。运用现代经营方式和服务技术，对批发零售贸易业，餐饮业等传统服务业进行改造升级，进一步降低能源消费水平。加快推进工业结构调整，大力发展循环经济、低碳经济，按照减量化、再利用、可循环原则，改进产品设计和工艺，加强废旧家电处理等，逐步建立健全全社会的资源循环体系，构建"低能耗、低排放、低污染"的绿色经济。加快发展低能耗、低污染、高附加值的高新技术产业和装备制造业以及其他非资源型产业，扩大稀土、生物制药等高新技术产业规模，培育发展环保产业。建立健全新建项目节能减排专项评审制度；严把土地、信贷闸门，对不符合节能总量控制和环保标准的新上项目，不得开工建设，严格限制高耗能、高污染工业项目建设。优化能源生产结构，逐步减少原煤直接利用，提高煤炭用于发电的比重，加快发展煤炭气化和液化，提高转换效率，减少污染排放，加快发展风能、太阳能、生物质能等可再生能源和替代能源，提高可再生能源和替代能源在一次能源中的比重。

第三节　内蒙古自治区能源综合开发利用

一、保护性开发利用高铝煤炭资源

2013年，为大力发展循环经济，内蒙古自治区将保护性开发利用高铝煤炭资源，按照基地化、循环化、一体化思路在全国产煤第一大县准格尔旗周边地区集中布局粉煤灰提取氧化铝项目。

我国铝土矿资源匮乏、对外依存度高，内蒙古自治区等我国西部地区的高铝煤田、高铝粉煤灰战略价值凸显，其中作为全国第一产煤大县的准格尔旗煤田中的氧化铝含量在10%～13%，其燃烧后产生的粉煤灰中氧化铝含量则高达40%～51%。

保护性开发利用高铝煤炭资源，将高铝煤炭作为战略资源进行保护性开发利用，严格控制高铝煤炭资源开发总量，控制开发秩序，限制高铝煤矿开发项目，规范开采行为，逐步减少高铝煤炭外运规模，提高就地集中转化率，促进高铝煤炭合理开发、定点供应、集中燃烧，有序利用、提纯高铝煤炭资源。

内蒙古自治区鼓励区域内现有发电企业、高铝煤炭企业和粉煤灰提取氧化铝企业重组、一体化经营，推进大唐二期、神华一期、中铝一期等高铝粉煤灰提取氧化铝示范项目生产线建设，推动高铝煤炭开发、发电、有色冶炼、水泥等生产企业联合建设以粉煤灰提取氧化铝为核心的循环经济产业园区，加快构建煤、电、粉煤灰提取氧化铝及下游加工循环利用产业基地。

在准格尔旗、托克托县和清水河县集中布局建设煤、电、粉煤灰提取氧化铝及铝后加工项目，将现有的 1.2 亿吨煤炭全部就地转化。初步测算，内蒙古自治区准格尔旗每年产高铝煤 1.2 亿吨，燃烧后可产生约 3000 万吨高铝粉煤灰，可供提取氧化铝 1200 多万吨，折合铝土矿约 2500 万吨，相当于 2010 年我国的铝土矿进口量。

二、支持新能源产业，优化传统能源产业，低碳经济发展

发展新能源是产业结构升级的加速器，也是发展低碳经济的内在要求。在国家政策的引领下，2012 年，国家批复内蒙古自治区金太阳示范项目 12 个，中央财政下达金太阳示范工程财政补助资金 27454 万元，装机容量 132 兆瓦。

在发展生物质能源方面，2012 年内蒙古自治区共争取国家 6 个秸秆能源化利用项目资金 2453 万元，综合利用废弃秸秆 17.52 万吨，可形成秸秆成型燃料 15.37 万吨。

在财政部已公布的前三批可再生能源电价附加资金补助目录中，自治区 135 个可再生能源发电项目及 83 个可再生能源发电项目接网工程项目列入其中，发电项目总装机容量 722 万千瓦时，全年累计上网电量将达 151.33 亿千瓦时，内蒙古自治区财政分两批积极争取中央可再生能源电价附加补助资金 55.85 亿元，目前该项资金已足额拨付到电网公司。

为改善能源结构，保障能源安全，保护生态环境，实现经济社会可持续发展，2012 年，内蒙古自治区财政预算安排了 5000 万元可再生能源专项资金，支持新能源产业化应用和新技术成果转化项目 10 个、风光互补路灯项目 11 个，补助 6730 套风光互补路灯建设。

此外，内蒙古自治区倾力进行节能与新能源汽车示范推广。示范推广工作实施以来，中央财政累计下达新能源汽车示范推广补助资金 3864 万元，自治区财政配套安排节能与新能源城市公交车辆购置补助资金 4000 万元。目前，试点城市呼和浩特市已采购 400 辆混合动力公交车，已有 200 辆投入运行。

2013 年全国能源工作会议明确指出，必须统筹能源与生态环境协调发展，从过度依赖传统化石能源，逐步转变到更多依靠新能源和可再生能源，把经济增长建立在资源可接续、生态可承载的基础。

在全国能源工作会议上确定了 2013 年将做好的八项工作中，排在第二位的是大力发展新能源和可再生能源，积极发展水电，协调发展风电，大力发展分布式光伏发电。与光伏产业相比，包括风电和水电在内的可再生能源正处于稳步发展阶段。

准格尔煤炭一半将就地转化

内蒙古自治区准格尔旗经济商务和信息化负责人介绍，在 2013 年开复工的 19 个 1 亿元以上重点工业项目中，煤炭转化项目有 16 项，工业固定资产投资超过 2000 亿元。到 2018 年，这些煤炭转化项目将相继投产，全旗煤炭就地转化率可望突破 50%。

准格尔旗煤炭资源富集，2013 年原煤产量达 2.58 亿吨。该旗区位优势突出，黄河过境 197 千米，水资源充足。立足"煤水结合"的资源优势，准格尔旗提出促成煤炭就地转化和煤炭产业转型升级，打造内蒙古自治区重要的现代煤化工生产示范基地。

目前，准格尔旗煤化工产品年产能已达 460 万吨，五大新型煤化工工艺路线——煤制油、煤制烯烃、煤制天然气、煤制乙二醇、煤制二甲醚都在准格尔旗布局有项目，已投产的久泰、东华、三维煤制甲醇，伊泰煤制油和天润煤制化肥三类煤化工项目成为当地煤化工产业发展的支柱。特别是伊泰 16 万吨/年煤间接液化制油项目和在建的中科合成油 4.8 万吨/年催化剂项目以及神华、中铝、开元 3 个粉煤灰提取氧化铝实验项目均填补了国内技术空白，久泰能源 100 万吨/年煤制甲醇项目则实现了国内单体规模最大。

准格尔旗向创新要资源，目前低碳能源是一个比较宽泛的概念，主要包括：可再生能源（太阳能、风能、生物质能、海洋能、水电等）、低碳化石能源（天然气、页岩气、煤层气等），以及高碳能源的清洁化利用（如煤制气）等。目前，人类发展方式正面临工业革命以来最为深刻的变化，低碳发展已成为全球趋势。在全球低碳化的背景下，发展低碳能源产业对中国应对气候变化，确保能源供给安全，实现经济结构转型，走上绿色发展之路具有重要战略意义。面对低碳能源产业链发展机遇，国内能源企业在低碳发展战略、发展途径、发展模式、技术装备等方面进行了一些成功的探索和实践，但仍然存在一些问题，面临严峻挑战。我国内地煤化工基地已建成 2 个国家级实验室、1 个国家级煤间接液化研发中心和 1 个自治区级煤炭综合利用研发中心等 7 家科研机构，形成了 100 多项专利技术。

未来几年，准格尔旗将按照"稳煤、扩电、强化工"的思路，积极探索煤炭高效清洁转化、资源多元综合利用的工业发展新途径，推动煤炭及伴生资源深度转化，并沿着产业链向前沿、高端和高附加值方向转型升级。

第四节 石油价格波动对新能源产业影响分析

一、历史上油价波动对于新能源的影响

从历史上看，石油价格的变动，对于新能源的发展都产生了直接的影响。

在20世纪60年代，中东地区的油田刚刚开始被大规模开发时，没有人想用什么新能源代替石油的事情。

到了20世纪70年代，石油价格暴涨，美国和欧洲私有企业和政府为新能源的研发提供的资金猛增了10倍，并在1980年达到高峰。

然而，当油价从1985年暴跌后，政府在1985年又取消了其中大部分补贴，从20世纪80年代后期一直到21世纪初期，当全世界的石油消费都在低价制度下增长时，新能源得到的资金一直少得可怜。

但从2005年开始，石油价格上涨，新能源又获得了政府和企业的青睐，随着2008年石油价格上升到147美元一桶，政府对于光伏、风电等可再生能源的补贴也达到了高峰。

2014年年中以来，国际油价一路猛跌，目前价格已经从2013年同期的80美元被腰斩，跌到了42美元。那么，这次油价的暴跌会不会对能源产业造成重创呢？

二、新能源的地位今非昔比

历史的经验必须借鉴。但历史不会机械地被重复。

现在的新能源，已经与20世纪末期的新能源不可同日而语。在2005年以前，新能源停留在研发和试验阶段，在世界上真正发电的装机容量几乎为零。但在2014年，全球光伏装机容量已经达到180兆瓦，风力发电装机已经达到370兆瓦，仅风力和光伏两种新能源形式的总装机容量就达到550兆瓦，也就是5.5亿千瓦，已经接近全球发电总装机容量的10%，并且各自都已经形成了巨大的产业。

更重要的是，现在风力和光伏发电的成本都已经大幅下降，虽然比煤炭发电的成本高，但已经达到石油和天然气发电的价格。虽然光伏发电还需要政府补贴的"哺乳"而不能"断奶"，但补贴的幅度已经大大下降。德国2005年对光伏的补贴每度电是0.57欧元，目前，已经降低到0.13欧元。中国2008年首次对光伏发电的上网电价进行定价时，价格是4元/度，目前，已经降低到0.85~1.15元/度，也就是说，与火力发电的上网电价（0.4元/度）相比，补贴的额度

从 3.6 元/度，下降到了 0.5 元/度左右。

而对于那些偏远和电力不足的地区，光伏发电甚至比火力发电的成本更低。在世界的很多地方，新能源已经进入了主流。

20 世纪，新能源只不过是科学家的小圈子游戏，是一些富豪的噱头，但进入 21 世纪第二个十年后，新能源数量的飞速上升和价格的飞速下降，使得新能源在全球经济、社会中的地位已经大不相同。

三、环境压力进一步增大

碳排放导致的气候变化从来没有像现在这样紧迫，而被各国政府重视。中国和美国，这两个大国在 2014 年的 APEC 会议上，由最高领导人签署的唯一一份文件就是《中美关于气候变化的合作备忘录》。而在 2005 年以前，没有人真正相信化石能源伴随的污染，会给人类社会带来毁灭性的影响。中国的雾霾已经到了危及人们的健康甚至生命的程度。

而无论是石油、煤炭还是天然气，对于大气的碳排放和粉尘排放造成的污染都不可避免，虽然可以设法降低，但无法根本解决。解决气候变化和粉尘污染的唯一的途径，就是用新的清洁能源来取代或者大面积取代传统的化石能源。这是新能源装机容量增加的内在动力。

在 2000 年，没有人认识到弥漫在北京的大雾可能会致命。但现在，绝大多数中国的普通老百姓已经认识到了雾霾的危害。人们的生存意识会压倒任何经济和政治的考量，使得新能源的推广应用已经成为大势所趋，民心所向。而新能源成本的不断下降，则为新能源的大规模应用提供了经济上的可行性。

四、石油价格终究还会上升

石油的储量虽然一直存在争议，但有一点是毫无争议的，那就是储量是有限的，而且越来越少。而开采难度，也必然会越来越大，这会导致石油开采成本的上升。虽然页岩油气的产生一度让人们认为能够把成本降下来，但现在看来，页岩油近 70 美元/桶的开采成本，虽然与中国的石油开采成本类似，但比中东地区等 OPEC 国家的成本高得多，而那些储量，也并非新东西，只不过过去被列入了"不宜开采"，现在由于技术的进步，变为"可以开采"而已。

随着石油的储量越来越少、成本越来越高，石油价格终究会持续上升。虽然石油的价格不仅仅受成本影响，还会受到需求、政治的影响，但开采成本是石油价格的底线。即便是石油价格跌到 40 美元的今天，也没有人会认为石油将永远保持这个价格而不上升。

重要的是，现在各国对于石油价格波动的周期性基本上有着清醒的认识，不会像股市上的投资者那样对油价大惊小怪。政府的决策者认识到，为了应对未来的油价上涨，新能源的开发是必须要进行的。这不仅是减少环境污染的要求，还是增强国家能源独立地位和应对地缘政治斗争的手段。而且，政府的决策者已经认识到，环境安全和能源安全已经成为眼前非常危急的事务，而不仅仅是为了子孙后代。因此，大部分国家的政府利用本次油价下跌的时机，提高消费税，将消费税用来对光伏和风电等新能源进行补贴，我国政府也不例外。

幸运的是，对于石油价格波动的周期性，现在不仅仅是由少数新能源领域的精英和政府决策者意识到，而已经被越来越多的能源生产者和能源消费者所认识。这构成了新能源的应用基础。

五、新能源将步入主流

人们常说股市是产业的晴雨表，随着石油价格的暴跌，全球光伏上市公司股价的一度暴跌，这也使得不少股票投资者对光伏产生了恐慌。

其实，美国的光伏股这波大跌是由于之前积累了太多上涨动能，现在需要释放一些卖方力量。这一方面是投资者延续过去油价和新能源的惯性，另一方面，源自多空博弈的角色转换影响。在中国，70%以上的电力是由煤炭提供的，由石油提供的电力不到15%（美国是70%），中国的石油主要用于交通领域，和光伏发电的重叠不大。因此，A股光伏股价就没有受到油价太大的影响。

以前，经济危机和能源危机是新能源的死神。然而，当新能源大规模地融入日常生活和社会经济后，现在的新能源与传统能源的关系已经发生了划时代意义上的转变。现在，新能源已经不是我们未来的一种选择，而是发展速度多快以及我们能走多远的问题。

因此，石油价格暴跌，导致新能源的发展停顿或长期受阻的情形，已经一去不复返了。

第五节　雾霾背后能源及整体产业结构调整

进入2013年12月以来，雾霾由华北蔓延至半个中国的国土。解决日益严重的雾霾问题，亟待中国能源消费结构乃至整个产业结构加速调整，探索能源环境经济的共赢发展路径。

一、雾霾成因

中国能源结构不够清洁，煤炭占比过高，能耗量大，需要通过发展清洁能源实现能源结构多元化，通过结合市场和行政手段加速能源结构以及整个社会产业结构的调整。能源结构调整要多元化，核心则是要发展清洁能源，然后把煤炭逐渐减下去，这不是短期内能实现的，是个系统工程，需要长期坚持调整。据统计，2013年中国煤消耗量达43亿吨，如此大的消耗量短期内无法大规模以其他能源替代，存量调整困难的情况下，要控制住增量，从增量部分开始实行能源结构调整的多元化。在发达国家的能源结构中，天然气一般占到30%，天然气加上石油达60%左右，而中国的天然气占比只有5.4%，核电占比1.97%，而美国核发电在整个电力当中占16%。

中国的城市化、产业化、工业化的大扩张和高生产强度造成能源消费在有限面积上的过于集中，能源结构不够清洁和环境治理效率低等因素造成了当前日益严重的雾霾天气。解决雾霾需要加速调整能源结构，以及整个产业结构的升级换代。要调整大的产业结构，从小的方面来讲，要调整能源结构，要增加服务业的比重，这样既能解决人的就业，又可以减少能耗。

如何有效推进能源结构的调整？推动能源结构调整离不开市场的力量，治理雾霾需要市场行为，但市场不是万能的，标准制定、价格制定、总量控制等行政手段也不可或缺。能源结构的调整离不开整个行业的更新，离不开最具创新活力的私人企业的参与，离不开一个充分竞争条件下金融市场的参与，这些能够辅助政府出台长期战略政策。

2013年9月，国务院发布的《大气污染防治行动计划》提出，力争经过5年努力，改善空气质量，减少污染天数。北京市、天津市、河北省等地已经出台了相关治霾路线图，以法律和政策引导能源调整和环境保护。

二、治理雾霾必须转型能源发展

转型的目的，就是要使我国的能源发展彻底摆脱敞口式的消费增长模式，摆脱单纯依靠增加生产规模和扩大产能为主的供应模式，摆脱轻视生态和环境保护的不可持续的发展模式。转型的目标，就是要在充分借鉴世界主要发达国家能源转型发展经验的基础上，结合我国实际，推动能源生产和消费革命，控制能源消费总量，强化节能减排，推动绿色低碳发展，确保我国未来的能源供应和能源安全。

1. 抑制能源需求过快增长

从国际上来看，世界能源消费早已进入了低速增长期。经合组织（OECD）国家的能源消费总量占世界能源消费总量的比重，已经从2008年开始降到了50%以下，而且呈持续下降的态势。根据国际能源机构（IEA）的统计，2007～2012年，OECD国家的能源消费减少了近5%。非OECD国家，也就是发展中国家，成了世界能源消费增长的主体。2007～2012年，扣除我国的能源需求增长，世界能源消费总量仅增长了 3 亿吨标准油（折合 4.3 亿吨标准煤），仅相当于我国"十一五"期间两年的能源消费增长量。

BP 统计，我国 2013 年的能源消费总量占世界的比重已接近 22.8%，而位居世界能源消费第二大国的美国，其 2013 年的能源消费总量占世界的比重已经下降到 16.5%。短短几年，我国不仅超过美国成为了名副其实的世界能源消费大国，而且与美国和其他大的能源消费经济体的差距在急剧扩大。

从全球能源消费格局变化来看，国际金融危机以来，发达国家的化石能源消费总体处于低潮，加上国际上应对气候变化和替代能源的加快发展，美国能源消费越过峰值，欧盟等的能源消费增长进一步放缓，使得发展中国家成了世界能源消费增长最主要的驱动力。在发展中国家，我国的作用尤为突出。

从国内来看，我国长期形成的敞口式能源消费，是导致我国能源消费增速过快的主要因素。改革开放以来，我国的能源消费一直以远高于世界平均水平的速度增长。从 20 世纪 80 年代初到 20 世纪末，我国能源消费年均增长 4.4%，而当时世界能源消费的年均增长只有 1.5%，我国的增速是世界平均增速的近 3 倍。进入 21 世纪以后，我国的工业化和城镇化加快推进，消费结构快速升级，加上在粗放式的经济发展方式下片面追求高速度普遍盛行，能源消费就像脱缰的野马，一路狂奔。2000～2010 年，我国的能源消费从 14.6 亿吨标准煤增长到了 32.5 亿吨标准煤，年均增长高达 8.4%，高出同期世界年均增速（2.26%）2.6 倍。2003 年、2004 年是我国能源消费增长速度最快的年份，年均增长分别超过 15% 和 16%。

改革开放使我国的经济社会发展获得了巨大的动力，取得了举世瞩目的成就。但是这种长期延续的敞口式的能源消费，却又导致了我国经济高速发展时期的能源经济效率相对较低，导致了我国的能源资源供需矛盾越来越突出，能源环境问题日益严峻。

我国能源消费最粗放的增长时期在"十五"期间。为了遏制能源需求超速增长，"十五"末期，我国提出在"十一五"期间把节能减排作为经济社会发展的两个约束性指标，使我国的单位 GDP 能源消耗在"十一五"末期降低 20% 左右，二氧化硫和化学需氧量两个污染物排放总量减少 10%。提出上述两个约束性指标，是希望以此扭转我国能源资源过度消耗、生态环境急剧恶化的局面，促使我国的经济社会朝着构建资源节约型、环境友好型社会方向发展。

经过全国上下的不懈努力，"十一五"期间，我国的单位国内生产总值能耗下降了 19.1%，节约和少用能源 6.3 亿吨标准煤，并相应减少了二氧化硫、氮氧化物等主要污染物的排放。由于实施了节能减排，在经济持续快速增长的同时，"十一五"期间我国的能源消费增速较"十五"有了较大回落，五年平均增长

6.6%。我国的能源消费弹性系数也由"十五"时期的1.04，下降到了"十一五"期间的0.59。能源消费增长得到了有效控制。

从"十一五"以来的实践看，提出节能减排约束性指标，强化能源环境对经济社会发展的约束，对推动经济发展转型、提升经济发展质量、提升能源经济效率、减少能源浪费和主要污染物排放发挥了积极作用。目前，我国能源需求增长和"十五"、"十一五"相比，已经大幅回落。2012年，我国的能源消费增长3.9%，2013年初步统计数据为3.7%。

"十二五"以来，我国的节能减排工作进展总体顺利，但由于经济下行压力加大，结构优化和转型发展不易，使得节能减排工作也遇到了一些新的问题。当前，必须更加注重充分发挥市场机制在推动节能减排工作中的作用，把推进节能减排的各项政策措施有机地结合到市场机制中。要注重发挥市场机制的作用，就要着力推进能源市场化改革，尽快建立起反映资源稀缺程度、供求关系和有利于节能减排的价格机制，发挥市场在优化能源资源配置中的决定性作用。因此，应该尽快深化资源税、消费税改革，使能源价格不仅反映生产边际成本，而且充分体现生态环境外部性成本。还应该进一步完善差别电价、惩罚性电价、差别气价政策，扩大实施范围，使其更好地发挥激励和约束作用。

2. 控制化石能源消费总量

当前，我国的能源消费基数已经非常巨大，即使保持较低的能源消费增长速度，我国每年新增的能源消费需求仍在1亿吨标准煤以上。"十二五"初期，我国提出要控制能源消费总量。从国际上应对气候变化的努力和我国的生态环境现实来看，今后，我国能源消费增长的空间更加有限，控制能源需求增长仍要强化。

控制能源消费总量，主要是控制化石能源消费。2012年，我国煤炭消费量已占世界总量的一半以上。不控制煤炭消费总量，就不能有效治理雾霾和改善大气环境质量，也不能有效控制二氧化碳等温室气体排放的过快增长。因此，近期能源消费总量控制要以控制煤炭消费为主。

2013年，我国自产煤炭36.8亿吨，从国外净进口3.2亿吨，根据国家统计局的初步统计数据，煤炭的消费量大约为37.5亿吨。如果加上统计差额等因素，我国煤炭的实际消费量已经非常接近40亿吨，已经到了国内生态环境所能承受的极限。我国的煤炭产量和消费量均超过了世界总量的50%，如果不从严控制产量和使用量，很快就会接近60%或更高。煤炭产用量占世界比重过高，面临的减排温室气体和国内环保压力就更大。

2013年9月12日，国务院发布的《大气污染防治行动计划》，也明确提出要控制煤炭消费总量，并提出到2017年，煤炭占能源消费总量比重要降低到

65%以下，要在京津冀、长三角、珠三角等区域削减煤炭使用，力争实现煤炭消费总量负增长。要实现大气污染治理目标，就要在煤炭消费总量控制上有更大的决心和更大的力度。根据我国近几年煤炭消费增长的现实情况，要力争在"十二五"末期将煤炭消费量稳定在40亿吨左右，在"十三五"末，力争有所降低。

控制煤炭消费总量，要充分利用当前我国高耗能行业产能过剩的有利时机，结合新型城镇化建设，加大力度推进工业领域和终端行业煤炭替代，提高煤炭清洁利用水平。在电力行业，继续加大淘汰落后机组和清洁煤技术推广，提高发电用煤效率，提高污染物排放控制水平。对西部地区建设燃煤电站和煤炭基地发展坑口电站，也要充分考虑生态环境的承载能力、当地水资源承载力、当地和受影响地区的空气质量等主要制约因素。

在煤炭资源的主要生产地区，要看到我国煤炭消费很快将要触及生态环境所能最大容忍的天花板这样一种前景，尽快地实施煤炭资源经济转型。山西省、内蒙古自治区等重点省区，要以土地、水资源和生态环境承载力，以及环境损害有较大恢复治理为依据，合理确定煤炭资源开发的上限规模。近两年，在煤炭价格下降，市场疲软情况下，煤炭的主要产区面临着财政减收、就业岗位减少等压力，这种情况下，依靠继续扩大煤炭产量和销售量应对，是一种饮鸩止渴的对策，必须加以改变。应该一方面寻找煤炭经济转型之路，另一方面探索建立稳定煤炭供需关系和市场价格的途径。在当前煤炭经济面临极大困难的情况下，看清中国煤炭市场未来情景，千方百计巩固已有的煤炭经济转型成果，引导煤炭行业可持续发展和转向绿色和清洁化发展才是正道。

控制煤炭消费总量，还要结合推进能源领域的体制机制改革，尽快推进煤炭价格形成机制的改革，建立和形成覆盖全国的、能充分反映市场供求变化的煤炭现货和期货市场，将煤炭资源开发利用的外部性成本内部化，加大煤炭资源税的征收力度，有效推动煤炭消费总量控制。

3. 规划和产业发展转型

我国注重用国家规划引导能源产业发展。但是，我们也应该看到，规划在大多数时候变成了审批的依据，而其应该发挥的指导和引领发展的作用却没有很好地发挥出来。要告别审批经济，要让市场起决定性作用，就要使规划真正发挥指导和引领作用，而不是其他的作用。

长期以来，我国在能源规划中注重能源基地建设，在山西省、鄂尔多斯盆地、新疆地区、内蒙古自治区东部、西南地区，规划和实施综合能源基地建设，这对推动能源产业规模化发展、促进西部大开发、实现能源资源在全国范围的有效配置、增强我国的能源供应保障能力均发挥了重要作用。目前，我国大型煤炭基地产量占到了全国总产量的90%，大型炼油基地的石油炼制能力占到了全国炼油总能力的45%，"三北"地区的风电装机占到了全国风电总装机的86%。但是，这种一成不变的思路也带来了能源产业布局与人口、环境、生态承载力不协调问题加剧，生态环境风险积聚，一些地区片面依靠能源产业，造成了一业独大、结构畸形积重难返和可持续发展乏力等问题。

随着我国能源需求增速放缓，以集中式和超前布局发展为主的能源基地面临生产能力过剩、生态环境约束加剧等越来越多的挑战。主要煤炭基地煤炭产能过快增长，煤炭市场恶性竞争加剧；综合能源基地下游产业低水平重复建设问题突出，生态承载力不足和水资源短缺矛盾加剧；运输通道建设滞后，基地供应能力与外送能力和下游市场需求矛盾加剧。

在全面深化改革和能源发展加快转型的新形势下，能源发展规划也要转变思路，要由侧重产业规划向侧重能源系统的综合规划方向转变，要由引导产业增加供应能力向引导产业适应市场的方向转变。具体讲，就是要转变片面扩大能源供应能力的规划思路，把合理引导需求、强化生态环境红线约束作为能源发展规划的前提。加强源头控制，建立负面清单制度，不断提高产业发展规模化、节能环保、安全生产等准入门槛。发挥市场机制在引导供需平衡、促进布局优化、调整能源结构等方面的积极作用。同时，强化规划的严肃性、指导性，确保各能源品种与区域、产业发展有效衔接。在综合考虑资源条件、生态环境、运输通道、市场需求和产业基础前提下，统筹发展传统能源与新能源，合理处理能源基地外供与自用关系，妥善处理能源集中式发展与分布式发展的关系。划定煤炭基地的生态红线和开发上限，控制煤化工产业发展规模，为绿色低碳能源发展创造有利的市场空间。

此外，也要强调能源产业自身的发展转型。经过长期的发展，我国能源产业的产业规模及行业指标已跨入世界前列。但是，我国能源产业的资源综合利用水平低，自主研发能力、市场开拓能力等与世界先进水平相比还有较大差距。当前，能源产业转型十分迫切。

能源产业的转型，重要的是要不断提升自身的竞争力。在转型中，企业要把提高节能环保水平作为增强自身竞争力的重要内容，依靠科技创新和严格的管理，切实做好节能降耗和污染减排工作，不断追求绿色发展和可持续发展目标。只有这样，才能适应我国生态文明建设不断推进和环境保护更加严格的现实，真正实现我国能源企业的现代治理。

三、内蒙古自治区能源转型

内蒙古自治区以整合升级传统能源产业为支点，以建设多元、多极的现代能源产业体系为重点，以发展新能源为亮点，走出了一条资源、能源型地区转变发展方式的特色之路。

1. 依托煤炭,高标准打造支柱产业

2013 年上半年,乌海市在全国经济增长放缓的大环境下,地区生产总值依然实现 14.8% 的增幅,增速居全区第一位。乌海市之所以取得这样的保增长成绩,得益于近年来加速淘汰落后产能、培育扶持规模企业的系列举措。乌海市以高于国家产业政策的标准,在煤炭开采、焦炭等行业关停规模小、污染重的企业 1560 户,同时又以高于国家产业准入门槛的标准审批项目,促进洗煤、焦化等传统行业提质升级。目前,全市规模以上工业增加值占 GDP 比重达到 60% 以上,对全市经济增长的贡献率超过 70%,国家级的煤焦化基地和 PVC 下游产品加工基地,已初具规模。

高标准打造支柱产业不仅在乌海市,在整个内蒙古自治区都已成为一种共识和行动。对内蒙古自治区来说,资源特别是种类丰富、质量优良的煤炭资源,是一笔可观的财富。2013 年全区年产煤炭 10 亿吨,居全国首位;2013 年煤炭工业产值占全区 GDP 比重 13%,占工业利润近一半。然而,面对国际金融危机后国内外宏观经济走软,以及企业成本、环境约束压力不断加大等新难题、新挑战,煤炭业如不能强筋健骨、转型升级,"财富"就有可能沦为"包袱"。

全区启动新一轮煤炭企业兼并重组,到 2013 年,全区地方煤炭企业由 353 户减少到 80～100 户;地方企业中形成 1～2 户亿吨级、5～6 户 5000 万吨级、15～16 户千万吨级的大型煤炭企业,生产规模在 120 万吨以下的煤炭生产企业全部退出市场。目前全区煤炭业资源回收率已提高到 60% 以上,机械化生产水平提高到 90% 以上,原煤百万吨死亡率稳定下降并保持在 0.05 左右。

2. 延伸产业,高层次发展多元经营

在陕汽乌海新能源专用汽车有限公司的生产车间里,工人在重型卡车装配线上紧张地忙碌着。总投资 10 亿元的重型载货汽车生产线是乌海市装备制造业和产业转型的重点项目,该项目生产的重卡使用的燃料是液化天然气,每公里比使用柴油节省 1 元左右,大大降低了车辆运行成本。

煤的"蝶变",正是近年来内蒙古自治区大力延伸资源型产业的一个缩影。越是"一煤独大",越要提早防范陷入资源枯竭困境,尽快克服对能源产业的路径依赖。自治区提出,积极转变黑色能源结构,推进产业结构调整,促进产业延伸、升级和多元化。依煤而电、依煤而化、依煤而冶的项目如雨后春笋般涌现,为草原未来的发展铺设了一条现实可行的路子。

提升资源型产业层次是内蒙古自治区产业结构调整的重要任务。自治区出台多项政策,鼓励煤炭、电力与化工等相关产业联营,构建以煤炭、电力、天然气等为主的新型煤化工产业形态。目前区内煤基延伸深加工方面已经建成煤直接液化、煤间接液化、煤制天然气、煤制烯烃等多个项目，规模与技术装备均达到国内先进水平。

针对能源、资源性产业"独大"的突出矛盾，内蒙古自治区提出加大新能源、装备制造等产业投资力度，积极发展非资源型和战略性新兴产业，着力建设多元发展、多极支撑的现代产业体系。自治区正在通过实施一批科技重大专项，加强稀土、新能源、冶金、装备制造、新材料研发等重点产业领域技术攻关，努力在更多领域实现技术突破。力争在"十二五"末，培育形成60个销售收入超100亿元、主导产业突出、承接产业转移目标明确、规模较大、链条较长、协作配套水平较高的产业集群，到2015年实现销售收入超2万亿元，工业经济贡献率超过50%，形成工业经济新增长点。同时，建成20个国家和自治区级承接产业转移示范园区，带动新增就业45万人左右。

3. 培育清洁能源

在通辽市科左中旗草原上，数百台白色的风车顺次排开，塔架直插蔚蓝的天空，巨大的风叶缓缓旋转，成为苍茫草原上的一道壮美景色。近年来，科左中旗走上了"追风逐日"的科学发展之路，在草原上打造起一座"风电航母"，目前全旗累计并网规模达到118万千瓦，实现发电23.8亿千瓦时，销售收入12.8亿元，上缴税金近1亿元。

内蒙古自治区不仅煤炭资源丰富，草原上新能源的"储量"同样让人艳羡，风能资源居全国之首，太阳能资源居全国第二位。国家气象局对全国7个千万千瓦级风电基地的风能资源评估报告显示，目前，内蒙古自治区已探明可开发的风电资源可装机容量达3.8亿千瓦，相当于16个三峡水电站。

把培育新能源作为带动经济发展、改善生态环境的重要载体，把风能、太阳能、生物质能的开发利用作为拉动新能源发展的"三驾马车"。在清洁能源的开发方面，内蒙古自治区有独特的优势，这些资源的拥有量在全国来说都是数一数二的。开发的起点也要高，立足科学发展，对标国际先进。

截至2013年底，全区风电装机已经突破1000万千瓦，可开发装机容量在1.5亿千瓦以上。鄂尔多斯市205千瓦太阳能聚光光伏示范电站已并网发电；国内首套年产15万吨生物基柴油生产线和年产生物柴油、汽油12.5万吨，年产燃料乙醇10万吨等项目相继在各地建成；阿拉善盟、包头市和巴彦淖尔市总装机容量6万千瓦的三个大型并网光伏电站已进入建设阶段；二连浩特市大型风光互补可再生能源城市供电系统示范项目正在加紧施工……针对今后新能源产业的发展目标，自治区明确提"十二五"末期，风力发电装机达3300万千瓦以上，占全国风电装机容量的30%左右，达到国际先进水平。

附　件

附1　2013年中国天然气大事记盘点

一、供需紧张全面升级

2013年4月，我国天然气表观消费量为127亿立方米，同比增加15%，出现了用气的较大波动。2013年11月，天然气表观消费同比增长继续攀升，当月12日，中石油华北分公司发出公告暂停对沧州大化供应生产用天然气、西南地区的尿素企业和LNG工厂于11月中旬至12月被限气。

自2013年10月，国家发改委连发警示"今冬明春天然气供需形势严峻"，并要求相关企业"保持在产气田高负荷生产，加快新区块投产进度"、"搞好需求侧管理，确保民生重点需求"、"切实落实气源合同，有序实施'煤改气'项目"等举措。至2013年底，陕西省、河南省、河北省、重庆市等全国多地出现了不同程度的"气荒"现象。

二、新定价调整方案出台

为逐步理顺天然气价格，保障天然气市场供应、促进节能减排，提高资源利用效率，2013年6月28日，国家发改委出台《关于调整天然气价格的通知》（以下简称《通知》），《通知》中指出，自2013年7月10日起在全国（除福建、西藏外）范围内实行"一省一价"，增量气与存量气价格并存，其中增量气价格一步调整到2012年下半年以来可替代能源价格85%的水平，存量气价格逐步调整（增量气比存量气高0.8元/方）。

在《通知》发布之后，各省、市物价局根据《通知》精神纷纷对终端用户价格实施相应调整。截止到2013年12月，我国已有17个省份对供应价格进行调整。

三、中缅天然气管道投产

2013年7月28日，中缅天然气管道开始向中国供气到达瑞丽站。8月3日，瑞丽—禄丰段投产成功，天然气到达禄丰，10月20日禄丰—贵港段投产，标志着中缅天然气管道全线建成投运。

中缅天然气管道起于缅甸皎漂市，从南坎进入中国境内的瑞丽市，经贵阳市到达广西贵港市。管道干线全长 2520 千米，缅甸段 793 千米，国内段 1727 千米，设计年输量 120 亿立方米，设计压力 10 兆帕，管道直径 1016 毫米。中缅天然气管道建成投产后，将和西气东输工程连接在一起，两个管网的气源可以相互调度和置换，同时，将新疆气区、长庆气区和四川气区连成一片，中国油气管网格局基本形成。

四、页岩气勘探取得重大突破

我国页岩气勘探开发取得重大进展，截至 2013 年 12 月 4 日，中石化和中石油几大页岩气示范区和对外合作区累计实现商品气量 1.43 亿立方米。中石化重庆涪陵区页岩气井已开钻 27 口，完钻 21 口，已投入试采水平井 10 口，累计商品气量近 7300 万方。涪陵焦石坝页岩气田日产能达到 150 万立方米，2013 年底可形成 5 亿立方米产能；中石油长宁—威远、昭通示范区和富顺—永川对外合作区完钻页岩气评价井 39 口，累计商品气量 7000 万方。

中石油首个页岩气工厂化先导试验于 2013 年 12 月 13 日获得成功。中石油川庆钻探公司首次应用拉链式压裂技术，极大提高了压裂时效。

附2　2013年中国煤炭大事记盘点

一、煤炭总量有控制

对煤炭总量的控制是 2013 年国家力推的工作之一，也是《煤炭工业发展"十二五"规划》的关键词。

2012 年 8 月 27 日，国家发改委发布《关于加大工作力度确保实现 2013 年节能减排目标任务的通知》，确定 2013 年淘汰落后产能煤炭 4500 万吨；2013 年 9 月 12 日国务院发布《大气污染防治行动计划》，要求到 2017 年，将煤炭占能源消费总量比重降到 65% 以下。

2012 年 11 月 18 日，国务院办公厅下发《关于促进煤炭行业平稳运行的意见》，要求科学调控煤炭总量，坚决遏制煤炭产量无序增长。

二、地方政府频频救市

2013 年 5 月，河南省率先出台"煤电互保"政策，要求发电企业优先使用本省煤炭，还推出奖励电量政策。随后，湖南省、山西省、陕西省、内蒙古自治区、山东省、安徽省等地均出台了相关政策，包括减免税费、鼓励发电企业使用本地煤炭、设立煤炭市场价格波动调节基金，甚至限制外来煤炭入境等。

山西省更是一口气推出继"煤炭 20 条"、"低热值煤发电 20 条"、"煤层气 20 条"，部分大煤炭集团又在政府的极力"撮合"之下，实现了与五大电力集团的煤电联营。

三、进口煤再创新高

来自国家发改委网站的数据显示，2013 年 1～11 月，我国累计进口煤炭 2.92 亿吨，同比增长 15.1%。业内预计 2013 年全年进口煤将超过 3 亿吨。进口煤的大幅增加，使我国煤炭市场更是"雪上加霜"。

2009 年，我国首次成为煤炭净进口国；2011 年我国首次超过日本成为世界最大煤炭进口国；2012 年我国以 2.9 亿吨的煤炭进口量，继续稳居世界第一。目前，进口煤的冲击不仅影响到了沿海地区的煤炭市场，还影响到山东省、河南省、安徽省、江西省、湖南省、湖北省等内陆地区的煤炭市场，并波及重庆市等西南地区。

四、煤炭行业告别双证

2013 年 6 月 29 日，全国人大常务委员会对《中华人民共和国煤炭法》（以下简称《煤炭法》）进行了七项修改，决定取消煤炭生产许可证和煤炭经营许可证，释放出煤炭行业降低两大准入门槛的信号。

此次修改《煤炭法》的目的在于借助市场手段，帮助煤炭行业回归理性，使煤价回归合理水平，摆脱产能过剩局面。

实施两证的初衷在于维护煤炭生产、经营秩序，随着煤炭市场化和煤炭物流产业的发展，继续利用计划经济手段干预生产、经营，反而增加了煤炭生产及市场交易成本。取消执行了 17 年之久的双证，简化了各种审批手段，减少重复监管，利好煤企发展，有助于促进煤炭行业的市场化进程。

附3　2013年中国能源电力十大新闻盘点

一、国家能源局重组，简政放权，能源电力行业管理和市场监管掀开新的一页

2013年3月14日，十二届全国人大一次会议通过的国务院机构改革和职能转变方案，原国家电监会、原国家能源局重新组建成立新的国家能源局。中央任命吴新雄为国家发展改革委副主任、国家能源局党组书记、局长。6月15日，新的国家能源局"三定"方案正式印发，6月17日，召开全局干部大会，新的国家能源局正式成立。

重组以来，国家能源局坚决贯彻落实党中央、国务院的各项决策部署，着力转变职能、简政放权，第一批取消和下放行政审批事项21项。对于取消下放的行政审批事项，逐项提出了后续监管措施。全程参与国务院《大气污染防治行动计划》编制工作，研究制定能源行业大气污染防治工作方案，将各项任务细化落实到增供外来电力、可再生能源等5类127个重大项目。大力优化调整能源结构，认真贯彻落实国务院《关于光伏产业健康发展的若干意见》，与有关部门密切配合，抓紧出台光伏发电价格、补贴资金、金融服务、项目管理等配套政策，积极推动分布式光伏发电，启动了北京海淀区、江苏无锡高新区等18个分布式光伏发电应用示范区建设。有序推进哈密等风电基地建设，加快分散式风电和海上风电开发。启动了煤电、风电、光伏发电大基地，以及能源大通道等重点规划的调研、编制工作。加快能源民生工程建设，加快解决无电人口用电问题。

二、我国全面成为世界第一电力大国，全国电力供需平衡

我国发电量和用电量居世界第一位，电网规模居世界第一位。2013年我国发电装机容量有望超越美国成为世界第一。

2013年我国新增发电装机容量平稳增长，1~11月，全国基建新增发电生产能力6931万千瓦，比2012年同期多投产1201万千瓦，预计到2013年底，全国发电总装机将达到12.35亿千瓦，装机规模成为世界第一。全国发电利用小时维持降低态势。1~11月，全国发电设备累计平均利用小时4132小时，比2012年同期降低46小时。多个区域电网和省级电网用电负荷创历史新高，江苏省、浙江省、山东省、上海市等电网出现用电缺口，部分时段电网公司采取了一定的有序用电措施，但没有出现拉闸限电。

在电力需求方面，2013年全年用电需求同比增速呈现出前低后高态势，全年平均增速达到7.5%左右，比2012年（5.5%）明显回升。全国用电需求增速

分别在 8 月和 3 月创出峰谷。分别为 13.7% 和 2.0%。1～11 月，全国全社会用电量 48310 亿千瓦时，同比增长 7.5%，增速比 2012 年同期提高 2.4 个百分点。

三、国务院印发《大气污染防治行动计划》，电力行业节能减排力度进一步加大

2013 年，"雾霾"成为全社会热词。2 月 27 日，环保部发布《关于执行大气污染物特别排放限值的公告》，决定在重点控制区的火电等六大行业以及燃煤锅炉项目执行大气污染物特别排放限值。5 月 22 日，环保部与 8 家电力央企签订污染物总量减排目标责任书。9 月 10 日，国务院印发《大气污染防治行动计划》，要求京津冀、长三角、珠三角等区域新建项目禁止配套建设自备燃煤电站。

价格政策成为节能减排的重要措施。2013 年 1 月 1 日起，脱硝电价试点范围由原 14 个省（自治区、直辖市）的部分燃煤发电机组，扩大为全国所有燃煤发电机组。脱硝电价标准为每千瓦时 8 厘钱。年中，国家发展改革委发出通知，将除居民生活和农业生产用电之外的其他用电可再生能源电价附加标准由每千瓦时 0.8 分钱提高到 1.5 分钱；将燃煤发电企业脱硝电价补偿标准由每千瓦时 0.8 分钱提高到 1 分钱；对烟尘排放浓度低于 30 毫克/立方米（重点地区 20 毫克/立方米）的燃煤发电企业实行每千瓦时 0.2 分钱的电价补偿。6 月 15 日，国家发展改革委下发通知，将现行核电上网电价由个别定价改为对新建核电机组实行标杆上网电价政策，核定全国核电标杆电价为每千瓦时 0.43 元。

四、核电"走出去"实现重大突破，中国广核集团率先进军欧洲市场

2013 年 11 月，国家能源局公布《服务核电企业科学发展协调工作机制实施方案》，提出大力支持核电"走出去"战略。

核电"走出去"成为我国与潜在核电输入国双边政治、经济交往的重要议题。作为世界上在建核电项目规模最大的国家，经过多年的发展，我国核电自主化和国产化取得一系列成果，这也成为我国核电"走出去"的"底气"。

2013 年 10 月，中国核工业集团公司和中国广核集团联合两家法国企业，与英国政府达成协议，将在英国西南部欣克利角兴建两台第三代压水堆核电机组。该项目投资总额约 160 亿英镑，中国两家企业将共同持股约 30%～40%。11 月 26 日，中国广核集团对外表示，已经与罗马尼亚国家核电公司签署合作意向书，将参与罗马尼亚切尔纳沃德核电站 3 号机组、4 号机组的建设工作。这是中国核电企业联合国际核巨头首次进入发达国家的核电市场和首次进入东欧市场。

五、光伏"双反"尘埃落定，"国八条"启动国内市场，分布式成发展重点

2013 年 7 月 27 日，中国和欧盟就光伏产品贸易争端达成了解决方案。价格

承诺的下限为 0.56 欧元/瓦，远低于欧委会此前提出的 1.12 欧元的价格承诺线。

2013 年 7 月 15 日，国务院发布《关于促进光伏产业健康发展的若干意见》。该意见提出，2013～2015 年，我国年均新增光伏发电装机容量 1000 万千瓦左右，到 2015 年总装机容量达到 3500 万千瓦以上。中国成为世界最大的光伏市场。

为了贯彻落实"国八条"，国家能源局确定了分布式光伏的发展目标。《分布式发电管理暂行办法》明确了分布式发电在项目建设管理、电网如何接入、如何进行运营管理等具体方法。8 月 19 日，国家能源局发布《关于开展分布式光伏发电应用示范区建设的通知》，正式公布了第一批分布式光伏发电示范区名单，该批名单涉及 7 省 5 市、总共 18 个示范区项目。10 月 29 日，国家能源局发布《关于征求 2013 年、2014 年光伏发电建设规模的函》，其征求意见稿提出，将在 2014 年新建总量达 12 吉瓦的光伏发电项目，其中 8 吉瓦属于分布式，4 吉瓦为地面电站。

六、电力结构调整取得新进展，火电比例进入"6"时代

2013 年，我国新能源和可再生能源新增发电装机快速增长。1～10 月，全国累计新增新能源和可再生能源发电装机 3595 万千瓦，为 2012 年同期的 2 倍，占新增发电装机 57.1%，占比比 2012 年同期提高 19.5 个百分点。

预计到 2013 年底，全国发电总装机将达到 12.35 亿千瓦，其中水电装机 2.78 亿千瓦，增长约 11.6%，占发电总装机比重为 22.5%，比 2012 年底提高 0.8 个百分点；并网风电装机 7500 万千瓦，增长约 22.1%，占 6.1%，提高 0.7 个百分点；核电装机 1470 万千瓦，增长约 16.9%，占 1.2%，提高 0.1 个百分点；并网太阳能发电装机 1000 万千瓦，增长 200%，占 0.8%，提高 0.5 个百分点。同时，火电装机占比将由 2012 年底的 71.5% 下降到 69.6%，下降约 2 个百分点，火电比例由此进入"6"时代。

1～11 月，全国风电设备平均利用小时 1889 小时，比上年同期提高 157 小时。除河北外，其他省份风电设备利用小时均有所上升。全国水电设备平均利用小时 3095 小时，比上年同期降低 258 小时；全国火电设备平均利用小时 4540 小时，比 2012 年同期提高 28 小时；全国核电设备平均利用小时 7195 小时，比上年同期降低 5 小时。

七、"特高压"荣获国家科学技术进步奖特等奖，南网建成世界首个多端柔性直流输电工程

在 2013 年 1 月 18 日召开的国家科学技术奖励大会上，"特高压交流输电关键技术、成套设备及工程应用"荣获国家科学技术进步奖特等奖。我国已建立系

统的特高压与智能电网技术标准体系，特高压交流电压已成为国际标准电压。南方电网建成世界上首个多端柔性直流输电工程，我国成为世界上第一个完全掌握多端柔性直流输电成套设备设计、试验、调试和运行全系列核心技术的国家。

2013 年多项重要电网工程或开工，或建成。皖电东送淮南—上海 1000 千伏特高压交流输电示范工程、云南普洱至广东江门 ±800 千伏直流输电工程、溪洛渡右岸电站送电广东双回 ±500 千伏直流输电工程、新疆与西北主网联网第二通道工程、玉树与青海主网联网工程等一批重点工程相继投运，浙北—福州 1000千伏特高压交流输电工程、国家风光储输二期工程正式开工，哈密南—郑州 ±800千伏特高压直流输电工程实现双极低端投运，溪洛渡左岸—浙江金华 ±800千伏特高压直流输电工程线路全线架通。

八、风电发展继续领跑，设备利用小时比上年同期大幅提高

2013 年，我国风电装机总量继续领跑世界。2013 年 1～11 月，全国新增风电发电生产能力 881 万千瓦，比 2012 年同期增加 59 万千瓦。预计到 2013 年底，全国风电装机总量超过 7500 万千瓦，发电量将达到 1400 亿千瓦时。

国家能源局在 2013 年春节之后发布《关于做好 2013 年风电并网和消纳相关工作的通知》，力图缓解风电并网顽疾。随着风电项目审批权的逐步下放、可再生能源电价附加的合理调整以及并网接入瓶颈的持续改善，2013 年我国部分地区弃风情况有所好转，全国整体弃风率较 2012 年有一定程度下降。截至 2013 年11 月底，全国并网风电达到 7160 万千瓦。2013 年 1～11 月，全国风电设备平均利用小时 1889 小时，比 2012 年同期提高 157 小时；分地区来看，风电设备利用小时较高（超过 2200 小时）的地区有青海省、新疆维吾尔自治区、福建省、广东省、天津市、上海市；在风电装机超过 200 万千瓦的地区中，除河北省外，其他地区风电设备利用小时均有所上升。此外，部分风电企业 2013 年前三季度的财报显示，营业收入都有不同程度的增长，风电行业整体回暖之势渐强。

九、大型水电站投产规模创新高，世界最大单机实现"一年三投"

2013 年 1～11 月，全国水电新增发电生产能力 2471 万千瓦，比 2012 年同期多投产 1159 万千瓦。新投产水电电源项目主要集中在云南省（1352 万千瓦）、四川省（677 万千瓦）。水电电源基本建设投资完成额 1098 亿元，远远超过火电（791 亿元），水电发展速度堪称迅猛。

2013 年，雅砻江流域的官地、锦屏一级和二级等电厂、金沙江流域的向家坝、溪洛渡等电厂密集投产，西南大型水电能源基地进入集中投产期，带动水电新增规模创同期新高。

2013 年 12 月 16 日，溪洛渡右岸电站 15 号机组圆满完成 72 小时试运行，溪洛渡右岸电站 15 号机组是溪洛渡右岸电站第 6 台实现投产发电的发电机组。

2013 年 12 月 20 日，随着拥有世界第一高拱坝的锦屏一级水电站 3 号机组顺利并网发电，雅砻江流域水电装机规模首次突破 1000 万千瓦。装机 240 万千瓦的官地水电站全部建成投产，锦屏一级、锦屏二级水电站 2013 年投产 480 万千瓦，加之装机 330 万千瓦已安全运行十多年的二滩水电站，装机总规模达 1050 万千瓦。

2013 年 2 月 21 日，向家坝水电站实现世界上最大单机 80 万千瓦机组"一年三投"，作为继三峡、溪洛渡水电站之后我国整体规模位居第三的大型水电站，该电站坝后厂房和地下厂房两个分列各安装 4 台目前世界上最大的单机容量 80 万千瓦水轮发电机组分两岸布置，总装机 640 万千瓦。

十、全国无电人口减少 100 万，电力应急抢险和普遍服务成效显著

"4·20"芦山 7.0 级地震导致 220 千伏输电线路停运 12 条、220 千伏变电站停运 2 座，110 千伏变电站停运 7 座，四川全省停电客户达 18.6 万户。地震发生后，国家电网四川省电力公司迅速反应，仅用 24 天就完成全部受损电力设施修复。电力抗震救灾工作得到党中央、国务院、灾区党委政府和人民群众的充分肯定。

大力服务"三农"，让农民用上电，也用好电。2013 年，为全面解决全国无电人口用电问题，国家能源局制定了《全面解决无电人口用电问题三年行动计划（2013～2015 年）》。地方政府、电力企业积极响应落实，结合地区实际，因地制宜，制定专门措施，加大无电地区电网建设投入，通过大电网延伸，开发利用风能、生物质能、太阳能等多种手段，尽快使分布在新疆维吾尔自治区、四川省、青海省、甘肃省、内蒙古自治区、西藏自治区等偏远地区的无电人口用上电。截至 2013 年 12 月中旬，内蒙古自治区无电人口已全部实现通电，新疆维吾尔自治区无电人口已全部解决基本生活用电。预计到 2013 年底，四川省、新疆维吾尔自治区、青海省无电人口数量将分别减少 18.1 万人、19.4 万人和 5.4 万人，全国无电人口总数将从 2012 年底的 273 万人减少到 173 万人，解决约 100 万无电人口用电问题，电力普遍服务水平进一步提高。

附4 2013年中国节能环保十大新闻盘点

一、全国两会代表建言献策为实现"美丽中国梦"提速

全国"两会"期间，多名全国人大代表、政协委员就环保问题建言献策，他们呼吁加快环境立法，完善各项配套政策和措施，力争用10~20年基本解决我国环境污染问题。

根据公开的报道统计，在全国31个省份的"两会"期间，共有24个省份的两会代表提及空气质量问题。其中，北京市、江苏省、山东省、河北省四个省市均把雾霾治理写入了政府工作报告中。作为中国政治舞台上的重要力量，民革、民盟、民建、民进、农工党、致公党、九三学社等各民主党派近年来对生态环境问题高度关注并深入调研。

二、雾霾笼罩中国环保部出台系列政策

据全国各地气象局的数据显示，2013年，全国平均雾霾天数创52年来之最。安徽省、湖南省、湖北省、浙江省、江苏省等13地均创下历史纪录。

针对全国雾霾严重现象，环保部出台了系列治理大气政策。环保部长周生贤强调，以三中全会精神为指导，全力以赴推进年初确定的三项重点工作，即以细颗粒物（PM2.5）防控为重点，深化大气污染防治；以保障饮用水安全为重点，强化重点流域和地下水污染防治；以土壤治理为重点，深入推进农村环境连片整治。

三、争议再起三峡大坝被指引发地震、环境问题

近年来，一旦我国西部地区发生强震，就有人把矛头指向三峡工程。此说法是否符合客观事实？

监测数据表明，三峡工程蓄水期间水库地震活动以微震和极微震为主，主要由岩溶、矿洞浸水引发。蓄水后记录到的地震以2008年11月的M4.1级（相当于ML4.6级）为最大，远小于初步设计论证报告中"可按M5.5级考虑"的预测值。对于汶川、芦山地震等西南强震是否由三峡水库诱发，专家给出了否定的答案。

四、新能源车补贴期限延长各地频出新政鼓励私人购买新能源车

来自央视的消息称，财政部、科技部、工信部和发改委四部委已经达成共

识，我国的新能源汽车补贴政策计划再延长三年的时间。新的补贴政策将扩大试点城市，同时，四部委正在研究对由一定节油效果的混合动力车给予更大的补贴。

北京市新能源汽车发展促进中心负责人透露，北京市将于 2013 年上半年陆续出台鼓励私人购买纯电动小客车的政策。"国家最高补贴 6 万元，北京市再最高补贴 6 万元，补贴还是挺大的。"上海市出台的《私人购买新能源汽车试点财政补助资金管理暂行办法》规定，在上海购买符合标准的新能源汽车，除了享有每辆最高 6 万元的国家补贴外，还可享受上海市最高 4 万元的补贴。

五、十八届三中全会再次将生态文明建设放在重要位置

十八届三中全会通过的《中共中央关于全面深化改革若干重大问题的决定》（以下简称《决定》），再次将生态文明建设放在重要位置，提出建立系统完整的生态文明制度体系，实行最严格的源头保护制度、损害赔偿制度、责任追究制度，完善环境治理和生态修复制度，用制度保护生态环境。

"划定生态保护红线，建立资源环境承载能力监测预警机制，对水土资源、环境容量和海洋资源超载区域实行限制性措施。对限制开发区域和生态脆弱的国家扶贫开发工作重点县取消地区生产总值考核。"在十八届三中全会通过的《决定》中，一项项具体的改革勾画出了未来中国环境政策的大方向，它确立了生态文明制度建设在全面深化改革总体部署中的地位，丰富了生态文明制度建设的内容，把资源产权、用途管制、生态红线、有偿使用、生态补偿、管理体制等内容充实到生态文明制度体系中来。

六、我国环保产业家底公布——环保产业成为支柱性产业

正在被打造为支柱性产业的环保产业，目前正发挥强劲的经济拉动效应。

根据初步调查结果，按照环保产品、环境服务和资源循环利用等大环保的分类方法，我国环保产业从业机构约 2.4 万家，上市公司约 400 家，年营业收入约 3 万亿元，年复合增长率达到 30%，这表明我国环保产业正处于快速发展期，有望成为新的经济增长点。

七、十八届三中全会敲定税改重点环境税或逾千亿

十八届三中全会之后，市场对环保治理的关注度持续升温。继国务院 2013 年 8 月发布《大气污染防治行动计划》后，环境税又被提上日程。财政部财科所负责人透露，环境税方案已上报至国务院，正在按程序审核中。业内人士指出，目前上报的环境税方案有望率先对废水和废气两个税目征税。

环保部有关专家表示，上述税率方案是研究者提出的高、中、低三个方案中的低方案。据此测算，一年排污税收入大约 600 亿元；目前我国排污收费年征收总额不足 200 亿元，碳税收入大约为 400 亿元。也就是说，即便是最保守的估计，环境税每年可达 1000 亿元的规模。

八、环境保护法草案四次修订审议

强调政府的责任、强调违法责任的追究。全国人大常委会审议环境保护法修订草案受到举国关注。

对于环境保护法的具体修改内容，公益诉讼的主体资格一直是社会各界争议的焦点之一。在二审稿中，将公益诉讼的主体限定在了中华环保联合会及其在各省的联合会来进行起诉。三审稿中存在一定程度的放开。草案规定：对污染环境、破坏生态，损害社会公共利益的行为，依法在国务院民政部门登记，专门从事环境保护公益活动连续五年以上且信誉良好的全国性社会组织可以向人民法院提起诉讼。

九、环保部要求百余城市监测 PM2.5 并时时发监测数据

中国环境保护部印发了《空气质量新标准第二阶段监测实施方案》的通知，要求全国 116 个城市在 2013 年 10 月底前开展包括 PM2.5 在内的 6 项指标监测，12 月底前对外发布监测数据。

实施范围包括 116 个城市 449 个监测点位，其中包括 87 个地级市监测点位 388 个、29 个县级国家环保模范城市监测点位 61 个。《空气质量新标准第二阶段监测实施方案》要求，各省、自治区、直辖市环境保护厅（局）抓紧组织开展辖区内空气质量新标准第二阶段监测实施工作。

十、我国将立足国内市场推进分布式光伏发电应用

2013 年 7 月，国务院正式印发《关于促进光伏产业健康发展的若干意见》。其中，大力推进分布式光伏发电应用是其中重要内容之一。

国家能源局局长吴新雄指出，《关于促进光伏产业健康发展的若干意见》明确，2013 ~ 2015 年，年均新增光伏发电装机容量 1000 万千瓦左右，到 2015 年总装机容量达到 3500 万千瓦以上。初步考虑，2015 年分布式光伏发电装机容量达到 2000 万千瓦。

附5 2013年太阳能光伏行业十大新闻事件盘点

一、无锡尚德破产重整施正荣出局

在光伏产业哀鸿遍野之际，第一个倒下的光伏巨头竟是尚德电力。

2013年3月4日深夜，尚德电力公告称，施正荣正式辞去董事会主席职务，该职务将由原独立董事王珊（Susan Wang）接任，这离2012年8月15日施正荣离任尚德CEO，CFO金纬出马仅7个月。不过，短短一天之内，事情却又发生了戏剧性的逆转。3月5日，施正荣发布个人公告称，董事会废除其职务没有法律依据，是错误、非法且无效的，他将采取一切必要措施保护公司，使其免受非法行为伤害。同时，他仍将作为公司执行董事长，服务于公司，并指导公司渡过难关。而在内部权力斗争公开化之后，无锡尚德（尚德电力的子公司）迎来巨变。

3月20日，无锡市中级人民法院依据《中华人民共和国破产法》裁定，对国内光伏龙头尚德电力在中国的主营分支机构无锡尚德实施破产重整，它也因此成为国内光伏企业中第一个倒下的"巨人"。

而此时的光伏大佬施正荣，从一个农村娃到科学家、到首富再到濒临破产，人生轨迹比戏剧还戏剧。短短7年，从人生顶峰跌入水深火热的谷底，从首富变成了零。

11月18日，"光伏黑马"港股上市公司顺风光电全资附属江苏顺风光电科技有限公司发布公告，称顺风光电有关收购无锡尚德100%股权权益的重整计划，已经于11月15日获得无锡市中级人民法院批准。这也意味着无锡尚德长达8个月的破产重整大戏正式收官。

无锡尚德确认的欠款等达107亿元。按照最终获批的顺风尚德收购方案，其支付的30亿元将一次性了结无锡尚德背负的近百亿元债权，今后不会再有第二轮、第三轮注资偿债。从这30亿元的最终流向看，无锡尚德职工债权（16.4万元）、税务债权（4374万元）等将最快获得100%的偿付；另外4家提供了担保的债权（7975万元）也可能会在40天内受偿；而剩余的500多家普通债权将在3个月内获得31%左右的受偿额。

二、中欧光伏"双反"案尘埃落定

2013年6月4日，欧盟委员会正式就2012年9月启动的对华光伏产品"双反"调查做出初裁，决定将从2013年6月6日起至8月6日对产自中国的光伏组件征收11.8%的临时反倾销税，如果期间双方未能达成新的和解协议，自

2013 年 8 月 6 日起，反倾销税率将升至 47.6%。也就是说，6～7 月是关键期，在很大程度上决定了中国光伏企业的生死。

2013 年 7 月 27 日，中国和欧盟在同一天宣布，双方就光伏产品贸易争端达成了解决方案。价格承诺的下限为 0.56 欧元/瓦，远远低于欧委会事先提出的 1.12 欧元的价格承诺线，但是值得注意的是，最低价格只适用于每年的 7 吉瓦出口，超过的部分也会进行反倾销税的征收。且最低价格是自愿的，不愿意参与价格承诺的企业将依旧受到欧盟反倾销税的制裁。价格承诺的达成共识使中国大部分太阳能板制造商依旧可以出口产品至欧盟并保持合理的份额，但只有 94 家企业享有价格承诺进军欧盟光伏市场。

12 月 2 日，欧盟委员会发表声明，决定从 12 月 6 日起对未参与“价格承诺”的出口欧盟的中国太阳能板生产商征收为期两年的反倾销税和反补贴税。而这部分企业数量可能达到光伏出口企业的三成左右。欧盟委员会确定了自 2013 年 8 月起参与“价格承诺”的中国企业名单，并称，此征税措施只适用于未参加“价格承诺”的中国企业。欧盟的反倾销惩罚性关税税率将高达 47.6%。

2013 年 12 月 5 日，欧盟对原产于中国的晶体硅光伏组件及关键零部件做出反倾销终裁，除价格承诺企业外，对中国光伏组件与电池征收 47.7%～64.9% 不等的双反税，承诺企业从之前的 94 家增至 121 家。加入价格承诺的企业占我国调查期内对欧盟出口总额的 80% 左右。另外，此次价格承诺同时涵盖反倾销与反补贴案件，涉案产品范围排除硅片。双反措施和价格承诺自 2013 年 12 月 6 日起正式生效，期限 2 年。

另外，在“双反”终裁出来前夕，11 月 27 日，欧盟委员会公布对华光伏玻璃产品反倾销调查初步裁决，对原产于中国的光伏玻璃产品征收 17.1%～42.1% 的临时反倾销税，实施期限为 6 个月。

三、光伏“国八条”

7 月 15 日，国务院对外发布《关于促进光伏产业健康发展的若干意见》（以下简称《意见》），其中对光伏产业今后新增项目有了更加严格的技术要求，目的是推动全行业的企业重组、淘汰落后产能，这是 2012 年底和 2013 年 6 月国务院常务会议“国五条”、“国六条”的深化和延伸。“八条意见”把扩大国内市场、提高技术水平、加快产业转型升级等作为促进光伏产业持续健康发展的根本立足点。

《意见》称，到 2015 年光伏发电总装机容量达到 3500 万千瓦（35 吉瓦）以上，2013～2015 年年均新增光伏发电装机容量在 1000 万千瓦左右。

《意见》中强调，抑制光伏产能盲目扩张，严格控制新上单纯扩大产能的多晶硅、光伏电池及组件项目。

《意见》还首次明确提及，"对光伏电站，由电网企业按照国家规定或招标确定的光伏发电上网电价与发电企业按月全额结算；对分布式光伏发电，建立由电网企业按月转付补贴资金的制度"。

"国八条"政策一出，被各种追捧，一时之间，萎靡不振的光伏产业大为提振。而后，以光伏"国八条"为政策依据，各种光伏细则政策随之出炉：

7月15日国务院发布《关于促进光伏产业健康发展的若干意见》；

7月18日国家发改委发布《分布式发电管理暂行办法》；

7月24日财政部发布《关于分布式光伏发电实行按照电量补贴政策等有关问题的通知》。

8月9日国家能源局发布《关于开展分布式光伏发电应用示范区建设的通知》；

8月26日国家发改委发布《关于发挥价格杠杆作用促进光伏产业健康发展的通知》；

8月30日国家发改委发布《关于调整可再生能源电价附加标准与环保电价的有关事项的通知》；

8月22日国家能源局、国家开发银行发布《关于支持分布式光伏发电金融服务的意见》；

9月24日国家能源局发布《光伏电站项目管理暂行办法》；

9月29日国家财政部发布《关于光伏发电增值税政策的通知》；

9月工信部发布《光伏制造行业规范条件》；

10月11日工信部发布《光伏制造行业规范公告管理暂行办法》；

10月29日国家能源局发布《关于征求2013年、2014年光伏发电建设规模的函》；

11月18日国家能源局发布《关于印发分布式光伏发电项目管理暂行办法的通知》；

11月19日财政部发布《关于对分布式光伏发电自发自用电量免征政府性基金有关问题的通知》。

OFweek点评：《关于促进光伏产业健康发展的若干意见》共从六个方面进行支持：①光伏应用；②电价和补贴；③补贴资金管理；④财税支持；⑤金融支持；⑥土地支持。虽然24号文共有八大项，但从支持的角度称为"国六条"更为合适，而不是"国八条"。

《关于促进光伏产业健康发展的若干意见》的最大亮点和含金量，是提出2013~2015年，我国年均新增光伏发电装机容量1000万千瓦左右，到2015年总装机容量达到 3500 万千瓦以上。这是经过多次调整修改后，再次调高我国光伏发电装机计划。2012 年底，国家能源局印发的《太阳能发电发展"十二五"规划》中，这一目标还只是 2000 万千瓦以上。如果总装机 3500 万千瓦的目标实现，中国将超过德国成为世界最大的光伏市场。而随后出台的光伏细则政策，更是极大提振了萎靡的光伏产业、安慰了丧气的光伏企业。

同时，随着《关于促进光伏产业健康发展的若干意见》提出的对光伏产品品质要求的提升，从上游的多晶硅到下游的组件，光伏行业将会面临重新的洗牌过程，像多晶硅行业，差不多一半的企业出局。

四、多晶硅双反

2012 年 7 月 20 日，中国商务部发起对原产于美国和韩国的进口太阳能级多晶硅反倾销调查及对原产于美国的进口太阳能级多晶硅反补贴调查。

2012 年 9 月 17 日，我国商务部正式收到江苏中能、江西赛维 LDK、洛阳中硅和重庆大全新能源代表国内多晶硅产业提交的书面申请，申请人请求对原产于欧盟的进口太阳能级多晶硅进行反补贴调查，并将该调查与 2012 年 7 月 20 日商务部已发起的对原产于美国和韩国的进口太阳能级多晶硅反倾销调查及对原产于美国的进口太阳能级多晶硅反补贴调查进行合并调查，累积评估上述 3 国（地区）出口被调查产品对国内产业造成的影响。

2012 年 11 月 1 日，我国商务部发布公告，决定即日起对原产于欧盟的太阳能级多晶硅进行反倾销和反补贴立案调查。

2012 年 11 月 26 日，商务部网站公告称，将对向原产于美国、韩国和欧盟的进口太阳能级多晶硅追溯征收反倾销税，以及对上述多晶硅追溯征收反补贴税进行调查。

2013 年 2 月 20 日，原定于当日公布的初裁结果被推后。

7 月 4 日，原定于当天发布的中国对欧盟多晶硅双反初裁结果最终没有公布。在距离立案调查将满一年的 7 月 18 日，商务部对美韩太阳能级多晶硅的反倾销初裁终于落地。自 2013 年 7 月 24 日起，相关美韩企业将以保证金的形式缴纳临时反倾销税。美国企业的税率为 53.3% ~ 57%，大部分韩国企业税率为 12.3%，巨头 OCI 仅为 2.4%。同被列为调查对象的欧盟，却在此轮初裁公告中"漏网"。

2013 年以来，中国从美国、韩国、德国三国进口多晶硅合计占比超过 85%，其中美国占比约 33%。2013 年 5 月，美国多晶硅进口均价仅为 13.2 美元/千克，大幅低于韩国的 19.2 美元/千克与德国的 19.9 美元/千克，而在征收差异化的税率之后，美韩多晶硅进口价格基本相同。韩国与中国在光伏领域并无贸易纠纷，因此裁定的税率较低；而美国在 2012 年对中国的光伏电池片裁定了较高的"双反"税率，因此，中国此次给予高税率的回击并不意外。但对德国方面造成一定压力，进而敦促德国向欧盟施压，在中欧价格谈判中做出让步。

立案调查一年、初裁三次延后，中国对美国和韩国多晶硅"双反"的重锤虽然终于落下，但对业内并无惊喜。面对政策的不确定性，这些早已停产的多晶硅企业并不敢贸然复产，而一些上市企业出于业绩的压力，正在选择剥离和退出这个行业，我国多晶硅产业已命悬一线。

11 月 1 日，商务部发布公告称，鉴于本案情况较为特殊和复杂，决定对原产于欧盟的进口太阳能级多晶硅进行反倾销、反补贴调查一案调查期限延长 6 个月，即截止日期为 2014 年 5 月 1 日。

OFweek 点评：多晶硅双反案，对于那些久旱盼甘霖的国内多晶硅企业来说，有些失望。近一两年来，我国多晶硅企业除停产外，破产风险亦在不断加码。在"长他人志气"的观点看来，我国多晶硅产业如今的颓势，一方面是由于欧美韩倾销造成，另一方面却也有自身技术落后的因素。原本以为可以依靠中国对欧美韩多晶硅"双反"扳回几成，结果却依旧难改中国多晶硅企业尴尬现状。何况，欧盟对中国的光伏双反已经出终裁了，中国对欧盟多晶硅双反初裁却还在延期阶段。

不过，站在我国多晶硅业界的角度来看，若不实施"双反"举措，随着各地多晶硅停产规模的进一步加剧，这一产业更将陷入岌岌可危的境地。

五、分布式光伏发电"雄起"

2013 年的光伏产业有一个不能忽略的部分，那就是分布式光伏发电。在这一年中，分布式充分享受了"宠儿"的待遇。

尽管发电规模相对较大的工商业企业建设分布式光伏电站，回收成本的时间远低于家庭分布式光伏电站，但前者的建设进展缓慢，普及度远远不及后者。

分布式光伏发电主要是采用光伏组件，将太阳能直接转换为电能的分布式发电系统。该模式倡导就近发电，就近并网，就近转换，就近使用的原则，能有效提高同等规模光伏电站的发电量，并解决电力在升压及长途运输中的损耗问题，被视为光伏业发展主要动力。数据显示，在世界范围内，分布式占光伏累计总装机容量的 68.9%，在美国超过 83%，德国超过 85%，日本更高达 90% 以上。

光伏企业最看重的就是电网每个月的补贴能否到位，如果补贴到位，整个产业链是一大利好。盈利模型能做得更准确，整个产业也就发展起来了。

7 月 31 日，我国财政部已发布分布式光伏发电的补贴方式，即国家对分布式光伏发电项目按电量给予补贴，补贴资金通过电网企业转付给分布式光伏发电项目单位。

8月13日，国家发改委官网发布了关于印发《分布式发电管理暂行办法》的通知，明确了分布式发电在项目建设管理、电网如何接入、如何进行运营管理等的具体方法。

8月19日，国家能源局发布《关于开展分布式光伏发电应用示范区建设的通知》，正式公布了第一批分布式光伏发电示范区名单，该批名单涉及7省5市、总共18个示范区项目。18个示范区项目横跨2013～2015年、共计1.823吉瓦，其中2013年开建749元/千瓦时，剩余项目在2015年完成。

8月30日，国家发改委价格司发布《关于发挥价格杠杆作用促进光伏产业健康发展的通知》，明确分布式光伏发电项目的补贴被定为0.42元/千瓦时，地面电站根据所在区域不同，电价分为0.9元/千瓦时、0、95元/千瓦时和1.0元/千瓦时三档。一套20千瓦的系统，以0.42元/千瓦时的分布式电价补贴，约5.5～6年能收回投资成本，未来的20多年，将都是纯收益。

10月29日，国家能源局发布《关于征求2013年、2014年光伏发电建设规模的函》，其征求意见稿提出，将在2014年新建总量达12吉瓦的光伏发电项目，其中8吉瓦属于分布式，4吉瓦为地面电站。

11月18日，国家能源局发布《关于印发分布式光伏发电项目管理暂行办法的通知》。这份政策通知成为分布式光伏发电最新利好政策，涉及总则、规模管理、项目备案、建设条件、电网接入和运行、计量与结算、产业信息监测及违规责任等细则。

11月19日，财政部发布《关于对分布式光伏发电自发自用电量免征政府性基金有关问题的通知》。自11月19日起对分布式光伏发电自发自用电量免收可再生能源电价附加、国家重大水利工程建设基金、大中型水库移民后期扶持基金、农网还贷资金4项针对电量征收的政府性基金。

除此之外，分布式光伏发电金融新政有望在12月出炉。另外，12月5日，国家能源局新能源和可再生能源司负责人介绍，在2014年度全国光伏发电规模安排中，将向分布式光伏倾斜，分布式光伏所占比重在60%左右，具体装机规模指标将在2013年底前公布。

六、光伏"黑马"顺风光电

顺风光电是何方神圣？

名不见经传的光伏小辈顺风光电国际有限公司，动用超过30亿元的资金，接盘无锡尚德！

顺风光电总部位于江苏省常州市，公司总投资近4亿元，2011年7月13日在香港联交所主板正式挂牌交易，在光伏界名不见经传的顺风光电接手尚德难免被外界质疑为"蛇吞象"。

事实上，顺风光电是光伏行业中的新起之秀。这里不得不提到的一个人是顺风光电的实际控制人郑建明。

出生于上海的郑建明，是香港资本市场的一个传奇人物。郑建明从海南、上海投资房地产起家，2002 年起转战香港炒卖写字楼，5 年时间赚了 5 亿港元，身家估计超过 10 亿港元。2010 年国美电器黄光裕与陈晓的控股权争夺战上演之时，郑建明从原有的 1 亿股持仓急增至 3.5 亿股，按当日收盘价 2.34 元计，市值超过 8 亿港元，股权超过 2%，超越持股 1.25% 的陈晓。

2012 年底，正是光伏行业跌入谷底的时刻，所有的中游组件商全部陷入亏损，负债严重，资金链几乎断裂。郑建明正是在此时精准地对光伏中游制造环节进行了第一波抄底。2012 年 11 月底，顺风光电的主要股东汤国强将大量股份转给了郑建明，后者为持股 29.65% 的第一大股东。

2013 年 1 月，顺风光电以 2500 万元和逾 2 亿元的代价，先后拿下安徽赛维全部股权及江西赛维 1700 万股股权，7 月，顺风光电再次出资 40 亿元将海润光伏 499 兆瓦已开发光伏电站（含建设中及拟建设等）收入囊中。11 月，同样是顺风光电，在几家重量级的竞争对手中脱颖而出，斥资 60 亿元成为无锡尚德的最终"接盘者"（其中包括先行支付的 30 亿元及未来两年内投入的资金 30 亿元）。

12 月 8 日，光伏"黑马"顺风光电于甘肃省金昌市的一座 50 兆瓦电站正式并网，这也是目前由顺风光电所投资的众多电站中第一个完成并网的项目。由此，人们看到了这位"资本运作高手"在光伏发电领域的"真刀真枪"。这一总投资达 4.95 亿元的电站，从建设伊始至正式并网发电仅用了短短 88 天。更为关键的是，这还只是这匹光伏"黑马"计划于近期完成并网的 38 个光伏电站（已开工）中的一座。这 38 个光伏电站总规模为 1.13 吉瓦，总投资达 100 亿元以上。

七、《光伏制造行业规范条件》及其首批准入企业名单

为深入贯彻落实科学发展观，引导光伏制造行业加快转型升级，进一步加强和完善光伏制造行业管理，推动我国光伏产业持续健康发展，根据国务院《关于促进光伏产业健康发展的若干意见》（国发［2013］24 号）和国家有关法律法规及产业政策，按照优化布局、调整结构、控制总量、鼓励创新、支持应用的原则，工信部于 2013 年 9 月制定并发布了《光伏制造行业规范条件》，随后在 10 月发布了《光伏制造行业规范公告管理暂行办法》。

11 月 28 日，工信部发布公告，将拟公告的符合《光伏制造行业规范条件》企业名单（第一批）予以公示，该名单是经企业申报、省级工信部核实推荐、国家工信部组织专家进行书面复核而确定。目的是为了进一步加强光伏制造行业管理，规范产业发展秩序，提高行业发展水平，加快推进光伏产业转型升级。

此次共有 134 家光伏生产企业入围公示名单，其中有尚德电力、南玻 A、天威保变、ST 超日、比亚迪等一批上市公司。主要涵盖了多晶硅、电池、组件、硅棒、硅片几个业务领域，其中主营业务涉及组件生产的企业有 60 家，电池生产的企业 47 家，多晶硅生产企业 11 家，其余则为硅锭、硅棒、硅片生产企业。文件发出后，在光伏业界引起很大反响。

八、破产潮——一周三家太阳能巨头破产

7 月一周有三家太阳能企业提交破产申请，这是继上一轮价格急速下滑时 Q – Cells 等太阳能巨头破产、中国无锡尚德宣告破产之后，又一轮新的破产潮。申请破产的三家企业是德国的 Conergy 和 Gehrlicher 太阳能公司，以及夏威夷太阳能企业 Hoku。这三家太阳能企业均把自家的垮台归咎于全球光伏市场的激烈竞争。

Hoku 是美国的太阳能多晶矽巨头企业，向波卡特洛联邦法院申请破产保护，其债务约为 10 亿美元。Hoku 的合作伙伴包括晶科能源、尚德等。

欧盟决定对中国进行反倾销制裁，其成员国的太阳能企业生存环境非常艰苦。Conergy 则曾经是欧洲最大的太阳能集团，2007 年该公司市值超过 22 亿欧元，而 2013 年为 5700 万欧元左右。消息称，该公司部分股权将被一家亚洲投资者收购。

德国另一家公司 Gehrlicher Solar 也成为最新申请破产的企业，负责全球兆瓦级光伏发电专案的规划、建设、融资与运营。该公司在 2012 年 EPC 公司规模排名中排在第 22 位。

而在 7 月，申请破产的并不止这三家。

且不说昔日光伏巨头尚德的破产，2013 年光伏产业的破产潮并不止一波，令人唏嘘。

九、汉能成全球最大薄膜太阳能企业

在光伏行业陷入"寒冬"之际，汉能控股集团有限公司（下称"汉能"）则开始了对全球薄膜技术的"抄底"行动。

2013 年 7 月 25 日，汉能宣布成功并购美国 Global Solar Energy 公司。此次并购的完成，意味着汉能成为全球首家实现柔性薄膜太阳能组件大规模产量的公

司。这不仅是汉能全球技术整合战略的重要里程碑，更重要的是，将大幅加速中国光伏产业的转型升级。

汉能的全球技术并购行动蓄势已久，翻开汉能的海外技术并购蓝图，可以清晰地看到这个行业龙头保持技术优势的"野心"：2012 年 9 月，汉能宣布成功收购德国 Q‑CELLS 子公司、铜铟镓硒（CIGS）薄膜电池制造商 Solibro。该企业的铜铟镓硒（CIGS）薄膜太阳能电池具有全球最高的模组转换效率，达 17.4%，成为汉能引领全球太阳能光伏技术的重要战略组成部分。2013 年 1 月 9 日，汉能并购了全球领先的 CIGS 薄膜太阳能组件制造商——美国企业 MiaSolé，迈出了海外技术整合的又一步，此次并购形成对汉能已有技术的有益补充，汉能成为规模、技术上皆领先全球的薄膜太阳能企业。

三次技术并购，从最初的 Solibro 到 MiaSolé，再到如今的 Global Solar Energy，汉能整合了全球最先进的薄膜技术，就此成为世界上规模最大的薄膜太阳能企业。目前，汉能掌握非晶硅—锗、非晶硅—纳米硅、铜铟镓硒等 7 条全球领先的薄膜技术路线，薄膜太阳能组件量产转化率已达到 15.5%，研发转化率最高已达 18.1%。

另外，2013 年 10 月发布的 2013 年福布斯中国富豪榜中，汉能控股集团董事长李河君以 664.9 亿元的净资产一跃成为中国第四大富豪。

十、日本有望成第二大太阳能市场

在 2013 年 3 月，IHS 市场分析师一份新报告称，预计 2013 年日本光伏市场将经历 120% 的急剧增长。争夺世界霸权，日本 2013 年总计安装将有望达 5 吉瓦，预计仅 2013 年第一季度将安装 1 吉瓦。该国将赶超德国、意大利和美国，2013 年成为继中国后第二大市场。

而在最新的研究中，业内人士称随着可再生能源发电固定价格收购制度于 2012 年 7 月开始实行，日本的太阳能发电又恢复了以往的迅猛势头。2012 年新增太阳能发电装机容量达 200 万千瓦，是上年的 2 倍。2013 年预计还将增长 2.5 倍，达到 500 万千瓦。再加上欧美光伏市场的疲态渐显，如果维持这一势头，全年新增装机容量有望达到世界第二。鉴于第一的热门候选中国正在放慢速度，甚至有可能，日本将一举夺下冠军宝座。

附6 2013年十大能源新闻盘点

一、能源发展"十二五"规划发布划定能源消费"红线"

2013年1月23日，《能源发展"十二五"规划》正式公布，提出2015年"全国能源消费总量40亿吨标准煤"控制目标。随后召开的国务院常务会议专题研究部署控制能源消费总量工作，并要求"把总量控制目标科学分解到各地区，地方各级政府对本行政区域的控制能源消费总量工作负总责"。

我国对能源消费总量的控制，既显示了国家通过宏观调控手段，调整能源消费结构的决心，同时也透露出我国能源消费增长过快、结构性矛盾突出等问题的严峻。如何控制能源消费快速增长，特别是对煤炭的依赖，也是关系我国能源结构调整的重中之重。

二、国家能源局重组能源领域多项审批权下放

2013年3月10日，国务院公布机构改革和职能转变方案，撤销电监会，重组国家能源局。三个月后，新能源局三定方案落地：涉及电力、煤炭、油气及新能源等领域的一系列行政审批权或取消或下放，能源局工作重心开始向宏观战略、宏观规划、宏观政策、能源改革和能源监管等方面转移。

能源局的重组及相关职能的转变，表明党的十八大提出的"深化行政审批制度改革"的要求率先在能源管理领域付诸实施。电监会的撤销和诸多审批事项取消和下放也将更大程度上促进各方积极性，而如何真正的发挥监管责任也是新能源局面临的一大课题。

三、核电实行标杆上网电价步入"成本时代"

2013年7月2日，发改委下发通知，部署完善核电上网电价机制。通知规定，将现行核电上网电价由个别定价改为对新建核电机组实行标杆上网电价政策，并核定全国核电标杆电价为每千瓦时0.43元。

中国核电的定价机制并不规范，执行"一厂一价"的原则，即核电站的造价越高，其获得政府批准的上网电价也随之越高。这使得核电企业缺少足够的积极性控制建设和运行成本，标杆电价的确定则将迫使企业更加注重成本管控，将中国核电推进了"成本时代"。

四、我国天然气供应多元化保障能源安全

2013年10月20日，中缅天然气管道干线正式建成投产，投产后每年将为我

国进口输送天然气 120 亿立方米；2013 年 12 月 18 日，我国首个煤制天然气示范项目——大唐内蒙古克什克腾旗煤制天然气示范项目投运，正式向中石油北京段天然气管线输送清洁的煤制天然气产品。项目建设规模为年产 40 亿立方米，分三个系列连续滚动建设，每系列 13.3 亿立方米。两个项目的成功运行，标志着我国天然气供应正式走向多元化，进一步保障清洁能源的使用，为我国的能源安全奠定了坚实的基础。

五、中石化青岛输油管线发生爆燃教训引深思

2013 年 11 月 22 日凌晨 3 时，位于山东青岛经济技术开发区秦皇岛路与斋堂岛街交会处的中石化管道公司输油管线破裂，部分原油沿着雨水管线进入胶州湾，海面过油面积达 3000 平方米。上午 10 时 30 分，在油污清理过程中黄岛区沿海河路和斋堂岛路交汇处发生爆燃，同时在入海口被油污染海面上发生爆燃。事故造成 62 人遇难。此次事故暴露出地方管道在管理上的疏忽和漠视，血的教训不得不发人深省。

六、中石油腐败窝案败露

2013 年 9 月 1 日，监察部宣布对前中石油董事长，国务院国资委主任兼党委副书记蒋洁敏涉嫌严重违纪进行组织调查。两天后，中央决定免去其领导职务。此后，中石油集团副总经理王永春，副总裁冉新权、总地质师王道富，董秘兼昆仑能源董事长李华林、总会计师兼集团财务资产部总经理温青山、联合石油公司总裁王立华等多位高层领导被调查，成为国有企业涉人最多的腐败窝案，对于央企管理引发深层思考。此案将开始成为中国油气改革的重大突破口，推进中国能源行业改革的全面深化形成契机。

七、非居民天然气价格改革全国铺开

发改委决定自 2013 年 7 月 10 日起调整非居民用天然气价格。全国范围内的天然气价格改革铺开，长期存在的进口气与国内气价格倒挂的矛盾有望缓解。自从发改委发布《关于调整天然气价格的通知》之后，各省市陆续出台针对辖区内非居民用天然气的最高门站限价或最高销售限价的方案。天然气价格改革一定程度上会促进非常规天然气的发展，同时也给分布式能源的发展带来了一定的不利因素。

八、焦煤期货、动力煤期货上市

2013 年 3 月 22 日，焦煤期货在大连商品交易所挂牌上市。9 月 26 日动力煤

期货正式于郑州商品交易所上市交易。

我国现货焦煤的价格变化较大，显著影响中下游焦炭、生铁、钢材的生产成本，并通过影响成本影响企业经营利润。焦煤上市对于我国煤炭行业、钢铁行业、焦化行业产生较大影响，相关企业通过焦煤期货市场可以规避价格风险。动力煤期货在郑商所挂牌上市，对于发现动力煤市场价格，引导煤炭产需企业科学组织生产和合理消费，实现套期保值，规避市场风险，促进煤炭和相关产业健康可持续发展具有重要意义。

九、光伏"国八条"发布诸多光伏企业重组

2013 年 7 月 15 日，国务院对外发布《关于促进光伏产业健康发展的若干意见》，"八条意见"把扩大国内市场、提高技术水平、加快产业转型升级等作为促进光伏产业持续健康发展的根本立足点。"国八条"对光伏产业今后新增项目有了更加严格的技术要求，目的是推动全行业的企业重组、淘汰落后产能，这是2012 年底和 2013 年 6 月国务院常务会议"国五条"、"国六条"的深化和延伸。

"国八条"的发布推动了很多光伏企业的重组，其中包括龙头企业无锡尚德。破产重整的无锡尚德被"光伏黑马"顺风光电收购，不过严格来说顺风光电并未彻底接盘无锡尚德，还存在不确定性。

十、"国十条"打响治理雾霾攻坚战

2013 年 9 月 10 日，国务院发布《大气污染防治行动计划》，到 2017 年，全国地级及以上城市可吸入颗粒物浓度比 2012 年下降10%以上；京津冀、长三角、珠三角等区域细颗粒物浓度分别下降25%、20%、15%左右，其中北京市细颗粒物年均浓度控制在 60 微克/立方米左右。此轮"霾灾"波及 240 万平方公里国土，影响 8 亿国人正常生活，治霾刻不容缓！空气污染与能源息息相关，相关治理办法的实施实际上也在逐步倒逼能源结构调整，能源体系改革，牵"环境"一发而动"能源"全身。

附7　2013年环球五大环境能源事件盘点

美国的石油和天然气产量在经历井喷式的增长；中国空气污染严重到一些城市的交通几乎陷入瘫痪；强台风肆虐菲律宾。这些都是2013年最重要的话题事件。2013年在气候和能源领域的五大话题事件。

一、中国空气污染

2013年的北京，笼罩在雾霾的厚重面纱之下，1月，北京的空气污染指数一度达到755，比世界卫生组织界定的"危险"标准高出一倍还多。北京在2013年出现的雾霾天数超过了以往50年来的任何一年。

空气中的这些污染物，很大程度上是来自燃煤火电厂和汽车尾气，这已经引起中国领导人的重视。2013年8月，中国政府宣布了一项环保计划，一方面要减少新建燃煤电厂数量，另一方面投入2750亿美元用于改善空气质量。

二、美国将成为全球最大的石油和天然气生产国

2013年全球能源行业在地理版图上最重要的变化之一，当属美国，预计将超越俄罗斯和沙特阿拉伯，成为全球头号石油和天然气生产国。美国白宫宣布，美国原油产量在二十多年来首次超过进口量。

美国的天然气产量同样增长迅猛。美国能源部预计，美国天然气产量在2040年之前将增长56%。尽管天然气被吹捧为一种较清洁的燃料，但如果不采取措施控制天然气开采和运输过程中的甲烷排放，那么它在环保方面带来的好处便荡然无存。

三、美国总统奥巴马宣布气候行动计划

2013年6月，奥巴马总统在乔治敦大学的奖台上宣布了一项详尽的《气候行动计划》（Climate Action Plan），这是美国第一份旨在解决气候变化问题的、跨部门的全国性计划。

在最突出的措施中，包括要求发电厂减少碳污染的计划。美国环保署在2013年9月宣布了针对新建电厂的规定，而且预计在2014年6月之前将出台针对现有电厂的标准。发电行业是美国减排事业中最大的挑战之一，如果新规实施到位，美国将有望兑现自己在2020年之前将温室气体排放量较2005年减少17%的承诺。

四、煤炭失宠

面对天然气的价格竞争,加之社会上对污染排放问题越来越重视,美国煤炭市场在 2013 年承受了相当大的压力。美国财政部与包括英国在内的几个欧洲国家基本上都已停止向新建的海外燃煤电厂提供公共资金支持。世界银行(The World Bank)、欧洲投资银行(European Investment Bank)和美国进出口银行(United States Export – Import Bank)也纷纷出台类似的政策,限制对新建燃煤电厂的资助。与此同时,不久前来自忧思科学家联盟(Unionof Concerned Scientists)的研究发现,由于设备老化、经济效益差和技术落后,美国大约 1/3 的燃煤电站将在未来几年面临关停的命运。

即便如此,全世界的煤电需求依然强劲,美国的煤炭年出口量高达 1.2 亿吨。据世界资源研究所(The World Resources Institute)估计,全世界范围将要上马的煤电站项目大约仍有 1200 个。

五、可再生能源遭遇流年

虽然 2013 年对可再生能源的投资整体出现下滑,但还是存在几大亮点。在许多地区,太阳能和风能发电技术相比传统化石燃料的成本竞争力正在增强,消费者和投资者也都注意到了这些变化。

美国太阳能发电设施的安装量在 15 年来首次超过德国。沃伦·巴菲特(Warren Buffett)旗下公司宣布为爱荷华州的一个风电项目订购价值 10 亿美元的风电机组。在加州,劳伦斯伯克利国家实验室不久前公布的一项研究发现,安装了太阳能面板的住宅,平均可产生近 2.5 万美元的附加值。与此同时,世界上第一个未接受政府补贴的大型太阳能项目在西班牙并网发电。巴西也在快速提升其风力发电规模,计划到 2021 年将风力发电比重提升到 10%。

参考文献

［1］内蒙古统计局. 内蒙古统计年鉴（2013）［M］. 北京：中国统计出版社，2014.

［2］内蒙古统计局. 内蒙古统计年鉴（2012）［M］. 北京：中国统计出版社，2013.

［3］内蒙古统计局. 内蒙古统计年鉴（2011）［M］. 北京：中国统计出版社，2012.

［4］内蒙古统计局. 内蒙古统计年鉴（2010）［M］. 北京：中国统计出版社，2011.

［5］内蒙古统计局. 内蒙古统计年鉴（2009）［M］. 北京：中国统计出版社，2010.

［6］崔民选. 中国能源发展报告（2014）［M］. 北京：社会科学文献出版社，2014.

［7］http：//www. china5e. com/index. php？ m ＝ content&c ＝ index&a ＝ show&catid ＝ 13&id ＝ 917559.

［8］http：//www. china5e. com/index. php？ m ＝ content&c ＝ index&a ＝ show&catid ＝ 13&id ＝ 917524.

后　记

　　《内蒙古自治区能源发展报告（2016）》立足于客观翔实的数据，从宏观和微观层面，运用定量与定性相结合的分析方法，紧密结合自治区及国内外政治和经济格局的变化，针对产业结构转型、发展方式转变带来的机遇和挑战，对内蒙古自治区能源领域各行业的运行特征进行了深度剖析与探讨，并提出了对未来走势的预测和切实可行的对策建议，力图为提高科学发展能源水平做出一定的贡献。

　　本报告在编写过程中，参考了大量国内外相关行业文摘以及网络报道，在此向这些作者表示由衷的感谢。还有一些作者的文献参考没能标上，敬请谅解。

　　本书各章节由下列作者编写，第一章总报告由吕君、哈斯巴根编写，第二章第一节由张文娟编写，第二章第二节由王珊、牟艳军编写，第二章第三节由乌云嘎、张海庆编写，第二章第四节由王世文编写，第三章第一、第二节由金良、姚焕焕编写，第三章第三节由张文娟编写，第三章第四节由吴海珍编写，第三章第五节由王珊编写；附件由丁非白、马芳晨编写。硕士研究生姚焕焕、丁非白、马芳晨参与数据搜集与处理。全文由吕君、哈斯巴根定稿、统稿。

　　在本书即将出版之际，感谢内蒙古自治区能源行业有关部门的支持，感谢各位编写人员辛勤的付出与劳动，感谢经济管理出版社的领导和编辑的帮助，使本书得以出版。